税务教育培训系列教材·税务高等教育系列

财产行为税

国家税务总局学习兴税指导委员会
全国税务专业学位研究生教育指导委员会 组织编写

中国税务出版社

图书在版编目（CIP）数据

财产行为税 / 国家税务总局学习兴税指导委员会，全国税务专业学位研究生教育指导委员会组织编写. --北京：中国税务出版社，2024.9
税务教育培训系列教材
ISBN 978-7-5678-1443-1

Ⅰ.①财… Ⅱ.①国…②全 Ⅲ.①财产税-高等学校-教材 Ⅳ.①F810.424

中国国家版本馆 CIP 数据核字（2024）第 050282 号

书　　名：财产行为税
CAICHANXINGWEISHUI
作　　者：国家税务总局学习兴税指导委员会
全国税务专业学位研究生教育指导委员会 组织编写
责任编辑：张　赛
责任校对：姚浩晴
技术设计：林立志
出版发行：中国税务出版社
北京市丰台区广安路 9 号国投财富广场 1 号楼 11 层
邮政编码：100055
网址：https://www.taxation.cn
投稿：https://www.taxation.cn/qt/zztg
发行中心电话：（010）83362083/85/86
传真：（010）83362047/49
经　　销：各地新华书店
印　　刷：北京天宇星印刷厂
规　　格：787 毫米×1092 毫米　1/16
印　　张：14.5
字　　数：242000 字
版　　次：2024 年 9 月第 1 版　2024 年 9 月第 1 次印刷
书　　号：ISBN 978-7-5678-1443-1
定　　价：45.00 元

《财产行为税》编审人员

主　审　赵　静

审　核　（以姓氏笔画为序）

郝晓薇　董　蕾

策　划　史　峰　高永清

主　编　熊　艳

副主编　刘　宜　刘明扬　金维生　杨志勇

编　写　（以姓氏笔画为序）

马　琚　王　岩　王　倩　王晓东　王雪晴
王颖蓓　艾朝阳　史文慧　刘小莉　刘剑峰
刘湘杰　祁红丽　孙明明　孙雯娇　杜　爽
李　伟　李　培　李运雷　吴佳静　宋　琼
张　超　张孝友　陈　金　陈　燕　陈倩倩
苑德宇　金　鑫　周　波　周天水　周玉栋
俞小虎　秦　川　徐　瑶　翁经纬　高　航
郭　露　郭浩天　席鹏辉　黄春元　黄盛阳
黄斯乔　曹　源　常　新　章　炼　梁岩森
蒋　震　舒　静　童方磊　管良坤　熊　鹭

编写说明

为了落实习近平总书记关于加强教材建设的重要指示批示精神，服务中国特色社会主义高等教育发展，将税务高等教育教材建设作为完善财税治理体系和提升治理能力的战略考量，作为税务人才培养的前瞻性、基础性工程，满足高等院校学生学习权威、专业、前沿、符合税收征管实际的税收知识的需要，国家税务总局学习兴税指导委员会、全国税务专业学位研究生教育指导委员会共同组织编写了税务高等教育系列教材。

税务高等教育系列教材以税务专业硕士、博士研究生为主要读者对象，同时面向高等院校经济、财政、金融、贸易等专业学生，是一套理论与实践相结合的学习用书。本系列教材以马克思主义政治经济学为基础，以党的十八大以来习近平总书记关于税收工作的重要论述为指导，总结提炼中国式现代化税务实践的创新举措、经验做法和改革成果，按照“1 + N”体系编写。“1”指中国税务学会组织编写的《税收学》，突出基础性和综合性；“N”细化为《货物和劳务税》《所得税》《财产行为税》《国际税收》《社会保险费》《政府非税收入》《纳税服务》《税收征管》8 本教材，注重“理论 + 实务（案例）”内容，突出专业性和实践性。

《财产行为税》是税务高等教育系列教材之一，旨在为财产行为税理论研究和人才培养提供一本具有基础性、系统性和权威性的高等教育教材。财产行为税是国家对财产和行为课征的一类税收，是我国税收制度的重要组成部分，在筹集财政收入、优化资源配置、加强宏观调控、推动绿色发展等方面发挥着重要作用。

本教材共 11 章。第一章是财产行为税概述，主要介绍了财产行为税的概念和理论内涵、功能定位、历史沿革、发展趋势等。第二章至第十一章分税种开展介绍，依次为房产税和城镇土地使用税、土地增值税、契税、城市维护建设税、印花税、资源税、环境保护税、车船税、耕地占用税、烟叶税。每章分别从基础理论、基本实践、国家（地区）比较、未来展望四个方面进行阐述。

本教材具有以下特点：一是立足中国国情。以习近平新时代中国特色社会主义思想为指导，围绕高质量推进中国式现代化税务实践的要求，把财产行为税的理论研究和征管实践有机结合起来。二是紧跟时代前沿。总结吸收了新时代税制改革的理论成果和实践经验，系统阐述了财产行为税的概念内涵、功能定位、历史沿革、税制要素、国际经验和发展趋势等。三是贴近教学需要。结合每章节内容，精心选取延伸阅读、实际案例等内容，并在每章最后配有启发式的思考题，提升了教材的可读性、互动性和实践性，便于高等院校教学使用。

由于水平有限，教材中疏漏之处在所难免，恳请读者批评指正。如有意见或建议，请发送至电子邮箱 jyzxjcc@ 163. com。

编　者

2024 年 9 月

目　　录

第一章　财产行为税概述

【学习目标】本章的主要内容包括财产行为税的概念与理论内涵、历史沿革及改革方向与发展趋势。通过本章学习，掌握财产行为税的基本概念、主要分类和功能定位，了解财产行为税的历史演变过程，了解财产行为税的改革方向与发展趋势。

财产行为税是国家对财产和行为课征的一类税收，包括财产税和行为税两大类，故统称为财产行为税。财产行为税是我国现行税制结构的重要组成部分，其税制安排具有较大的灵活性和因地制宜性，体现国家某种特定的征税目的。目前，我国财产行为税包括房产税、城镇土地使用税、土地增值税、契税、城市维护建设税、印花税、资源税、环境保护税、车船税、耕地占用税、烟叶税。

第一节　财产行为税的概念与理论内涵

一、财产行为税的概念

财产行为税可以分为财产税和行为税，其课税对象分别为财产和某种特定行为。财产税和行为税各具特点，可依据不同的分类标准进行分类。

（一）基本概念

1. 财产税。

财产税是以纳税人拥有的财产数量或财产价值为征税对象而开征的一类税种。我国现行税制结构中，财产税包括房产税、城镇土地使用税、契税、车船税四个税种（详见表1－1）。财产税一般具有以下三个特点。

（1）财产税的税收收入具有稳定性。不同的财产税税基范围有明显差别，总体来看，财产及其决定的课税对象、计税依据相对稳定，在筹集财政收入方面具有较强的稳定性。特别是随着经济社会发展水平不断提高和市场活力持续迸发，财产积累的数量和价值不断攀升，财产税税基仍在逐步扩大，在筹集财政收入等方面的功能作用不断强化。

（2）财产税的税收负担具有直接性。财产税主要针对财产存量价值课税，属于直接税类。存量财产的形成环节往往独立于市场交易之外，这意味着存量财产所有者难以通过市场交易环节转嫁，税负由财产所有者自行承担。

（3）财产税的分配原则具有受益性。财产税的税基与地方政府公共服务供给和治理水平密切相关，例如，房产价值依赖于地方基础设施、经济发展水平等地方公共服务供给数量与质量，地方公共服务投入越多，房产价值越高，房产税收入也随之越高，能够激励地方政府改进公共服务供给水平，提升治理效能。

2. 行为税。

行为税，指以经济活动中纳税人的某些特定行为为课税对象征收的一类税种，具有特殊的目的性。行为税的征税对象，是国家税法规定的，除一般商品流转、劳务收入、所得收益、财产占有等行为之外的其他各种应税行为。我国现行税制结构中，行为税包括土地增值税、城市维护建设税、印花税、资源税、环境保护税、耕地占用税、烟叶税七个税种（详见表1－1）。我国过去征收的筵席税、屠宰税、固定资产投资方向调节税等也属于行为税。行为税一般具有以下三个特点。

（1）行为税具有较强的税收调控功能。国家在选择对某些特定行为进行征税时，往往出于限制或引导的目的。因此，此类税种的征收，一般是为了配合国家的政治经济政策，宏观调控的意图比较明显。

（2）行为税的征税对象一般为某种特定行为。无论是现行行为税中作为征税对象的转让房地产行为、占用耕地行为、污染环境行为、开采占用资源行为、书立领受应税凭证行为，还是过往行为税中的举办筵席、屠宰牲畜等行为，均属于国家认为需要调控引导的社会经济行为。

（3）行为税实行多种类税率。行为税类的征税对象比较零散，相互间差异较大，为实现不同的调控目的，往往各自适用不同的税率。例如：印花税因涉及的应税行为相对广泛，区分不同应税凭证，实行税负较轻的定额税率和比例税率；土地增值税为了抑制房地产的投机、炒卖活动，采用了超率累进税率；等等。

表 1－1　　我国财产行为税的主要内容和分类

税种		课税对象	纳税人	计税依据
财产税（四种）	房产税	房产	产权所有人、经营管理单位、承典人、房产代管人或者使用人	房产原值减除一定幅度后的余值，或租金收入
	城镇土地使用税	土地	在城市、县城、建制镇、工矿区范围内使用土地的单位和个人	实际占用的土地面积
	契税	土地、房屋	在我国境内转移土地、房屋权属，承受的单位和个人	土地、房屋的交易价格
	车船税	车辆、船舶	应税车船的所有人或者管理人	车辆按照车辆数量、整备质量；船舶按照净吨位、艇身长度
行为税（七种）	土地增值税	转移房地产	在我国境内转移房地产并取得收入的单位和个人	转移房地产所取得的增值额
	城市维护建设税	缴纳增值税、消费税	在我国境内缴纳增值税、消费税的单位和个人	纳税人依法实际缴纳的增值税、消费税税额
	印花税	书立应税合同、产权转移书据和营业账簿、进行证券交易	在我国境内书立应税凭证、进行证券交易的单位和个人	合同、产权转移书据所列金额；账簿记载的实收资本（股本）、资本公积合计金额；证券交易成交额
	资源税	开发应税资源	在我国领域和我国管辖的其他海域开发应税资源的单位和个人	应税资源产品的销售额或销售数量
	环境保护税	排放应税污染物	在我国领域和我国管辖的其他海域，直接向环境排放应税污染物的企业事业单位和其他生产经营者	应税大气污染物、水污染物和应税固体废物的排放量以及应税噪声的超标分贝数
	耕地占用税	占用耕地	在我国境内占用耕地建设建筑物、构筑物或者从事非农业建设的单位和个人	实际占用的耕地面积
	烟叶税	收购烟叶	依照《中华人民共和国烟草专卖法》的规定收购烟叶的单位	纳税人收购烟叶实际支付的价款总额

（二）主要类型

1. 财产税的类型。

财产税分类方法较多，理论上可按照下列标准进行分类。

（1）以课税范围为标准，可分为一般财产税和特殊财产税。

一般财产税，也称综合财产税，是对纳税人所有财产综合课征的税种，按照适用的税率标准不同，还可划分为比例税率制财产税和累进税率制财产税。

特殊财产税，也称个别财产税，是对纳税人所拥有的房屋、土地和其他财产等各类不同财产分别进行课征的税种。

（2）以课税对象的形态为标准，可分为动态财产税和静态财产税。

动态财产税是指在财产产权转移环节一次性征收的税种。如我国财产税中的契税，就是在承受财产所有权时进行课征的税。

静态财产税是指在财产所有者保有财产期间定期征收的税种，如房产税、城镇土地使用税和车船税。

（3）以计税依据为标准，可分为从量财产税和从价财产税。

从量财产税以应税财产的物理量特征为计税依据，与财产所有者的财产数量直接相关，如城镇土地使用税按照实际占用面积缴税。

从价财产税以应税财产的价值量特征为计税依据，与财产的价值量直接相关，其可进一步细分为财产价值税和财产增值税。前者按财产价值总量课税，后者按财产增加值课税。

2. 行为税的类型。

（1）以应税行为涵盖种类为标准，可划分为单一行为税和综合行为税。

单一行为税仅对一种应税行为征收，如耕地占用税的征税对象为占用耕地行为。

综合行为税是指课税对象中包含了多种应税行为的税种。如印花税对市场主体在经济活动过程中，发生如动产买卖、建筑施工、仓储保管等行为所书立的应税凭证，以及对证券交易的行为征税。

（2）以宏观调控作用为标准，可划分为普遍调节税和级差调节税。

普遍调节是指只要发生应税行为，均应缴纳相应行为税税款，体现为征税覆盖面相对广泛。

级差调节主要针对与土地、资源相关的应税行为，如土地增值税、资源税等税种受地理位置、开采条件等因素的影响，在普遍征收的基础上，采用累进税率或幅度税额的形式对级差收益进行调节。

延伸阅读

世界银行对财产分类的界定

世界银行2018年度报告《国民财富的变化：建设可持续发展的未来》所界定的财产或财富包括：①生产资本和城市土地（以下简称生产资本），包括投入到生产过程中的机械设备、建筑物以及相关资产形态，住宅和非住宅城市用地。生产资本价值可以用市场价值衡量。②自然资本，包括能源（石油、天然气、煤炭）、矿产资源、农业土地（农田和牧场）、森林（木材和一些非木材林业产品）、陆地保护区（未包括海洋保护区）。自然资本价值可以用资产生命周期内产生的租金价值折现而得。③人力资本，包括按照性别和就业类型分类的人力资本，人力资本价值可以用人力资本在生命周期内的收入总额贴现而得。④境外净资产，包括一国拥有的境外资产减除负债的余额，如外国直接投资和储备资产等。

二、财产行为税的课税原则

课税原则是在执行税收职能的过程中，为正确处理国家需要与经济社会发展的关系所必须遵循的原则。经过理论和实践的漫长摸索与演进，现代国家在制定财产行为税过程中往往遵循一套基本的税收原则，其内容主要包括满足国家基本支出需要的财政原则、确保市场经济公平运行和社会财富公平分配的公平原则、保证经济高效发展和国家征税低耗多收的效率原则，以及实现征税程序和征税内容法定的法治原则。

（一）财政原则

税收财政原则的基本含义是指国家征税时应兼顾财政支出需要和经济承受能力。具体而言，一方面，税收收入要基本满足国家的财政需要，确保国家有充足、稳定、可靠的财政收入，用以履行国家社会管理和公共服务的职能；另一方面，税收收入应兼顾经济承受能力，做到取之有度。通常情况下，税收应保持与国内生产总值或国民收入的同步增长。如税收总量超过经济承受能力，则会对经济社会发展产生负面影响，进而影响社会总福祉的提高。

（二）公平原则

税收公平原则，是指国家征税要使每个纳税人的税收负担与其经济状况相适应，并使各纳税人之间的负担水平保持平衡。其主要内容包括普遍征税、平等课征两个方面。普遍征税是指符合税法规定纳税条件的纳税人都应依法纳税。平等课征是指各个纳税人承受负担与其经济状况相适应。虽然我国的税收立法并没有明确提出税收公平原则，但是所实行的普遍课税制度以及区别对待、合理负担的原则，实际上体现了税收公平的精神。

（三）效率原则

税收效率原则就是要求在税收征收和缴纳过程中所耗费的成本最小，征税应利于促进经济效率提高或对经济效率的不利影响最小。具体而言，一是聚焦税收行政效率，尽可能将纳税人所花费的纳税执行费用转化为税务机关所支出的征收费用，以减少纳税人负担，进而压缩税收成本；二是聚焦税收经济效率，合理运用税收政策，努力通过税收分配优化资源配置效率，竭力避免因为征税引起资源配置效率下降；三是聚焦税收生态效率，贯彻“绿色税收”发展理念，制定税收政策应有利于保护生态环境，节约资源。

（四）法治原则

税收法治原则是指国家须依法征税，公民须依法纳税。这体现了现代国家民主和法治的理念，彰显了国家对纳税人基本权利的尊重和保障。具体而言，一是落实税收法定，纳税人、征税对象、税率、税收优惠、征收程序等税收的基本要素应由法律予以规定，且规定应清晰、明确；二是落实司法保障，建立强有力的司法监督，促使税收执法规范化和精准化，依法保护纳税人权利，从而提高税收治理的法治化程度，推进税收法治化进程。

三、财产行为税的功能定位

（一）筹集财政收入

财产行为税作为我国税制结构的重要组成部分，其基本职能就是筹集财政收入，这是国家对税收最基本的要求。国家是凌驾于社会之上的上层建筑，不直接占有物质资料进行生产，因此国家为了实现其各项职能，需要借助税收把分散在各部门、各企业以及个人手中的一部分国民收入，强制、无偿地集中起来，形成集中性国家财力。税法明确规定了纳税人、课税对象、税率、纳税义务发生时间和纳税期限，因此可以保证税收收入的稳定性和及时性。财产行为税因征税对象的固定、财产价值随经济发展的增值等因素，更能为政府提供持续稳定的财政收入，保证预算资金的正常安排。

表1-2反映了2011年至2022年财产行为税收入占地方一般公共预算收入（税收收入）的比重情况。在这12年间，地方一般公共预算收入（税收收入）年平均增长率为6.1%；财产行为税收入年平均增长率为9.1%，高于地方一般公共预算收入（税收收入）3个百分点；财产行为税占地方一般公共预算收入（税收收入）比重从2011年的31.3%提高到2022年的42.6%，占税收收入比

重从2011年的14.3%提高到2022年的20.1%。由此可见，财产行为税在地方税体系中占据重要位置，且对地方财政的贡献度持续增加。

表1-2　2011—2022年我国财产行为税占税收收入及地方税比重情况①

年份	税收收入/万元	财产行为税收入/万元	财产行为税占税收收入比重	地方一般公共预算收入（税收收入）/万元	财产行为税占地方一般公共预算收入（税收收入）比重	财产税收入/万元
2011	89738.4	12869.9	14.3%	41106.7	31.3%	2626.7
2012	100614.3	15668.4	15.6%	47319.1	33.1%	3307.2
2013	110530.7	18540.7	16.8%	53890.9	34.4%	3774.3
2014	119175.3	20769.3	17.4%	59139.9	35.1%	4385.3
2015	124922.2	23139.6	18.5%	62661.9	36.9%	4806.2
2016	130360.7	23024.7	17.7%	64691.7	35.6%	5159.3
2017	144369.9	25249.7	17.5%	68672.7	36.8%	5738.5
2018	156402.9	27729.7	17.7%	75954.8	36.5%	6107.4
2019	158000.5	29569.9	18.7%	76980.1	38.4%	6064.8
2020	154312.3	30398.2	19.7%	74668.1	40.7%	5845.4
2021	172731.0	33727.8	19.5%	83484.7	40.4%	6424.5
2022	166614.0	33486.0	20.1%	78530.7	42.6%	7021.1

注：财产行为税占比是当年房产税、城镇土地使用税、土地增值税、契税、城市维护建设税、印花税、资源税、环境保护税、车船税、耕地占用税、烟叶税加总与全部税收收入的比值。地方一般公共预算收入（税收收入）是指全部税收收入中归属于地方的税收收入。环境保护税自2018年1月1日起开征，故表中只有2018年及之后年份的数据包含环境保护税收入。

（二）实施宏观调控

税收是国家调控经济的重要手段，由于财产行为税所具备的灵活性、地域性等特征，政府可根据不同时期的经济形势制定不同的增、减税措施稳定经济波动，充分发挥其调控市场经济运行方面的巨大作用。例如：在国家层面，为规范房地产市场交易秩序，合理调节土地增值收益分配，开征土地增值税；为鼓励居民购买房屋，促进房地产市场平稳健康发展，出台契税优惠税率；为鼓励股市交易，降低证券交易印花税，并由双边征收改为单边征收。在省级政府层面，为抗击新冠疫情，地方政府普遍通过减免房产税、城镇土地使用税等措

① 2011—2022年税收收入数据来源于财政部网站财政数据栏目中的历年全国财政决算数据。

施，减轻税收负担，助力企业发展。

（三）优化资源配置

在市场经济中，市场机制是资源配置的决定性力量。但市场在资源配置方面客观上会存在一些不足，如许多公共品无法通过市场来提供和满足、外部性无法通过市场来矫正、信息不对称使市场配置存在一定的盲目性等。当市场经济运行失调或存在某种缺陷时，需要政府利用财税政策矫正失调或弥补缺陷，从而改善资源配置状况，增进社会福利。财产行为税在这方面具有较为鲜明的特色。例如，通过恰当的资源税税制设计，更好地权衡可再生资源和可耗竭资源的配置状况，通过资源税税制来体现资源的稀缺性，有效引导资源使用行为、优化资源配置效率。

（四）促进绿色发展

现阶段，我国的生态环境保护形势依然严峻，实现生态文明、美丽中国建设和碳达峰碳中和目标的任务仍很艰巨。在这之中，绿色税制体系发挥着重要作用，其主要逻辑是通过科学有效的税制设计，逐步引导长期以来高污染、高排放的生产和消费方式。通常来看，科学的“绿色税制”往往产生“双重红利”：一方面，它通过恰当的税制设计，合理“嵌入”污染排放环节，这些环节往往与商品要素流程环节是重合的，这意味着资源环境税的课征能够在一定程度上替代流转税，充分发挥筹集收入功能；另一方面，它又能够有效减少污染排放行为，充分起到保护生态环境的效应。比如，环境保护税针对不同危害程度的污染因子设置差别化的污染当量值，实现多排多缴、少排少缴、不排不缴的正向激励。通过税收的调节作用，促进企业主动转变发展方式，既算经济账又算环保账，积极走技术革新、产业转型升级之路。

（五）稳定社会结构

良好运行的经济社会，既要充满发展活力，又要确保社会结构稳定，这是社会领域的重大命题，也是社会公平正义的重要体现。作为财政参与国民收入分配和再分配最常用的手段之一，税收的收入分配职能，就是通过税收手段，以对富人多征税、对穷人少征税的方式实现对收入的再分配调整，将收入差距控制在社会可接受的范围之内。例如，房产税、城镇土地使用税、契税等财产税性质的税种，可以直接起到调节个人收入水平与财富占有的作用。另外，财产行为税作为地方政府的重要财政收入，与地方的经济社会发展息息相关。地方政府将征收的财产行为税税款通过公共支出和转移支付等方式，向社会公众提供公共品等社会福利，或将财政资金直接、无偿地分配给特定地区、单位和个人等救助对象，实现调节收入的再分配，有利于进一步稳定社会结构。

第二节　财产行为税的历史沿革

在我国不同时期的税制体系中，财产行为税始终占据着重要位置。从新中国成立以来，中国财产行为税税制的改革进程大体可以划分为改革开放以前、经济转轨时期、建立社会主义市场经济体制时期、全面深化改革时期四个时期。

一、改革开放以前的税制情况（1949—1978 年）

这一时期是新中国成立至1978 年中国共产党第十一届中央委员会第三次全体会议召开以前的29 年，这是新中国成立以后财产行为税建设起步和曲折发展阶段。

1950 年 1 月，中央人民政府政务院颁布《全国税政实施要则》，除农业税外，暂定全国统一征收货物税、工商业税、盐税、关税、薪给报酬所得税、存款利息所得税、印花税、遗产税、交易税、屠宰税、房产税、地产税、特种消费行为税、使用牌照税共 14 个税种。此后，国家按照“保证税收，简化税制”的原则，逐步调整部分税种，例如：增加契税、船舶吨税和文化娱乐税为全国性税种；将特种消费税改为文化娱乐税，部分税目并入工商业税；改交易税为牲畜交易税；使用牌照税更名为车船使用牌照税；将房产税和地产税合并为房地产税，并在税名加上“城市”二字以明确征税范围；试行商品流通税；薪给报酬所得税、遗产税一直未开征。

1958 年 9 月，针对农业、手工业和资本主义工商业的社会主义改造完成后，原来的税收制度已不能适应经济发展的现状，国务院公布了《中华人民共和国工商统一税条例（草案）》，按照“基本在原有税负的基础上简化税制”的方针，对原有的工商税制进行改革，将货物税、商品流通税、营业税和印花税合并为工商统一税。

在后来的几年中，我国税制体系又发生了一些变化。1959 年停征利息所得税；1962 年，为发展农副业生产和保证集市贸易正常发展，配合国家对农副产品的收购政策，国务院批准财政部制定的《集市交易税试行规定》，决定开征集市交易税（1964 年停征，1980 年又恢复征收）；1966 年停征文化娱乐税。至此，我国财产行为税税制体系在改革开放前基本趋于稳定。

二、经济转轨时期的税制改革（1978—1992 年）

这一时期是党的十一届三中全会至党的十四届三中全会以前，即经济转轨时期，这是我国财产行为税制建设的重要时期，房产税、城镇土地使用税、耕地占用税、城市维护建设税等现行财产行为税制的基本框架在这个时期逐步形成。

1978 年党的十一届三中全会以后，我国开始进行全面的经济体制改革和对外开放，并于 1984 年提出实行有计划的商品经济体制。为适应新时期提出的总任务的要求，总结国家税制建设中的经验教训，经过三年多时间的研究和试点，国务院于 1981 年 9 月批转了财政部《关于改革工商税制设想的报告》，并在此基础上积极开展税制改革。在这一时期，与财产行为税有关的改革内容主要有：

一是工商税制全面改革。1984 年将原来的工商税按性质划分为产品税、增值税、营业税和盐税 4 种；对某些采掘企业开征资源税；恢复和开征 4 种地方税，即房产税（1986 年恢复征收）、城镇土地使用税（1988 年开征）、车船使用税（1986 年开征）和城市维护建设税（1985 年开征）。

二是其他配套改革。在利改税的基础上开征一些新税种，恢复一些老税种，主要有：烧油特别税（1982 年）、牲畜交易税（1983 年）、固定资产投资方向调节税（1991 年）。这一时期的税制改革，改变了过去税种过于简单的格局，初步建立起一套以流转税和所得税为主体、其他各种税项配合的复合税制。这种复合税制比较适应多种经济形式、多种经营方式、多种流通渠道的经济情况，可以多层次、多环节地发挥调节作用。

三、建立社会主义市场经济体制时期的税制改革（1992—2012 年）

这一时期是党的十四届三中全会至党的十八届三中全会以前，即建立社会主义市场经济体制时期，是中国改革开放后税制改革深化的阶段。我国大刀阔斧推行分税制，逐步建立了适应社会主义市场经济体制需要的新税制，财产行为税作为地方税走上历史舞台，为地方经济社会发展作出了积极贡献。

1992 年，邓小平南方谈话发表后，税收工作适应改革开放新形势，确立了促进和保证改革开放顺利进行的指导思想。

1993 年，国务院发布了《关于实行分税制财政管理体制的决定》，决定从 1994 年起，开始在全国实行分税制的财政管理体制。分税制改革是新中国成立以来第一次真正从税种角度划分地方税，形成了包括财产税类（土地增值税、城镇土地使用税、房产税、车船使用税、车船使用牌照税、契税、遗产或赠与税①）与行为税类（固定资产投资方向调节税、耕地占用税、印花税、屠宰税、筵席税）在内的较为完善的税制体系，在建立地方税体系方面迈出重要一步，为中央政府与地方政府事权与财权的划分奠定了基础。

这一时期，与财产行为税税制改革的内容主要有：先后废止集市交易税、牲畜交易税、屠宰税、筵席税，开征股票交易印花税、土地增值税，暂停征收固定资产投资方向调节税，并对资源税、城市维护建设税、房产税、车船税、土地使用税等税种进行调整。

四、全面深化改革时期的税制改革（2012 年至今）

这一时期是从党的十八届三中全会开始至今，即全面深化改革时期，是中国财产行为税税制改革完善的新阶段。通过深入落实税收法定原则，加快推进税收法治化进程，税制改革取得多方面积极效果。

2012 年 1 月 1 日，《中华人民共和国车船税法》正式施行，标志着财产行为税立法进程正式开启。

2012 年 11 月，《国务院关于修改和废止部分行政法规的决定》（国务院令第 628 号）废止了《中华人民共和国固定资产投资方向调节税暂行条例》，这意味着固定资产投资方向调节税正式退出历史舞台。

自 2014 年 12 月起，资源税改革全面推进，全面实施清费立税、从价计征改革，理顺资源税费关系，建立规范公平、调控合理、征管高效的资源税制度，并在河北省开展水资源税试点。2017 年 12 月，北京、天津、山西、内蒙古等 9 个省（自治区、直辖市）实施扩大水资源税改革试点。

2016 年 12 月，《中华人民共和国环境保护税法》表决通过，自 2018 年 1 月 1 日起施行，更好地促进生态环境保护，实现绿色发展；2018 年 12 月，《中华

① 遗产税或赠与税一直未开征。

人民共和国耕地占用税法》表决通过，自2019年9月1日起施行，推动国土空间开发格局优化；2019年8月，《中华人民共和国资源税法》表决通过，自2020年9月1日起施行，进一步促进资源合理利用。自此，财产行为税各税种立法进程进一步加快，截至2022年底，车船税、环境保护税、烟叶税、耕地占用税、资源税、契税、城市维护建设税和印花税已全部完成立法，房产税、城镇土地使用税、土地增值税尚在立法进程中。

第三节　财产行为税的改革方向与发展趋势

“十四五”时期是我国实现“两个一百年”奋斗目标的历史交汇期，是全面开启社会主义现代化强国建设新征程的重要机遇期。《中华人民共和国国民经济和社会发展第十四个五年规划和2035年远景目标纲要》强调，要完善现代税收制度，要“优化税制结构，健全直接税体系，适当提高直接税比重……推进房地产税立法，健全地方税体系，逐步扩大地方税政管理权”。这为“十四五”以及未来较长一段时间深化财产行为税税制改革指明了方向。今后一段时间，财产行为税要更加科学精准有效地改革与完善税制，在促进共同富裕、践行绿色发展理念、完善地方税体系等方面将扮演更加重要的角色，更好地发挥税收在国家治理中的基础性、支柱性和保障性作用。

一、加快构建地方税体系，适度提高财产行为税等直接税比重

成熟市场经济国家的经验启示，为更好地发挥市场主体的活力，需要减轻商品和要素流转税环节的税负水平，完善直接税制度并逐步提高其比重，从而更好地发挥直接税筹集财政收入、调节收入分配、稳定宏观经济的积极作用。

1. 适度扩大地方政府的税收管理权。

按照构建新发展格局的要求，地方税体系建设既要立足于建设全国统一大市场、畅通全国大循环，又要充分发挥地方政府因地制宜强化发展新优势的积极性和主动性。在中央统一立法和税种开征权的前提下，有必要根据税种特点，通过立法授权，适当扩大地方的税收管理权限。

2. 积极稳妥地推进房地产税改革。

按照“立法先行、充分授权、分步推进”原则，推进房地产税立法和改

革，适当降低房地产建设、交易环节税费负担，逐步建立完善的现代房地产税制度。

二、完善绿色税制体系，适当扩大征税范围

在完善现代税收制度的整体布局中加强统筹，构建以资源税、环境保护税为主体，全面覆盖生产、流通、消费等各个环节的绿色税制体系。

1. 逐渐扩大资源税征税范围。

一是适时扩大水资源税试点区域。水资源税对于推进绿色发展、提高资源开发利用效率具有重大意义，从水资源税试点运行情况来看，试点地区不少企业已调整或有意向调整用水结构，减少地下水使用，改用地表水，工业用水量也有明显下降，水资源税"绿色税改"红利凸显。二是扩大资源税的征收范围。进一步将森林、草场、滩涂等自然资源纳入资源税的征收范围，实现对不可再生资源、稀有资源、生态可税资源等全覆盖，充分发挥资源税在节约资源、保护环境方面的调节功能。

2. 逐步扩大环境保护税征收范围。

一是按照党中央、国务院发布的《关于深入打好污染防治攻坚战的意见》的有关要求，适时将挥发性有机物（VOCs）等整体纳入征税范围，增强环境保护税的调控范围和功能，更好发挥减污降碳协同作用。二是深入开展碳税研究。聚焦碳达峰碳中和目标愿景，借鉴国际经验，结合我国国情，研究设计我国的碳税制度方案，为促进国内碳减排、应对国际碳关税挑战等提供税收政策工具。

三、打通数据壁垒，构建税收共治格局

财产行为税税种多，政策性强，涉及面广，具有多样性、分散性、隐蔽性等特点，征管较为复杂。这些特征决定了财产行为税的征管，仅仅依靠税务机关单打独斗是不够的，还需要地方政府主导牵头，深化税务与自然资源、住建、公安、民政、环保等部门的协同配合，拓宽信息共享渠道，形成部门联动协作长效机制。特别是通过畅通的信息共享共用，进一步加快完善税源监控平台建设，逐步加强房产、土地、车船等税源登记信息和户籍信息的管理和维护，有效掌握财产行为税税源分布情况，通过分析比对有效加强税源管理、提升征管水平。

四、深入运用信息技术，持续提升征管质效

随着信息革命浪潮快速发展，税收征管已进入了转型期。财产行为税的税收管理应紧跟技术创新的时代步伐，深入运用大数据、云计算、人工智能、区块链等新一代信息技术，在智慧税务的建设浪潮中，逐步搭建起技术基础牢固、系统运行高效、运维机制顺畅的财产行为税数字化平台，从而实现财产行为税征管信息数字化升级，通过其反映现状、揭示问题、预测未来，更好地服务纳税人缴费人，更好地防范化解征管风险，更好地服务国家治理。

本章思考题

1. 如何认识财产税产生的经济基础条件？如何理解财产行为税和经济发展之间的良性互动关系？
2. 财产税的一般特征是什么？我国常见的财产税课税对象包括哪些方面？
3. 行为税的一般特征是什么？我国常见的行为课税类型包括哪些方面？

第二章　房产税和城镇土地使用税

【学习目标】 本章主要内容包括房产税和城镇土地使用税的基础理论、基本实践、国家（地区）比较和未来展望四部分。通过本章学习，掌握房产税、城镇土地使用税的基本概念与特征，了解房产税、城镇土地使用税的功能定位，掌握我国现行房产税、城镇土地使用税税制要素，了解代表性国家（地区）房地产税的税制安排，了解我国房地产税改革进展情况及改革方向。

房产税和城镇土地使用税是我国在房地产保有环节征收的财产税。这两个税种在政策和管理上密切相关，税收优惠政策基本一致，故在一章进行介绍。

第一节　基础理论

一、基本概念

对房地产征税历史悠久，古埃及、古希腊和我国周朝时期都有对房屋和土地所有者征收财物的记载。广义的房地产税收是一个综合概念，可包括与房地产经济有关的各类税收，涵盖开发、交易、保有等各个环节；狭义的房地产税收一般仅指在房屋、土地保有环节征收的税种，本章主要讨论房地产保有环节的相关税收。

目前，世界上大多数国家（地区）都有对房屋和土地的拥有或使用征税的制度。但由于各国税制结构和社会文化背景不同，房地产保有环节税涉及的税种名称也不同，可能是单独的税种，也可能是多个税种组成的税系，制度设计差别也较大。我国现行税制体系中，房地产保有环节的税种为房产税和城镇土地使用税，分别对房屋、土地的所有者（使用者）征税。整体来看，世界各国房地产保有环节税普遍具有以下几个特点：第一，作为征税对象的房屋和土地具有固定性；第二，计税依据与房地产价值紧密相关；第三，在保有期间经常性征收。

二、课税原则

在房地产保有环节课税，同样要遵守财政原则、公平原则、效率原则和法治原则。财政原则方面，房地产相关税收收入大多归属于地方政府，税制设计时必须在兼顾纳税人经济承受能力的基础上，确保其能够提供持续、稳定的财源，减少地方政府财政收入的波动幅度。法治原则方面，主要是房地产保有环节税的征收程序要规范、内容要明确。这里重点介绍公平原则和效率原则。

（一）公平原则

公平原则包含支付能力原则和受益原则两个方面。支付能力原则，又称量能课税原则，指纳税人依据其支付能力负担税收。衡量支付能力有多个标准，房地产保有环节税支付能力的主要依据是房屋和土地的价值，或通过房屋和土地所取得的收入。支付能力原则要求，纳税人拥有的房屋和土地数量越多或价值越高，应缴纳的税款就应该越多。受益原则，是指纳税人在缴税的同时，从政府提供的教育、医疗等公共服务中受益。纳税人的房屋和土地会因地区经济发展和生产生活环境的改善而实现保值和增值，因此根据受益程度纳税，是房地产保有环节税受益原则的主要表现。

（二）效率原则

效率原则，是指以最小的征税成本获取最大的税收收入，尽可能提高资源配置效率。效率原则要求房地产保有环节税在综合考量节约集约利用土地资源、引导住房合理消费、调节收入分配、促进房地产市场平稳健康发展的同时，降低纳税人遵从成本和税务部门征管成本，高效为地方政府提供财力保障。

三、功能定位

（一）筹集地方财政收入，优化公共服务

房屋和土地长期稳定存在，价值相对稳定，通过房屋和土地取得收入也具有周期稳定、公平合理、不易隐藏的特点。因此，房地产保有环节税能够保障地方政府获得稳定的收入来源，起到“稳定器”的作用。地方政府获得稳定收入后，能更好地完善地方公共服务体系，保障和提高区域性治安、消防、医

疗、交通等公共服务水平，从而形成税款征收与公共服务优化的良性循环，推动服务型政府建设，为有效发挥政府职能、提升治理水平创造有利条件。

在世界上开征房地产保有环节税的主要国家，房地产保有环节税收收入都是地方税收收入的重要组成部分，在一些国家甚至占其全部地方税收收入的40%—50%。

（二）调节居民财富分配，促进社会公平

房地产是个人财产的重要组成部分，投资房产也是提升个人财富积累的重要方式。根据公平原则，房地产价值越高，其产权所有人应缴纳的房地产保有环节税金额越多，从而实现对居民财富的再分配。房地产保有环节税因其对财产的保有，按一定周期经常性征税，与所得税、流转税在再分配调节机制上形成有效互补，可以更好地促进社会公平。

房地产保有环节税调节财富分配的作用受到三方面因素的影响。一是税制设计，只有当房地产保有环节税覆盖范围足够大，税率制定合理，才有可能影响收入分配结果。二是税收征管，政府必须能够及时、准确和全面掌握相关涉税信息，才能够充分保障税收公平，发挥税制设计想要达到的目的。三是实际税负也会受房地产市场的供求关系，参与主体的市场地位等多种因素影响。

（三）促进资源节约利用，维护房地产市场稳定

投机性购房需求过盛是致使房地产市场供求失衡的一个重要原因。征收房地产保有环节税将增加市场主体持有房地产的成本，可以在一定程度上抑制投机性购房需求。通过合理的税收优惠，支持刚性和改善性住房需求，引导居民合理消费，有利于土地节约集约利用，加快土地利用方式和经济发展方式转变，促进房地产市场平稳健康发展。

延伸阅读

房地产税运行机制和作用效果的其他观点

房地产税（特指房地产保有环节税）在理论上具有增加地方财政收入、促进社会公平等方面作用，但学界对于房地产税的实际运行机制及作用效果也存在不同观点。

一、房地产税的公平性存在客观局限

通常情况下，相对于高价值的房产，低价值房产存在的安全隐患较大，政

府需对其提供的公共服务更多，然而这部分房产却产生较少的税收，这在一定程度上违背了受益原则。房地产税对拥有数量更多、价值更高房地产的持有者征收更重的税。但是，考虑到低收入的个人及家庭、老年人等特殊情况，征收房地产税与支付能力之间并非完全匹配。

二、征收房地产税可能会加剧地区发展不均衡

在不考虑其他因素的情况下，拥有高价值房产的地方政府会取得较高的房地产税收入，优化公共服务供给的财力相对充足。因此，房价较高地区与房价较低地区之间的房地产发展状况、公共服务水平等差距可能会进一步拉大。

三、征收房地产税可能会加剧群体分化

征收房地产税，有利于优化基本公共服务体系，提升地方政府的公共服务能力，但是这也意味着高收入群体有能力承担较高的税负，从而享受到较高的公共服务水平。长此以往，可能会使得高收入群体享受的公共服务越来越好，而低收入群体享受的公共服务越来越差。

第二节 基本实践

对房地产征税在中国古代由来已久，经过不断发展和演变，逐渐成为古代封建王朝税收体系的重要组成。新中国成立以来，国内房地产税收制度也先后经历了多次变革，逐步形成了我国现阶段在房地产保有环节征收的房产税和城镇土地使用税。本节着重介绍我国房地产税收的历史沿革，以及现行房产税和城镇土地使用税税制。

一、历史沿革

（一）新中国成立前

1. 房产税制度。

我国对房屋征税的历史，可以追溯到三千多年前的西周。西周设立“廛人”，负责征收市中各种税收。《周礼》记载：“廛人，掌敛市絘布、緫布、质布、罚布、廛布，而入于泉府。”《周礼注疏》进一步解释，廛布是对商人放置货物于邸舍之中征收的一种税。东汉学者郑玄在《礼记·王制》注释“廛，市物邸舍，税其舍不税物”。也就是说，“廛”是对房屋征税。许多学者认为，

“廛布”是我国最早对房屋征收的税。

西周以后，与房屋有关的税收不断演变、形式多样。汉代的算缗、北魏的店舍税、唐代的间架税、宋代的宅税、元代的产钱、明代的门摊和塌房税、清代和民国时期的房捐，都具有房产税的性质。如唐德宗时期征收的间架税，按房屋的等级和间数计征，上等房子每年每间两千文，中等房子每年每间一千文，下等房子每年每间五百文。

2. 土地税制度。

中国对土地征税历史也非常悠久，夏禹时代的“土贡”、春秋时期的“初税亩”，都有对土地征税的性质。但此时的土地税一般以农业生产用地为对象征税。到民国时期，对土地所征的各种税收统称为“田赋”。

近现代意义上的土地税通常是指对城镇土地征收的税。清朝光绪年间，出现了“地价税”，未经官厅收买的私有土地，按照原来的田赋额分等按亩征收。民国时期，伴随土地制度的改革，北洋政府、国民政府在对土地征税方面进行了一系列探索，地价税与土地增值税、土地改良物税共同组成对土地征税的体系，但未完全定型。

（二）新中国成立后

1950 年 1 月，中央人民政府政务院发布《全国税政实施要则》，确定 14 个全国征收的税种，将房产税和地产税列为两个独立的税种。同年 6 月，为简化税制和减轻税负，财政部有关会议决定将房产税和地产税合并为房地产税。

1951 年 8 月，中央人民政府政务院正式发布《城市房地产税暂行条例》，规定开征城市房地产税的城市由财政部核定，后逐步改由各大行政区人民政府、各地省级人民政府核定，报财政部备查。房产税与地产税为城市房地产税的两个税目，分别按照标准房价、标准地价，适用累进税率征税。仅在标准房价与标准地价不易划分的城市合并计征城市房地产税。

1972 年工商税制改革时，国务院同意在试点基础上，将国营企业和集体企业的城市房地产税并入工商税，但对个人和房地产管理部门的房产，以及外商投资企业、外国企业和组织以及外籍个人的房产，继续征收城市房地产税。

1984 年工商税制全面改革，保留了房产税和土地使用税作为两个独立的税种，初步形成现行房产税、城镇土地使用税分别征收的体制。

1986 年和 1988 年，国务院先后颁布了《中华人民共和国房产税暂行条例》（以下简称《房产税暂行条例》）和《中华人民共和国城镇土地使用税暂行条例》（以下简称《城镇土地使用税暂行条例》），国内各类单位和个人依照上述条例缴纳房产税、城镇土地使用税；外商投资企业、外国企业和组织以及外籍个人，仍依照《城市房地产税暂行条例》缴纳城市房地产税。

2006 年 12 月，国务院发布《关于修改〈中华人民共和国城镇土地使用税暂行条例〉的决定》（国务院令第 483 号），自 2007 年 1 月起，将外商投资企业、外国企业、外籍个人纳入城镇土地使用税的征收范围。

2009 年，为统一内外资税制，国务院废止了《城市房地产税暂行条例》，外商投资企业、外国企业和组织以及外籍个人，依照《房产税暂行条例》缴纳房产税。

（三）现行条例的修订

现行《房产税暂行条例》自发布以来没有太大变化，仅 2011 年根据国务院有关规定，将第八条中的“《中华人民共和国税收征收管理暂行条例》”修改为“《中华人民共和国税收征收管理法》”。

现行《城镇土地使用税暂行条例》经历了 4 次修订。第一次是 2006 年，为促进土地节约集约利用、统一内外资企业税制，税额标准提高了两倍，并统一将外商投资企业、外国企业、外籍个人纳入征税范围。第二次是 2011 年，为适应土地征收制度改革，将第九条“新征用的土地，依照下列规定缴纳土地使用税”中的“征用”修改为“征收”。第三次是 2013 年，根据国务院行政审批制度改革的精神，将城镇土地使用税困难减免权限“由省、自治区、直辖市税务机关审核后，报国家税务总局批准”修改为“由县以上地方税务机关批准”。第四次是 2019 年，由于国地税机构合并，将条例中涉及“地方税务机关”的表述修改为“税务机关”。

二、房产税税制要素

（一）纳税人

房产税的纳税人一般为产权所有人。房产由国家所有的情况，也就是全民所有的，由经营管理的单位缴纳；产权出典的，由承典人缴纳；产权所有人、承典人不在房产所在地的，或者产权未确定及租典纠纷未解决的，由房产代管人或者使用人缴纳。

延伸阅读

融资租赁房产的纳税人

按照融资租赁法律规则，房产的产权人应当登记的是出租人，承租人实际使用该房产，相当于承租人从出租人处借款，购买房产后供自己使用，但出租人为了到期能够实现自己的债权，将房产登记在自己名下作为还款保障。按照《房产税暂行条例》关于纳税人的一般规定，出租人作为产权所有人应当承担纳税义务。但考虑到融资租赁的经济实质，对于融资租赁的房产，由承租人自融资租赁合同约定开始日的次月起依照房产余值缴纳房产税，与房产税由产权人纳税的一般规定有所不同。

（二）征税对象

房产税以房产为征税对象。其中，房产是以房屋形态表现的财产。房屋指有屋面和围护结构（有墙或两边有柱），能够遮风避雨，可供人们在其中生产、工作、学习、娱乐、居住或储藏物资的场所。

独立于房屋之外的建筑物，如围墙、烟囱、水塔、变电塔、油池油柜、酒窖菜窖、酒精池、糖蜜池、室外游泳池、玻璃暖房、砖瓦石灰窑以及各种油气罐等，不属于房产。

由于房地产开发企业开发的商品房在出售前，对房地产开发企业而言是一种产品，因此，对房地产开发企业建造的商品房，在售出前，不征收房产税；但对售出前房地产开发企业已使用或出租、出借的商品房，应按规定征收房产税。

《房产税暂行条例》规定，房产税在城市、县城、建制镇和工矿区征收。其中：城市是指经国务院批准设立的市，征税范围为市区、郊区和市辖县县城，不包括农村；县城是指未设立建制镇的县人民政府所在地；建制镇是指经省、自治区、直辖市人民政府批准设立的建制镇，征税范围为镇人民政府所在地，不包括所辖的行政村；工矿区是指工商业比较发达，人口比较集中，符合国务院法规的建制镇标准，但尚未设立镇建制的大中型工矿企业所在地。

实际中，具体的征税范围由各省、自治区、直辖市人民政府根据法律规定和本地经济社会发展情况划定。例如：北京市规定征税范围为城区、近郊区行政区域内，远郊区的区政府所在地和建制镇、工矿区；上海市规定征税范围为外环线以内的区域、长宁区、徐汇区和普陀区在外环线以外的区域、外环线以外区政府街道办事处管理的区域、建制镇政府所在区域和经市政府批准征收城镇土地使用税的工业园区等其他区域。

（三）计税依据

我国现行房产税计税依据分两种情况确定，即自用从价与出租从租。

1. 自用从价。

纳税人自用的房产，房产税依照房产原值一次减除10%至30%后的余值计算缴纳。具体减除幅度，由省、自治区、直辖市人民政府规定。实际中，我国大部分省、自治区、直辖市都按照30%的比例进行减除。

房产原值主要是指“房屋原价”。房屋原价应根据国家有关会计制度规定进行核算，对纳税人未按国家会计制度规定核算并记载的，应按规定予以调整或重新评估；没有房产原值的，由房产所在地税务机关参考同类房产核定。

房产原值应包含地价。一些企业在会计核算时，将土地和地上建筑物价值单独入账，如纳税人取得土地后自建房产等。仅将地上建筑物的价值作为房产原值，与外购房产将整体价值计入房产原值相比会有税负不平衡的问题。因此，按照房产原值计税的房产，无论会计上如何核算，房产原值均应包括为取得土地使用权支付的价款、开发土地发生的成本费用等。宗地容积率低于0.5的，按房产建筑面积的两倍计算土地面积并据此确定计入房产原值的地价。

房产原值应包括与房屋不可分割的各种附属设备或一般不单独计算价值的配套设施。主要有：采暖、卫生、通风、照明、煤气、中央空调、智能化楼宇等设备；各种管线，如蒸气、压缩空气、石油、给排水等管道及电力、电讯、电缆导线；电梯、升降机、过道、晒台；等等。对于更换房屋附属设备和配套设施的，在将其价值计入房产原值时，可扣减原来相应设备和设施的价值；对附属设备和配套设施中易损坏、需要经常更换的零配件，更新后不再计入房产原值，原零配件价值也不扣除。

2. 出租从租。

房产出租的，以房产租金收入为房产税的计税依据。但对出租房产，租赁双方签订的租赁合同约定有免收租金条款的，免收租金期间由产权所有人按照房产原值缴纳房产税。

（四）税率和应纳税额计算

房产税的税率，依照房产余值计算缴纳的，税率为1.2%；依照房产租金收入计算缴纳的，税率为12%。

为鼓励住房租赁市场发展，部分出租房产减按4%的税率征收。主要包括：个人出租住房；企事业单位、社会团体以及其他组织向个人、专业化规模化住房租赁企业出租住房，或出租利用非居住存量土地和非居住存量房屋（含商业办公用房、工业厂房改造后出租用于居住的房屋）建设，并取得保障性租赁住房项目认定书的保障性租赁住房。①

应纳税额计算公式：

应纳税额 = 房产余值或租金收入 × 适用税率

其中：

房产余值 = 房产原值 ×（1 − 减除比例）

【案例2－1】房产税应纳税额的计算

某企业2023年4月投资1500万元取得5万平方米的土地使用权，建造厂房面积2万平方米，发生建筑成本和相关费用为3000万元，全部项目于2023年底竣工验收并投入生产使用。该厂房征收房产税所依据的房产原值是多少万元？如不享受其他优惠政策，当地房产原值扣除率为30%，则每年应缴纳房产税多少万元？

【解析】上述房产容积率 = 总建筑面积 ÷ 土地面积 = 2 ÷ 5 = 0.4 < 0.5，则应当按照建筑面积的两倍将土地价值并入房产原值。

单位土地使用权价格 = 1500 ÷ 5 = 300（元）

并入原值的土地价格 = 300 × 4 = 1200（万元）

房产原值 = 3000 + 1200 = 4200（万元）

每年应缴纳房产税 = 4200 ×（1 − 30%）× 1.2% = 35.28（万元）

（五）纳税义务发生时间和纳税期限

房产税的纳税义务发生时间是指纳税人开始计算房产税的时间，以月为单位，一般在达到一定条件的“次月初”开始计算。房产税的纳税义务终止时间是指纳税人停止计算房产税的时间，以月为单位，一般在达到一定条件的“当月末”停止计算。

1. 纳税义务发生时间。

纳税人自建的房屋，自建成之次月起征收房产税；纳税人委托施工企业建

① 参见：《财政部 国家税务总局关于廉租住房、经济适用住房和住房租赁有关税收政策的通知》（财税〔2008〕24号）、《财政部 税务总局 住房城乡建设部关于完善住房租赁有关税收政策的公告》（财政部 税务总局 住房城乡建设部公告2021年第24号）。

设的房屋，从办理验收手续之次月起征收房产税；纳税人在办理验收手续前已使用或出租、出借的新建房屋，应按规定征收房产税。

购置新建商品房，自房屋交付使用之次月起计征房产税；购置存量房，自办理房屋权属转移、变更登记手续，房地产权属登记机关签发房屋权属证书之次月起计征房产税；出租、出借房产，自交付出租、出借房产之次月起征房产税。

另外，房地产开发企业自用、出租、出借本企业建造的商品房，自房屋使用或交付之次月起计征房产税。

2. 纳税义务终止时间。

在计算具体税款时，纳税人因房产的实物或权利状态发生变化而依法终止房产税纳税义务的，其应纳税款的计算应截止到房产的实物或权利状态发生变化的当月末。

3. 纳税期限。

房产税按年计算、分期缴纳。纳税期限由省、自治区、直辖市人民政府规定。对于“分期缴纳”的具体规定，各省主要有按月度、季度、半年、年四种类型，按季度或半年的为多数。

（六）纳税地点

房产税由房产所在地的税务机关征收。房产不在一地的纳税人，应按房产的坐落地点，分别向房产所在地的税务机关缴纳房产税。

（七）税收优惠

房产税税收优惠数量多、范围广，涉及民生、经济发展、教育、医疗、科技创新、养老等各个领域。主要包括法定减免、政策性减免、困难减免三类。

1. 法定减免。

法定减免是指《房产税暂行条例》规定的减免税，包括：国家机关、人民团体、军队自用的房产，由国家财政部门拨付事业经费的单位自用的房产，宗教寺庙、公园、名胜古迹自用的房产，个人所有非营业用的房产。

2. 政策性减免。

从减免对象看，房产税政策性减免又可以分为三小类：一是支持小微企业发展的优惠政策，对增值税小规模纳税人、小型微利企业和个体工商户减半征收房产税。二是针对特定类型房产的优惠政策，如公共租赁住房、高校学生公寓、体育场馆、农产品批发市场、农贸市场专门用于经营农产品的房产、毁损不堪居住的房屋和危险房屋等。三是支持特定产业、行业发展的优惠政策，比如，科技企业孵化器、大学科技园和国家备案众创空间，为社区提供养老、托育、家政等服务的机构，营利性、非营利性医疗机构，商品储备管理公司及其直属库，向居民供热收取采暖费的供热企业等所使用的房产。

3. 困难减免。

《房产税暂行条例》规定，纳税人纳税确有困难的，可由省、自治区、直辖市人民政府确定，定期减征或者免征房产税。

三、城镇土地使用税税制要素

（一）纳税人

根据《中华人民共和国土地管理法》，我国实行土地的社会主义公有制，即全民所有制和劳动群众集体所有制。国有土地和农民集体所有的土地，可以依法确定给单位和个人使用。《城镇土地使用税暂行条例》规定，在城市、县城、建制镇、工矿区范围内使用土地的单位和个人，为城镇土地使用税的纳税人。在我国现行土地管理制度下，城镇土地使用税的纳税人是拥有土地使用权的单位或个人，一般为不动产权证上注明的土地使用权人。

其中，“单位”包括国有企业、集体企业、私营企业、股份制企业、外商投资企业、外国企业以及其他企业和事业单位、社会团体、国家机关、军队以及其他单位，“个人”包括个体工商户以及其他个人。

关于城镇土地使用税的纳税人的特殊情形：土地使用权人不在土地所在地的，由代管人或实际使用人纳税；土地使用权未确定或权属纠纷未解决的，由实际使用人纳税；在城镇土地使用税征税范围内，承租集体所有建设用地的，由直接从集体经济组织承租土地的单位和个人缴纳；土地使用权共有的，由共有各方分别纳税。

（二）征税对象

城镇土地使用税的征税对象是征收范围内的国有土地和集体土地。城镇土地使用税和房产税的征税范围一致，即城市、县城、建制镇、工矿区。

【案例2-2】城镇土地使用税的征税范围①

李某经营的××旅店坐落于北京市××村。2015年，经申报后李某向当地

---

① 《李淑云诉北京市通州区地方税务局马驹桥税务所等其他一案》[（2015）通行初字第00150号]，《李淑云与北京市通州区地方税务局马驹桥税务所等其他二审行政案》[（2016）京03行终99号]。

税务所缴纳城镇土地使用税165元。但李某认为，依据政策规定，建制镇的征税范围为镇人民政府所在地，而其经营的旅店用地是自家坐落于北京市通州区××村的宅基地，属于××村区域内，因而认为当地税务所的征税行为违反法律规定，并向北京市通州区地方税务局提起行政复议。通州区地方税务局作出复议决定：××旅店的经营地址为××村，××村为××镇政府所在地，应对其征收城镇土地使用税。李某不服复议决定，向北京市通州区人民法院提起诉讼。法院判决认为，当地税务所的行政行为合法。《中华人民共和国税收征收管理法》规定，税务所作为一级税务机关，有权负责税收征收、管理。据此，当地税务所有权依据法律、法规的规定对辖区范围内符合城镇土地使用税征收条件的纳税人进行征税。后李某不服一审判决并提起诉讼，二审维持原判。

（三）计税依据

《城镇土地使用税暂行条例》规定，城镇土地使用税以纳税人实际占用的土地面积为计税依据，土地占用面积的组织测量工作，由省、自治区、直辖市人民政府根据实际情况确定。

实践中，按照土地使用权证确定占地面积并进行纳税申报，是目前计税依据的普遍确认方法。在土地使用权证尚未发放或实际占用面积与证书不符的情况下，才需要测定土地面积以确定计税依据。

（四）税率和应纳税额计算

城镇土地使用税实行分级幅度税额，每平方米年税额标准幅度如下：

（1）大城市1.5元至30元；

（2）中等城市1.2元至24元；

（3）小城市0.9元至18元；

（4）县城、建制镇、工矿区0.6元至12元。

《城镇土地使用税暂行条例》规定，省、自治区、直辖市人民政府，应当在规定的税额幅度内，根据市政建设状况、经济繁荣程度等条件，确定所辖地区的适用税额幅度。市、县人民政府应当根据实际情况，将本地区土地划分为若干等级，在省、自治区、直辖市人民政府确定的税额幅度内，制定相应的适用税额标准，报省、自治区、直辖市人民政府批准执行。

对于一些经济落后的地区，经省、自治区、直辖市人民政府批准，城镇土地使用税的适用税额标准可以适当降低，但降低额不得超过《城镇土地使用税暂行条例》规定最低税额的30%。经济发达地区城镇土地使用税的适用税额标准可以适当提高，但须报经财政部批准。

应纳税额计算公式：

应纳税额 = 计税土地面积 × 适用税率

【案例 2－3】城镇土地使用税应纳税额的计算

某企业 2023 年度拥有位于市郊的一宗地块，其地上面积为 1 万平方米，单独建造的地下建筑面积为 4000 平方米（已取得地下土地使用权证）。该市规定的该地段城镇土地使用税税额标准为 5 元/平方米。则该企业 2023 年度就此地块应缴纳的城镇土地使用税为多少万元？

【解析】对在城镇土地使用税征税范围内单独建造的地下建筑用地，按规定征收城镇土地使用税。其中：已取得地下土地使用权证的，按土地使用权证确认的土地面积计算应征税款；未取得地下土地使用权或地下土地使用权证上未标明土地面积的，按地下建筑垂直投影面积计算应征税款。与此同时，单独建造的地下建筑用地暂按应征税款的 50% 征收城镇土地使用税。因此，该企业应纳城镇土地使用税 $= 1 \times 5 + 0.4 \times 5 \times 50\% = 6$（万元）。

（五）纳税义务发生时间和纳税期限

城镇土地使用税的纳税义务发生和终止时间的计算与房产税一致，即以月为单位，一般在达到一定条件的“次月初”开始计算，达到一定条件的“当月末”停止计算。

此外，对于在城镇土地使用税征税范围内占用耕地的特殊情形，《城镇土地使用税暂行条例》规定，征收的耕地，自批准征收之日起满 1 年时开始缴纳城镇土地使用税；征收的非耕地，自批准征用次月起缴纳城镇土地使用税。

城镇土地使用税的纳税期限与房产税的相关规定一致。城镇土地使用税按年计算，分期缴纳。具体纳税期限由各省、自治区和直辖市人民政府根据当地的实际情况确定。各地城镇土地使用税的纳税期限与房产税纳税期限一致。

（六）纳税地点

与房产税一致，城镇土地使用税由土地所在地的税务机关征收。纳税人使用的土地不属于同一省（自治区、直辖市）管辖范围的，应由纳税人分别向土地所在地的税务机关缴纳城镇土地使用税。

延伸阅读

地下建筑的房产税和城镇土地使用税

一、地下建筑物房产税有关规定

为鼓励利用地下人防设施，在房产税执行初期，对地下人防设施，暂不征收房产税。但随着时间的推移，地下建筑的利用率日益提高、利用形式日益多样，在政策执行中地上建筑和地下建筑房产税的征收存在一定不平衡。为统一税收政策、规范税收管理，2006 年 1 月 1 日起开始对地下建筑征收房产税。凡在房产税征收范围内的具备房屋功能的地下建筑，包括与地上房屋相连的地下建筑以及完全建在地面以下的建筑、地下人防设施等，均属于房产税的征税对象。出租的地下建筑，按照出租地上房屋建筑的有关规定计算征收房产税。自用的地下建筑，按以下方式计税：

1. 工业用途房产，以房屋原价的 50% 至 60% 作为应税房产原值。

应纳房产税的税额 = 应税房产原值 × [1 - (10% 至 30%)] ×1.2%

2. 商业和其他用途房产，以房屋原价的 70% 至 80% 作为应税房产原值。

应纳房产税的税额 = 应税房产原值 × [1 - (10% 至 30%)] ×1.2%

房屋原价折算为应税房产原值的具体比例，由各省、自治区、直辖市和计划单列市财政和税务部门在上述幅度内自行确定。

3. 对于与地上房屋相连的地下建筑，如房屋的地下室、地下停车场、商场的地下部分等，应将地下部分与地上房屋视为一个整体，按照地上房屋建筑的有关规定计算征收房产税。

二、地下建筑物城镇土地使用税有关规定

在城镇土地使用税征税范围内单独建造的地下建筑用地，也需要按规定征收城镇土地使用税。其中：已取得地下土地使用权证的，按土地使用权证确认的土地面积计算应征税款；未取得地下土地使用权证或地下土地使用权证上未标明土地面积的，按地下建筑垂直投影面积计算应征税款。对上述地下建筑用地暂按应征税款的 50% 征收城镇土地使用税，但个人所有的地下建筑用于居住的，由省级税务部门确定是否免征。

（七）税收优惠

城镇土地使用税实行普遍征收，减免税事项具有数量多、覆盖行业广等特点，与房产税一样也主要包括法定减免、政策性减免、困难减免三类。

1. 法定减免。

法定减免是指《城镇土地使用税暂行条例》规定的免税，包括国家机关、人民团体、军队自用的土地，由国家财政部门拨付事业经费的单位自用的土地，宗教寺庙、公园、名胜古迹自用的土地，市政街道、广场、绿化地带等公共用地，直接用于农、林、牧、渔业的生产用地。经批准开山填海整治的土地和改造的废弃土地，从使用的月份起免缴城镇土地使用税 5—10 年。

2. 政策性减免。

从减免对象看，城镇土地使用税政策性减免又可以分为三小类：一是支持小微企业发展的优惠政策，对增值税小规模纳税人、小型微利企业和个体工商户减半征收城镇土地使用税。二是针对特定类型土地的优惠政策，例如：城市公交站场、道路客运站场、城市轨道交通系统运营用地，水利设施及其管护用地，防火、防爆、防毒等安全防范用地，等等。三是支持特定产业、行业发展的优惠政策，例如：科技企业孵化器、大学科技园、国家级科技企业孵化器，为社区提供养老、托育、家政等服务的机构，营利性、非营利性医疗机构，商品储备管理公司及其直属库，向居民供热收取采暖费的供热企业等使用的土地，此类情形基本上同时给予了房产税减免。

3. 困难减免。

《城镇土地使用税暂行条例》规定，纳税人缴纳城镇土地使用税确有困难需要定期减免的，由县以上税务机关批准。

为对城镇土地使用税困难减免进行规范并方便纳税人办理，国家税务总局授权省、自治区、直辖市税务机关根据纳税困难类型、减免税金额大小及本地区管理实际，按照减负提效、放管结合的原则，合理确定省、市、县级税务机关的审批权限，并明确申请困难减免税的情形、办理流程、时限及其他事项。

关于申请困难减免税的情形，主要包括因风、火、水、地震等造成的严重自然灾害或其他不可抗力因素遭受重大损失、从事国家鼓励和扶持产业或社会公益事业发生严重亏损、纳税人停产停业或依法进入破产清算程序等。

第三节　国家（地区）比较

本节对代表性国家（地区）房地产保有环节的税制安排、主要特点进行介绍，分析对我国房地产税改革的启示。

一、代表性国家（地区）房地产保有环节税的税制安排

（一）美国

美国是西方国家中房地产税制较为完善的国家，实行以对房屋、土地等统一征收财产税为主体的房地产税收制度。由于美国实行联邦政府、州政府和地方政府的分税制，因此其财产税的税收也分为三个等级，三级政府共同分享税收权利。联邦和州政府有完全的税收立法权，而大多数地方政府只能在其所属州政府制定的税法约束下征税。目前房地产税在美国 50 个州及华盛顿特区都已开征，根据近年数据统计，美国各州以房地产税为主体的财产税收入约占地方税收收入的 50%—90%，是地方政府财政收入的主要来源，同时也是平衡地方财政预算的重要手段。

在计税依据上，各州按照市场评估值乘以评估率计算房屋的核定价值并将其作为计税依据，评估率根据地区、年份、类型、用途有所不同，最低为 20%，最高为 100%。评估周期上各州采用了不同的制度，每隔一定周期进行重估。

在适用税率上，采用相对简单又便于操作的比例税率，州政府一般通过立法把税率限定在某个范围内，各级地方政府在此范围内，根据预算应征收的房地产税税额和房地产计税价值总额，倒算确定当年的房地产税税率。美国房地产税税率以 1.5% 左右的居多，大部分地区介于 0.8%—3%。

在税收优惠上，各州对住房的税收优惠主要有三类。第一类是对家庭主要居所给予适当优惠。例如：爱达荷州规定，对家庭主要居所一律给予 8 万美元免税扣除；马里兰州规定，为了避免因房地产再评估增值增长过快给纳税人带来过重税负，对家庭主要居所评估值增长超过 10% 以上部分免税。第二类是对老年人、残疾人、退伍军人以及低收入者等特殊群体给予延期纳税等优惠照顾。第三类是对税负过重的家庭进行一定减免。例如，缅因州等地区以“断路器”（Circuit Breaker）机制对税收负担过重的家庭以税收抵扣、税收返还等形式减免超过机制规定限额的税款。另外，各州对住房以外类型的房地产税收优惠不多，主要限于政府、军队、公立学校、慈善组织、非营利组织等使用的房地产，以及农场、耕地、特定类型的林地等。

延伸阅读

美国财产税（房地产类）计算流程

第一，确定房地产的市场公允价值（Fair Market Value）。市场公允价值参考附近交易房地产的价值确定。第二，确定房地产的评估率（Assessment Ratio）。评估率各州有差异，也有可能州内存在差异，甚至有可能不同使用性质的房地产存在差异。有一些州宪法会对评估率的确定加以限制。第三，确定评估值（Assessed Value）。用市场公允价值乘以评估率得到评估值。第四，确定减免（exemption）价值。涉及各级政府的减免情况。第五，确定应税价值（Taxable Value）。用评估值减去减免价值后即为应税价值。第六，确定税率（Tax Rate）。不同基层政府确定各自税率。第七，确定应纳税额（Tax Due）。应纳财产税税额为应税价值乘以各级政府税率。某处房地产负担的财产税是向各类型基层政府缴纳的财产税之和。

（二）英国

目前，英国在房屋保有环节属于地方税的主要是市政税，征税对象为居住性房屋，如楼房、平房、公寓、活动房等，纳税人为年满18周岁的住房所有者或承租者，如果一处住房由多人所有或居住，则这些人为共同纳税人。

市政税以房屋评估价值为依据征税。所有应税房屋按评估价值分成A—H八个等级（威尔士地区是九个等级），每个等级实行定额税收，具体税额由各地区政府根据当年预算支出情况计算决定，但不得超过中央政府设置的征收上限。具体计税时以D级税额为课税标准，以一定比例来决定其他等级的纳税额，例如，A级是D级的6/9，H级是D级的2倍。各等级的年均税额见表2-1。

表2-1　英国（英格兰）市政税等级、税率及2021—2022年年均税额

等级	住房价值/英镑（按照1991年的标准）	税率比例	2021—2022年年均税额/英镑
A	不超过40000	6/9	1229.63
B	超过40000不超过52000	7/9	1434.56
C	超过52000不超过68000	8/9	1639.50
D	超过68000不超过88000	9/9	1844.44

续表

等级	住房价值/英镑 （按照1991年的标准）	税率比例	2021—2022年年均税额/英镑
E	超过88000不超过120000	11/9	2254.32
F	超过120000不超过160000	13/9	2664.19
G	超过160000不超过320000	15/9	3074.07
H	超过320000	18/9	3688.88

市政税的税收优惠种类较多，具体包括免税、税收折扣、税额优惠和伤残减免。①免税：未成年人、全日制学生、部分宗教人士、外交人员等免征；空置6个月以内的房屋免征。②税收折扣：仅一处住房且居住者中只有一位是成年人，或某一成年人与医生合居一处，可享受25%的税收折扣；有两处以上住房且居住者中只有一位是成年人则可享受50%折扣。③税额优惠：低收入纳税人视收入、储蓄和个人境况，税额优惠最高可达100%。④伤残减免：对某些伤残者因特殊情况可降低其居住的住宅纳税等级或对第二套住宅减免50%税额。

（三）德国

德国在房地产持有环节对国内所有的房屋、土地征收房地产税，收入归属地方政府，具体分为A类（农业用地和森林）和B类（房地产）两类。A类房地产税的课税对象包括：从事农业或林业活动所涉及的土地、建筑物、机械和牲畜。B类房地产税的课税对象包括建筑物及其附属设施，但不包括机械等固定资产在内。

德国房地产税额按照课税标准评估值、基础税率、稽征率相乘计算得出，其中标准评估值常年不变，基础税率全国统一，通过各市级政府调整稽征率来影响当地的房地产税收入。①标准评估值：1935年的德国《资产评估法》规定了房地产税以房地产评估价值为计税依据，该房地产评估价值亦被称为标准评估值。原东德各州在1935年、原西德各州在1964年通过评估公布了每套房屋基于当时租金标准计算得出的课税标准评估值，此后未再进行更新。②基础税率：德国针对不同用途的房地产设置了不同的基础税率，在全国范围内适用。③稽征率：为解决标准评估值常年未更新带来的问题，德国各市会根据自身支出情况确定稽征率，用来调整实际应纳税额。各地稽征率范围差异较大，多数在250%—810%，平均在400%左右。④税收优惠方面：德国房地产税对于公共用地等进行税收豁免，对居民自有自用住宅给予一定税收优惠。

延伸阅读

德国房地产税改革

2018年4月10日德国联邦宪法法院最终判决，目前德国房地产税使用的计税依据不符合2002年《基本法》第三条确定的一般平等原则，是违宪的，必须在法律中规定周期性更新房地产税计税依据，确定接近真实的体现房地产市场价值的计税依据。由此正式拉开了联邦和各州房地产税改革的序幕。判决明确，分两步过渡到更加科学的房地产税：第一步，立法机关必须在2019年12月31日之前制定新的评估法律；第二步，在2024年12月31日之前开始实施新的评估法。长达6年的立法期和实施准备期，主要是考虑新的评估规则需对全国3500万宗土地进行重新评估，将花费大量的时间和财力（预计将超过10亿欧元），以及评估准备期和地方确定新的税率时间等。

（四）日本

在众多亚洲国家中，日本房地产税税制发展较早，1950年就开始在市町村（日本基层行政区划）设立固定资产税，对房屋、土地、折旧资产进行征税。1956年市町村恢复征收都市计划税，与固定资产税一起组成了日本房地产保有环节的两大税种。近年来，两税收入在市町村税收收入中占比保持在40%以上，是基层政府收入最重要的来源。

日本固定资产税和都市计划税计税依据相同，均为房地产市场评估价值。评估工作由中央政府和地方政府共同完成，对土地和房屋采取不同评估方式，评估结果分别登记。原则上每三年进行一次评估，第一年为基准年度，其后两年如无重大改变，一般不重新估价。同时，对住宅用地在计税依据上给予了特殊优惠，其固定资产税的计税依据为市场价值的1/3，都市计划税的计税依据为市场价值的2/3，若符合政府规定的小规模住宅用地标准，计税依据可再减半计算。

日本中央政府规定，固定资产税的标准税率为1.4%，都市计划税最高税率为0.3%。市町村政府享有税率调整的权利，一般采用以支定收的方式倒算确定当年税率，但需经议会通过。

为兼顾社会公平，日本针对固定资产税和都市计划税也有相应的减免政策，多以房屋类型、面积等物理属性作为免税条件，极少对行业进行减免。具体来说主要有四类：第一类是全免优惠，主要适用于具有特殊用途或价值低于一定标准的房地产；第二类是困难减免优惠，主要适用于遭受自然灾害破坏的固定资产，以及生活贫困等特殊群体；第三类是房屋改造优惠，主要适用于进行了抗震翻建、节能改造、65 岁以上或者残疾人无障碍通道改建等工程的房屋，可依据不同的条件给予一定年限的税收优惠；第四类是超额免税优惠，对土地征收的税额达到上一年度 1.1 倍以上的超出部分予以减免。

（五）韩国

2005 年之前，韩国在房地产保有环节对房屋和土地分别征收房屋财产税和综合土地税，计税依据为房屋和土地的标准市价，标准市价由政府定期估算公布，并根据一定的折扣率计算应纳税额。其中，住宅的折扣率是 60%，土地和其他房屋是 70%。税率设置上采取比例税率和累进税率相结合的方式，且针对不同类型的土地、房屋等设置了不同税率，如对农田实行 0.07% 的特别优惠税率，而对高尔夫球场、别墅等奢侈场所实行 4% 的较高税率。税收优惠方面，韩国对于从事公共服务、社会福利、文化教育等方面的非营利组织和中小企业的房地产给予一定的税收优惠。

2005 年，为了稳定房地产市场，韩国在原有房屋财产税和综合土地税基础上，设立了综合房地产持有税，对超过国民平均标准的住宅和土地征税。目前计税依据按照家庭为单位，将家庭名下应税财产标准市价汇总后减去法定减免额度，再乘以折扣率。税率采用累进税率，目前为 0.5%—3%。至此，韩国形成了对持有房地产征收财产税和综合房地产持有税并存的二元化房地产保有税体系，其中与房地产有关的财产税由韩国《地方税法》加以规定，管理权限和税收收入归属于地方政府；综合房地产持有税则专门制定了《综合不动产税法》，管理权限和税收收入归属于中央政府。

（六）新加坡

新加坡由新加坡国内收入局统一对个人或法律实体（如公司）持有的房屋和土地征收财产税，课税对象包括政府组屋、私人住宅、工厂、办公室及空置土地等。应纳税额为房地产年价值（Annual Value）乘以税率。房地产年价值按假设房地产出租情况下的年租金额计算，年租金主要根据相似、可比较的市场租金由税务部门测算确定，而不是实际获取的租金收入。税率包括累进税率与比例税率两类。其中：业主自住住房和非业主自住住房均实行累进税率（见表2－2、表2－3）；非住宅，如工厂、办公室及土地，适用10%比例税率。近年来，新加坡对住房适用的累进税率每年都有一定调整，而非住房比例税率在2001年后始终维持在10%。在税收优惠上，除业主自住住房的优惠税率外，新加坡对于公共宗教场所、接受政府补助的公立学校、慈善用途房地产和公益事业房地产等免税，也会根据当年的房价和经济形势决定是否实行普遍的税收折让。

表2－2　　新加坡自住住房税率（以2023年为例）

年价值/新加坡元	税率
8000及以内	0
超过8000不超过30000的部分	4%
超过30000不超过40000的部分	5%
超过40000不超过55000的部分	7%
超过55000不超过70000的部分	10%
超过70000不超过85000的部分	14%
超过85000不超过100000的部分	18%
超过100000的部分	23%

表2－3　　新加坡非自住住房税率（以2023年为例）

年价值/新加坡元	税率
30000及以内	11%
超过30000不超过45000的部分	16%
超过45000不超过60000的部分	21%
超过60000的部分	27%

延伸阅读

新加坡组屋和私人住宅

新加坡居民住宅大致分为组屋和私人住宅两大类。作为城市国家，新加坡土地资源稀缺，为实现居者有其屋，新加坡政府投资修建并向民众提供组屋。

组屋是政府的保障性住房，均为99年地契，以低价出售或出租给中低收入阶层使用，每户家庭只能拥有一套。目前新加坡约90%的家庭均通过组屋解决住房需求。私人住宅包括私人公寓和有地房产，地契多为999年甚至永久。新加坡政府对包括组屋在内的所有物业类型均征收财产税。

（七）中国香港地区

中国香港地区对房地产保有环节征收的财产税主要是差饷。此外，中国香港土地为政府所有，因此土地使用者每年需要缴纳地租。地租在本质上是土地年租金，但是由于其每年固定缴纳的特点，也被称为地税。

中国香港对全部房屋和土地征收差饷，差饷是中国香港政府稳定可靠的收入，近年来差饷收入在政府总收入中所占比重约为5%。差饷的计税依据为房地产的应课差饷租值，即评估的年租值。应课差饷租值是假设房地产在一个指定评估日期出租时，按年出租可获得的年租金。税率为比例税率5%。除应课差饷租值不超过3000港元的房地产免征外，差饷的税收优惠主要有两种：一是对特定房地产给予减免税优惠，如宗教、农地、公共用途、军事等物业；二是中国香港政府可以根据经济形势等情况，对中国香港境内所有差饷给予普惠性的优惠。

中国香港的私人土地一般由政府以批地形式，即以政府租契租出。承租人须向政府缴付地租，以换取在租契文件所指明的租赁期内拥有和占用土地的权利。地租评估基准与差饷的计税依据一致，税率为3%。地租针对新批租土地和不可续期的土地征收，主要包括以下两种情况：一是新界和新九龙（界限街以北）的物业，二是在1985年5月27日或以后获批或获续期土地契约的港岛和九龙物业。

延伸阅读

中国香港地区的差饷历史

差饷于1845年开征，是中国香港政府专门为支付警察工资薪金所设立的税种，当时称为“差役饷项”，后来演变为“差饷”。其后，差饷的用途进一步扩大至饮用水供应、消防服务等其他政府公共服务。1931年，中国香港政府对各区差饷税率做了统一，并纳入一般公共预算；1988年，将其他物业税收并入差饷征收；1995 年成立差饷物业估价署统一进行税基评估和税款征收，至此，差饷的征收系统趋于完善。

（八）俄罗斯

俄罗斯实行房屋和土地单独征税模式，对房屋按所有人不同分别征收企业财产税和个人财产税，对土地征收土地税。这些税均属于地方税，其主要依据房地产年平均财产价值或评估价值课税，实行差别税率征收。

企业财产税主要对纳税人资产负债表中的房屋（土地除外）征收，计税依据为每个纳税年度房屋的年平均财产价值，允许针对不同纳税人或应税房屋适用差别税率，但最高税率不得超过 2.2%。税收优惠主要有三种：一是对宗教组织、立法和行政机关等特定组织免税；二是对天然气供气相关企业符合条件的房屋适用零税率；三是对在经济特区、自由经济区等特定地区投资的纳税人在区域内使用的房屋，可在一定期间内免税。

个人财产税主要对个人拥有的房屋征收，一般以国家不动产统一登记清册中的评估价格作为计税依据。税率由联邦和地方政府共同确定，联邦规定税率范围，地方政府根据房屋价值、类型、所在地等因素在范围内确定差别税率。目前，税率的差别主要体现为住房和小面积建筑适用低税率、高价值房屋适用高税率。税收优惠上主要考虑个人对国家贡献、文化导向、政策导向等，包括针对战斗英雄、伤残人士、退伍军人拥有的住房，以及用于文化、艺术活动的建筑物，建筑面积小于 50 平方米的经济适用房，适用不同的减免税规定。

土地税主要对单位和个人在俄罗斯的市辖区域内拥有的土地或根据特定条件使用的土地征收，以国家土地登记清册中所列征税对象的土地价值为计税依据，区分农业用地、住宅用地和非农业、非住宅用地等土地用途，适用不同的税率。税收优惠主要有两种：一是对国家公路用地、宗教及慈善用地等特定用途土地免税；二是对经济特区等特定区域内居民企业用地，可在一定期间内免税。

（九）上述国家（地区）房地产保有环节税的主要特点

1. 税制要素。

受到课税对象、征税环节、征收历史等因素影响，前文介绍的国家（地区）在房地产保有环节税税制要素上有共通之处。例如，在计税依据上基本以政府部门确定的房地产市场评估价值或年租金估值为基础，在收入归属上多数属于地方政府收入，在管理权限上地方政府对税率设置等拥有一定权限，在税收优惠上对居民个人住房、低收入群体等给予一定的照顾。同时这些国家的房地产保有环节税税制也各具特色。例如：日本对相同的征税对象设置了固定资产税和都市计划税两个税种；英国按评估价值将居民住宅分为若干等级，每个等级实行定额税收；韩国对超过国民平均标准的房地产由中央政府征收综合房地产持有税。具体税制要素比较详见表 2－4。

表 2－4　　代表性国家（地区）房地产保有环节税税制要素比较

国家（地区）	税种名称	课税对象	计税依据	评估周期	税率类型	收入归属
美国	财产税	土地、房屋	市场评估值	各州周期不同	单一比例税率	地方政府
英国	市政税	居住性房屋	市场评估值	五年	按房屋所属纳税等级定额征收	地方政府
德国	房地产税	土地、房屋	市场评估值	常年不变	差别化比例税率	地方政府
日本	固定资产税、都市计划税	土地、房屋	市场评估值	三年	单一比例税率	地方政府
韩国	房屋财产税、综合土地税、综合房地产持有税	土地（综合土地税、综合房地产持有税）、房屋（房屋财产税、综合房地产持有税）	市场评估值	每年	差别化累进税率	地方政府（房屋财产税、综合土地税）、中央政府（综合房地产持有税）
新加坡	财产税	土地、房屋	年租金估值	每年	差别化累进税率（住房）、单一比例税率（非住房及土地）	新加坡政府
中国香港	差饷	土地、房屋	年租金估值	每年	单一比例税率	中国香港特区政府
俄罗斯	企业财产税、个人财产税、土地税	土地（土地税）、房屋（企业财产税、个人财产税）	市场评估值（个人财产税、土地税）、年平均财产价值（企业财产税）	每年	差别化比例税率（企业财产税、土地税）、差别化累进税率（个人财产税）	地方政府

2. 功能定位。

（1）为地方政府提供财政收入。

前述代表性国家（地区）中部分国家地方政府职能范围有限，而房地产保有环节税具有税基稳定、收入可预期、易于征管等特点，征收房地产保有环节税能够满足其支出需求，并把税收收入与当地公共服务有效对应起来，提高公共财政支出的效率。因此，前述代表性国家（地区）征收房地产保有环节税的目的基本上都是为地方政府提供公共财政收入，在有些国家甚至是地方政府最重要的财政收入来源，形成了以房地产保有环节税为主体的地方财政收入结构。具体体现在普遍征收、以支定收、税款专用三个方面。

普遍征收，即除部分公益或特定用途房屋和土地外，其他房屋和土地均予征税。例如：美国、德国规定，除用于公益、慈善、宗教等用途的房屋和土地外，其他房屋和土地均予征税；中国香港、新加坡规定，类似于我国保障房的公共屋村、政府组屋也需纳税。

以支定收，即根据地方政府预算支出安排确定每年的适用税率，有的国家同时会通过设置税率或税额上限，防止过度征收。例如：英国中央政府设置了地方政府的征收上限；日本中央政府设立税负增长上下限指标，在计算税款时直接使用。

税款专用，即房地产保有环节税收入主要用于本地区的公共基础设施建设和提升本地区公共服务水平，有的地方还会与民众沟通确定实际用途。例如：英国地方议会议员会与民众双向沟通确定市政税实际用途，并在纳税通知书上列明用途清单；新加坡税务部门发放的纳税通知书上会列明税款用途；中国香港地区差饷开征之初就用税种名称明示其用于警察工资薪金支出。

（2）调节财富分配。

除有效筹集地方政府收入外，随着房地产自有率的提升和房地产价值的增长，房地产在家庭财富中的比重不断提高，房地产保有环节税对财富的分配调节功能开始显现，在一定程度上体现了“涨价归公”，有助于更好地实现社会公平。具体体现在市值计税、累进税率、照顾特殊三个方面。

市值计税，即按照房地产的市场评估价值（或年租金估值，仅中国香港和新加坡）征税，拥有的房产越多、价值越高，需缴纳的税款越多。同时，定期调整评估价值，及时反映市场变化。例如：韩国、新加坡、中国香港和俄罗斯评估周期为一年；美国各州评估周期最短为一年，大部分州在五年以内；日本为三年。

累进税率，即在设置税率时采用累进税率，价值越高税率越高，进一步深化财产分配调节功能。例如：韩国房屋财产税对一般住宅共设置四级累进税率，最高税率是最低税率的4倍，同时将别墅税率设置为一般住宅最高税率的10倍；新加坡财产税对业主自住住房设置八级累进税率，最低等级免征，最高税率达到23%。

照顾特殊，即对特殊群体如退伍军人、老年人、低收入群体等制定照顾性政策，充分考虑这些群体的实际负担能力。例如：美国规定，对老年人、残疾人、退伍军人以及低收入等特殊群体给予优惠照顾；英国规定，低收入纳税人视收入、储蓄和个人境况，税额优惠最高可达100%；韩国综合房地产持有税规定，对60岁以上独居老人按年龄、对长期持有住宅按持有期，分别按比例进行税额扣减。

（3）抑制不动产投机。

通过征收房地产保有环节税可以提高房地产保有成本，从而促进房地产资源的合理流通，实现房地产资源的节约集约利用。这虽然不是前述代表性国家（地区）房地产保有环节税的主要征税目的，但在税制设计时还是会有所考虑，具体表现在抑制投机和保障自住两个方面。

抑制投机，即通过制定专门规定，大幅提高保有成本来降低房地产的投机需求。比较典型的是韩国、新加坡，韩国2005年新设对高额不动产课征的“综合房地产持有税”，抑制房价过快上涨和过多保有不动产；新加坡财产税对非业主自住住房设置七级累进税率，同等价值的房地产基本上是自用住房税率的一倍。

保障自住，即通过设定针对性的税收优惠，保障居民合理自住需求。上述代表性国家（地区）均有类似优惠，例如：美国各州对家庭主要居所基本会给予适当优惠，也会采取“断路器”机制对税收负担过重的家庭以税收抵扣、税收返还等形式减免超过机制规定限额的税款；新加坡对业主自住住房年租金估值低于8000新元的免税，且业主自住住房税率远远低于非业主自住住房；德国对居民购建的符合一定标准的自有自用住房免税。

二、借鉴和启示

各个国家（地区）开征房地产保有环节税的目标选择与国家的文化背景、地方政府支出责任范围、经济发展状况等息息相关，不能简单地以某个国家（地区）为范本“抄作业”，而应结合国情全方位进行考量。

（一）突出长远目标，明确主要功能定位

纵观前述代表性国家（地区）房地产保有环节税，其最主要的职能就是筹集财政收入，保障公共服务。从相关统计数据来看，房地产保有环节税都是地方政府重要的收入来源。我国在开展房地产税改革试点时，功能定位可以是多方位的，但应突出优化税制结构、培育地方主体税种这一长远目标，努力营造征收房地产税与改善公共服务密切相关的舆论氛围，为房地产税改革试点的顺利开展凝聚共识、夯实基础。

（二）坚持“房住不炒”，保障居民自住需求

根据我国目前房地产市场发展需要，为坚持“房住不炒”原则定位，我国房地产税改革试点还承担着强化房地产调控需求侧管理、稳定市场预期等责任，需在税率设置、税收优惠等方面不断探索，在保障居民自住需求、抑制投机上体现应有的导向作用。

（三）细化税收优惠，兼顾社会不同群体

房地产税税制设计中的税收负担和税收减免是公众关注的焦点，从各国实践经验来看，这些国家（地区）在税制设计时也都会结合国情加以考虑。我国地域较广、人口众多，不同城市间经济社会发展差异较大，且老龄化趋势明显，需要各地在开展试点时根据房地产税改革试点总体规定和地方授权，广泛听取公众意见，优化完善税收优惠政策，最大限度地赢得公众对房地产税改革试点的理解和支持。

第四节　未来展望

自 2003 年起，我国开始推进房地产税收制度改革。2011 年 1 月 28 日，根据国务院的决定，上海、重庆两市开始对部分个人住房征收房产税试点。本节将我国房地产税改革的推进历程及改革试点方向进行梳理，以资读者对房地产税收发展的学习。

一、我国房地产税改革推进历程

（一）概念提出

2003 年 10 月，党的第十六届中央委员会第三次全体会议通过《中共中央

关于完善社会主义市场经济体制若干问题的决定》（以下简称《决定》）首次公开提出“物业税”的概念。《决定》指出，实施城镇建设税费改革，条件具备时对不动产开征统一规范的物业税（注：名称不同，含义为本章所称房地产税，下同），相应取消有关收费。2006 年 3 月，第十届全国人民代表大会第四次会议批准的《中华人民共和国国民经济和社会发展第十一个五年规划纲要》提出，改革房地产税收制度，稳步推进物业税并相应取消有关收费。

（二）沪渝两市试点阶段

2010 年 9 月，财政部、国家税务总局有关负责人就房地产市场税收政策调整答记者问时表示，改革和完善房产税制度，对于个人所有的住房恢复征收房产税是必要的，既有利于调节居民收入和财富分配，也有利于健全地方税体系，促进经济结构调整和土地节约集约利用，引导个人合理住房消费。考虑到这项改革情况复杂，拟先在部分城市对部分个人拥有的住房进行试点，恢复征收房产税，积累经验以后逐步扩大到全国。

2011 年 1 月 27 日，根据国务院的决定，上海市、重庆市人民政府分别发布《上海市开展对部分个人住房征收房产税试点的暂行办法》《重庆市关于开展对部分个人住房征收房产税试点的暂行办法》，次日起开始对部分个人住房征收房产税试点。

延伸阅读

上海和重庆两市个人住房房产税试点

一、上海试点内容

2011 年 1 月 27 日，上海市人民政府发布《上海市开展对部分个人住房征收房产税试点的暂行办法》（沪府发〔2011〕3 号）明确房产税试点的暂行办法，开展征收试点。主要内容如下：

上海市对上海市居民家庭在上海市新购且属于该居民家庭第二套及以上的住房（包括新购的二手存量住房和新建商品住房，下同）和非上海市居民家庭在上海市新购的住房（以下统称应税住房）征收房产税。

纳税人为应税住房产权所有人。

试点初期，暂以应税住房的市场交易价格作为计税依据，房产税暂按应税住房市场交易价格的70%计算缴纳。适用税率暂定为 0.6%。应税住房每平方米市场交易价格低于上海市统计局公布的上海市上年度新建商品住房平均销售价格2倍（含2倍）的，税率暂减为0.4%。

上海市房产税试点考虑人均住房面积、人才引进等情况，确定了部分减免税优惠，如上海市居民家庭在本市新购且属于该居民家庭第二套及以上住房的，合并计算的家庭全部住房面积（指住房建筑面积，下同）人均不超过60平方米（即免税住房面积，含60平方米）的，其新购的住房暂免征收房产税；人均超过60平方米的，对属新购住房超出部分的面积征收房产税。

上海市取得房产税试点征收的收入，用于保障性住房建设等方面的支出。

二、重庆试点内容

2011年1月27日，重庆市人民政府发布《重庆市人民政府关于开展对部分个人住房征收房产税改革试点的暂行办法》和《重庆市个人住房房产税征收管理实施细则》（渝府令〔2011〕247号）开展房产税试点。2017年，重庆市人民政府令第311号对上述两份文件进行了修订。试点内容如下：

重庆对主城九区开展试点，征收对象为：个人拥有的独栋商品住宅，个人新购的高档住房，在重庆市同时无户籍、无企业、无工作的个人新购的首套及以上的普通住房。

纳税人为应税住房产权所有人。

应税住房的计税价值为房产交易价。税率方面，独栋商品住宅和高档住房建筑面积交易单价在上两年主城九区新建商品住房成交建筑面积均价3倍以下的住房，税率为0.5%；3倍（含3倍）至4倍的，税率为1%；4倍（含4倍）以上的税率为1.2%；在重庆市同时无户籍、无企业、无工作的个人新购首套及以上的普通住房，税率为0.5%。

纳税人在试点前拥有的独栋商品住宅，免税面积为180平方米；新购的独栋商品住宅、高档住房，免税面积为100平方米；在重庆市同时无户籍、无企业、无工作的个人的应税住房均不扣除免税面积。免税面积以家庭为单位进行扣除，一个家庭只能对一套应税住房扣除免税面积。此外，对农民在宅基地上建造的自有住房等三类情况实行税收减免与缓缴税款。

重庆市取得的个人住房房产税收入将用于公共租赁房的建设和维护。

（三）推进房地产税立法阶段

2013年11月，党的第十八届中央委员会第三次全体会议通过的《中共中央关于全面深化改革若干重大问题的决定》明确提出“落实税收法定原则”，指出要加快房地产税立法并适时推进改革，房地产税立法准备工作按照“立法先行、充分授权、分步推进”的原则稳妥推进。

（四）授权改革试点阶段

2021 年 10 月，第十三届全国人民代表大会常务委员会第三十一次会议通过《全国人民代表大会常务委员会关于授权国务院在部分地区开展房地产税改革试点工作的决定》，提出：为积极稳妥推进房地产税立法与改革，引导住房合理消费和土地资源节约集约利用，促进房地产市场平稳健康发展，决定授权国务院在部分地区开展房地产税改革试点工作。

二、房地产税授权改革试点的具体内容

1. 试点地区的房地产税征税对象为居住用和非居住用等各类房地产，不包括依法拥有的农村宅基地及其上住宅。土地使用权人、房屋所有权人为房地产税的纳税人。非居住用房地产继续按照《房产税暂行条例》《城镇土地使用税暂行条例》执行。

2. 国务院制定房地产税试点具体办法，试点地区人民政府制定具体实施细则。国务院及其有关部门、试点地区人民政府应当构建科学可行的征收管理模式和程序。

3. 国务院按照积极稳妥的原则，统筹考虑深化试点与统一立法、促进房地产市场平稳健康发展等情况确定试点地区，报全国人民代表大会常务委员会备案。

4. 此次授权的试点期限为 5 年，自国务院试点办法印发之日起算。试点过程中，国务院应当及时总结试点经验，在授权期限届满的 6 个月以前，向全国人民代表大会常务委员会报告试点情况，需要继续授权的，可以提出相关意见，由全国人民代表大会常务委员会决定。条件成熟时，及时制定法律。本决定自公布之日起施行，试点实施启动时间由国务院确定。

延伸阅读

财政部部长刘昆对《关于授权国务院在部分地区开展房地产税改革试点工作的决定（草案）》的说明

2021 年 10 月 19 日，财政部部长刘昆在第十三届全国人民代表大会常务委

员会第三十一次会议上做了《关于授权国务院在部分地区开展房地产税改革试点工作的决定（草案)》(以下简称草案）的说明，主要内容如下：

党中央、国务院高度重视房地产税立法与改革工作。2011 年，经国务院同意，上海市、重庆市开展了个人住房房产税改革试点。2013 年以来，根据党的十八届三中全会关于“加快房地产税立法并适时推进改革”的要求，全国人大常委会预算工委、财政部会同有关方面积极推进房地产税立法工作，取得阶段性成果。由于房地产市场全国差异很大，实际情况十分复杂，房地产税立法工作需要循序渐进、稳妥推进。

在总结上海市、重庆市个人住房房产税改革试点经验的基础上，结合新形势新情况，进一步深化房地产税改革试点，可以发挥试点对整体改革的示范、突破、带动作用，强化房地产调控需求侧管理，稳定市场预期，也为今后全国统一立法积累经验、创造条件。为此，建议“先深化地方试点、再国家统一立法”，由全国人大常委会依法授权国务院在部分地区开展房地产税改革试点工作，为稳妥推进改革试点提供法律保障。

本章思考题

1. 简述房地产税的性质。
2. 简述房地产税的主要功能。
3. 简述代表性国家及地区房地产税的税制安排。
4. 简述我国房产税纳税人的规定。
5. 简述我国城镇土地使用税征税范围的规定。
6. 简述我国房地产税改革方向。

第三章　土地增值税

【学习目标】本章从基础理论、基本实践、国家（地区）比较和未来展望四个方面对土地增值税进行介绍。通过本章学习，掌握土地增值税的基本概念与特征，了解土地增值税的功能定位，掌握我国现行土地增值税税制要素，了解代表性国家（地区）对土地增值税课税的基本情况，了解我国土地增值税立法改革方向。

土地增值税是对在我国境内转让国有土地使用权、地上的建筑物及其附着物（以下简称房地产）的单位和个人，以其转让房地产所取得的增值额为课税对象而征收的一种税。其开征目的主要是：国家运用税收杠杆引导房地产经营的方向，规范房地产市场的交易秩序，合理调节土地增值收益分配，维护国家权益，促进房地产开发的健康发展。

第一节　基础理论

一、基本概念

土地和房产是人类社会的重要生产资源，是经济活动不可或缺的物质条件和重要财产形态。以土地和房产为课税对象，是一种古老的税收形式，也是当今世界各国普遍的做法，其税收收入是各国地方财政收入的重要来源。

土地增值税是我国地方税体系中的重要税种之一，其征税对象是转让房地产所取得的增值额，纳税人为转让房地产并取得收入的单位和个人。土地增值税既不同于增值税也有别于企业所得税：增值税以应税交易的销售额作为计税依据，在操作上通常实行税款抵扣制度；企业所得税以法人单位的应纳税所得额作为计税依据，在操作上通常实行年度汇算清缴制度；土地增值税以房地产转让的增值额作为计税依据，对房地产开发活动以项目为单位实施清算，对旧房转让行为按次征税。

土地增值税在税制设计上独具特色，主要有以下四个特点。

（一）征税范围窄

土地增值税征税范围具有特定性，相对来说较窄。一是征税范围特定于转让房地产行为，排除了出租等非转让行为；二是征税范围特定于转让国有土地使用权，排除了集体土地使用权；三是征税范围特定于取得收入的转让行为，排除了未取得收入的转让行为。

（二）名义税率高

土地增值税以转让房地产的增值额为计税依据，并实行四级超率累进税率，最低税率为30%，最高税率为60%，名义税率高，是我国唯一一个实行超率累进税率的税种。

（三）核算单位特定

与法人税制不同，土地增值税以纳税人房地产成本核算的最基本的核算项目或核算对象为单位计算，主要围绕房地产开发项目开展收入、成本、费用、增值额的核算。

（四）扣除项目复杂

土地增值税扣除项目包括取得土地使用权所支付的金额、房地产开发成本、房地产开发费用、与转让房地产有关的税金，扣除项目金额的确定规则复杂，有据实扣除、按规定比例扣除、加计扣除等多种方式。

二、课税原则

土地增值税的课税原则包括财政原则、公平原则、效率原则和法治原则。

（一）财政原则

我国土地资源紧缺，建设用地供不应求，房地产市场长期看将处于稳定向上的发展趋势。在税制设计上，土地增值税将纳税人转让房地产获取的增值额作为计税依据，这决定了其具有较强的收入组织能力，可为地方政府筹集充沛且稳定的财政收入。

（二）公平原则

土地增值税对从房地产转让中获得增值收益的单位和个人征收。在计算具体的应纳税额时，土地增值税采用了超率累进税率和成本费用扣除制度。通过这种制度设计，增值收益多的纳税人多缴税、增值收益少的纳税人少缴税、无增值收益的不缴税，实现了税收负担与受益程度保持相对一致，较好地体现了税收公平原则。

（三）效率原则

土地增值税通过加大对房地产转让超额收益的税收调节力度，有效引导了市场主体的投资经营行为，减少了房地产投机和炒作现象，规范了房地产市场秩序，为促进房地产市场健康稳定发展、提高经济整体运行效率发挥了积极作用。同时，也有效提高了土地资源的配置效率，减少了土地浪费，对引导土地资源合理开发利用起到了重要作用。

（四）法治原则

土地增值税具有相对完备的法律法规体系，为税务机关依法征税和纳税人依法缴税提供了遵循依据。1993 年颁布的《中华人民共和国土地增值税暂行条例》（以下简称《土地增值税暂行条例》）和 1995 年印发的《中华人民共和国土地增值税暂行条例实施细则》（以下简称《土地增值税暂行条例实施细则》）对纳税人、计税依据、税率等基本税制要素作出了具体规定。此后，又陆续制发了多个规范性文件，对土地增值税的征收流程、政策口径、税收优惠等事项进行明确、细化，进一步规范征管行为，保障纳税人权益。2019 年，有关立法单位启动了土地增值税立法，目前正在积极稳妥地开展立法相关工作。

三、功能定位

（一）房地产市场调控功能

改革开放后我国实施了新的土地使用政策和制度，房地产业得以快速发展，但同时也出现了一些问题，主要体现为房地产开发过热、国家土地资源浪费严重、国有土地资源收益流失过多，造成了社会分配不公。开征土地增值税是国家对房地产市场进行宏观调控的措施之一，因此，土地增值税的首要功能就是房地产市场调控。通过土地增值税的税收杠杆作用，对房地产业的开发、经营进行规范和引导，抑制房地产投机行为，防止房价过快上涨，促进土地资源的合理利用，实现促进房地产市场和房地产行业健康稳定发展的目的。

（二）超额利润调节功能

房地产转让行为涉及较多税种，如增值税、企业所得税、印花税、城市维护建设税及教育费附加等，这些税种对转让房地产取得的收益只具有一般调节作用。土地增值税以房地产成本核算的最基本的核算项目或核算对象为单位计算，采用超率累进税率等制度设计，可以对转让房地产取得的超额收益发挥特殊调节作用。房地产行业和房地产市场对于我国的经济发展具有举足轻重的影响，因此需要土地增值税在合理引导房地产开发、抑制房地产投机炒卖、超额收益公平分配等方面发挥积极作用。

（三）筹集财政收入功能

在土地增值税开征前，有些地区已通过征收土地增值费的办法，对土地增值收益进行管理，但各地政策不统一，收费标准也不规范，地区差异性较大，存在诸多的弊端。税收具有强制性、固定性的特点，通过税收制度对土地增值收益的分配加以规范，能够更高效、公平地筹集国家财政收入。土地增值税自开征以来，在税收收入中的占比主要呈上升趋势（见表3－1）。

表3－1　　　　土地增值税收入情况

年份	土地增值税/亿元	税收总收入/亿元	土地增值税占税收收入比例
1996	1	7051	0.01%
1997	3	8226	0.04%
1998	4	9093	0.04%
1999	7	10315	0.07%
2000	8	12666	0.06%
2001	10	15165	0.07%
2002	21	16997	0.12%
2003	37	20466	0.18%
2004	75	25723	0.29%
2005	140	30867	0.45%
2006	231	37637	0.61%
2007	403	49452	0.81%
2008	537	57862	0.93%
2009	720	63104	1.14%
2010	1278	77394	1.65%
2011	2063	95729	2.16%
2012	2719	110764	2.45%
2013	3294	119960	2.75%
2014	3915	129541	3.02%

续表

年份	土地增值税/亿元	税收总收入/亿元	土地增值税占税收收入比例
2015	3833	136022	2.82%
2016	4212	140504	3.00%
2017	4911	155739	3.15%
2018	5644	169959	3.32%
2019	6471	172114	3.76%
2020	6461	166000	3.89%
2021	6896	172731	3.99%
2022	6349	166614	3.81%
2023	5294	158886	3.33%

第二节 基本实践

一、历史沿革

新中国成立后，我国土地管理制度长期采取行政划拨方式，土地实行无偿无限期使用，不允许买卖。以房地产作为征税对象，国家先后开征契税、城市房地产税、房产税、城镇土地使用税等税种，但这些税种大多属于传统意义上的房地产税收，对房地产经济收益的调节作用和力度有限。

土地增值主要有两方面因素：一是自然增值，由于土地资源是有限的，随着社会经济的发展、生产生活用地的扩大和投资环境的持续改善，土地价格不断上升；二是投资增值，把“生地”变为“熟地”，建成各种生产、生活、商业设施，这些投资会形成土地增值。新中国成立以来，我国在城市建设方面投入了大量资金，开展基础设施建设，这是土地增值的一个重要因素。且由于土地资源的稀缺性，房地产市场出现超额利润，对超额土地增值收益，国家理应参与分配，并取得较大份额。

改革开放后，原有无偿使用国家土地的制度逐步向有偿使用的方向转化。1987 年，我国对土地使用制度进行改革，实行了国有土地使用权的有偿出让和转让制度，促进了我国房地产业的发展和房地产市场的繁荣，对提高土地使用效益、增加国家财政收入、改善城市基础设施和人民生活居住条件，以及带动国民经济相关产业的发展都产生了积极作用。但是，由于土地管理的各项制度滞后，以及行政管理上的偏差，在房地产业发展中也出现了一些问题。特别是1992年及1993年上半年，我国部分地区出现的房地产持续高温，炒买炒卖房地产情况严重，使得很多资金流向房地产，极大地浪费了国家的资源和财力，国家土地资金收益大量流失，严重冲击和危害了国民经济的协调健康发展。为扭转这一局面，国家采取了一系列宏观调控措施，其中一项就是开征土地增值税。

1990年5月，国务院发布了《中华人民共和国城镇国有土地使用权出让和转让暂行条例》，为土地使用权成为生产要素进入市场提供了法律保障。1993年12月，国务院发布了《土地增值税暂行条例》，决定自1994年1月1日起在全国开征土地增值税，这是我国（除台湾地区外）第一个专门对土地增值额或土地收益额征税的税种。为配套暂行条例实施，财政部、国家税务总局颁布了《土地增值税暂行条例实施细则》《土地增值税清算管理规程》等一系列规范性文件，形成了土地增值税制度和政策完整框架。

二、税制要素

（一）纳税人

土地增值税的纳税人，是指转让房地产（即国有土地使用权、地上的建筑物及其附着物）并取得收入的单位和个人。其中，单位包括各类企业、事业单位、国家机关和社会团体及其他组织，个人包括个体经营者和其他个人。

（二）征税对象

1. 土地增值税的征税对象。

（1）转让国有土地使用权。

转让国有土地使用权，是指土地使用者将土地使用权再转移的行为。

（2）转让地上建筑物及其附着物。

地上建筑物及其附着物应连同国有土地使用权一并转让。地上建筑物，是指建于土地上的一切建筑物，包括地上地下的各种附属设施。附着物，是指附着于土地上、不能移动，一经移动即遭损坏的物品。

2. 不属于土地增值税征税范围的情形。

（1）出让国有土地使用权。

出让国有土地使用权，是指国家以土地所有者的身份将土地使用权在一定年限内让与土地使用者，并由土地使用者向国家支付土地出让金的行为。由于土地使用权的出让方是国家，出让收入在性质上属于政府凭借所有权在土地一级市场上收取的租金，所以，政府出让土地的行为不属于土地增值税的征税范围。

（2）集体土地使用权流转。

土地增值税仅对转让国有土地使用权征收，对集体土地使用权流转不征税。国家为了公共利益，可以依照法律规定对集体土地实行征收，依法被征收后的土地属于国家所有。《土地增值税暂行条例》施行时，未经国家征用的集体土地不得转让，如自行转让将构成一种违法行为，对这种违法行为应由有关部门依照相关法律来处理，故《土地增值税暂行条例》未将转让集体土地使用权纳入土地增值税的征税范围。

（3）继承、赠与方式无偿转让房地产。

通过继承、赠与方式转让房地产的，虽然发生了转让行为，但未取得收入，不征收土地增值税。"赠与"仅指如下情况：第一，房产所有人、土地使用权所有人将房屋产权、土地使用权赠与直系亲属或承担直接赡养义务人的。第二，房产所有人、土地使用权所有人通过中国境内非营利的社会团体、国家机关将房屋产权、土地使用权赠与教育、民政和其他社会福利、公益事业的。除此以外的"赠与"行为，应当征收土地增值税。

（三）计税依据

土地增值税以纳税人房地产成本核算的最基本的核算项目或核算对象为单位计算，以转让房地产所取得的增值额为计税依据。增值额，是指转让房地产的收入减除税法规定的扣除项目金额后的余额。

1. 收入金额的确定。

土地增值税应税收入，是指转让房地产的全部价款及有关的经济收益，包括货币收入、实物收入和其他收入。货币收入，是指纳税人转让房地产取得的现金、银行存款、支票、银行本票、汇票等各种信用票据和国库券、金融债券、企业债券、股票等有价证券。实物收入，是指纳税人转让房地产取得的各种实物形态的收入，如钢材、水泥、房屋等。其他收入，是指纳税人转让房地产取得的无形资产或具有财产价值的权利，如专利权、商标权、著作权、专有技术使用权、土地使用权、商誉等。

纳税人转让房地产的土地增值税应税收入不含增值税。适用增值税一般计税方法的纳税人，其转让房地产的土地增值税应税收入不含增值税销项税额；适用简易计税方法的纳税人，其转让房地产的土地增值税应税收入不含增值税应纳税额。

此外，非直接销售和自用房地产的收入应按如下方法予以确定。

（1）房地产开发企业将开发产品用于职工福利、奖励、对外投资、分配给股东或投资人、抵偿债务、换取其他单位和个人的非货币性资产等，发生所有权转移时应视同销售房地产，其收入按下列方法和顺序确认：

①按本企业在同一地区、同一年度销售的同类房地产的平均价格确定；

②由主管税务机关参照当地当年、同类房地产的市场价格或评估价值确定。

（2）房地产开发企业将开发的部分房地产转为企业自用或用于出租等商业用途时，如果产权未发生转移，不征收土地增值税，在税款清算时不列收入，不扣除相应的成本和费用。

2. 扣除项目金额的确定。

一般来讲，房地产开发项目指的是“新建房”，新建房是指建成后未使用的房产。凡是已使用一定时间、达到一定磨损程度或房产权属发生过变化的房产则属“旧房”。在确定扣除项目金额时，新建房和旧房有所不同。

（1）转让新建房扣除项目金额的确定。

①取得土地使用权所支付的金额。

取得土地使用权所支付的金额，是指纳税人为取得土地使用权所支付的地价款和按国家统一规定交纳的有关费用。关于取得土地使用权所支付的金额，有以下两项具体规定需要注意。

A. 土地闲置费。

房地产开发企业逾期开发缴纳的土地闲置费不得扣除。

B. 缴纳的契税。

房地产开发企业为取得土地使用权所支付的契税，应视同“按国家统一规定交纳的有关费用”，计入“取得土地使用权所支付的金额”中扣除。

②房地产开发成本。

开发土地和新建房及配套设施的成本简称房地产开发成本，是指纳税人开发房地产项目实际发生的成本。包括土地征用及拆迁补偿费、前期工程费、建筑安装工程费、基础设施费、公共配套设施费和开发间接费用。关于房地产开发成本，有以下四项具体规定需要注意。

A. 拆迁补偿费。

用自行开发建造的房地产安置回迁户的，安置用房视同销售处理，以视同销售收入金额计入拆迁补偿费。购入其他房地产安置回迁户的，以实际支付的购房支出计入拆迁补偿费。使用货币安置拆迁的，房地产开发企业凭合法有效凭据计入拆迁补偿费。

B. 装修费用和工程质量保证金。

销售已装修的房屋，其装修费用可以计入房地产开发成本。工程竣工验收后，根据约定扣留质量保证金的，建筑安装施工企业就质量保证金对房地产开发企业开具发票的，按发票所载金额予以扣除；未开具发票的，扣留的质量保证金不得计算扣除。

C. 建筑安装工程费。

土地增值税纳税人接受建筑安装服务取得的增值税发票，应按照《国家税务总局关于全面推开营业税改征增值税试点有关税收征收管理事项的公告》（国家税务总局公告 2016 年第 23 号）规定，在发票的备注栏注明建筑服务发生地县（市、区）名称及项目名称，否则不得计入土地增值税扣除项目金额。

D. 公共配套设施费。

开发建造的与清算项目配套的公共设施，建成后产权属于全体业主所有的，其成本、费用可以扣除；建成后无偿移交给政府、公用事业单位用于非营利性社会公共事业的，其成本、费用可以扣除；建成后有偿转让的，应计算收入，并准予扣除成本、费用。

③房地产开发费用。

开发土地和新建房及配套设施的费用简称房地产开发费用，包括与房地产开发项目有关的销售费用、管理费用和财务费用。根据财务制度规定，这些费用作为与房地产开发有关的期间费用，直接计入当期损益。房地产开发费用应按照规定的标准计算扣除。

A. 财务费用中的利息支出，凡能够按转让房地产开发项目计算分摊并提供金融机构证明的，允许据实扣除，但最高不超过按商业银行同类同期贷款利率计算的金额。其他房地产开发费用，在取得土地使用权所支付的金额和房地产开发成本金额之和的 5% 以内计算扣除。

B. 凡不能按转让房地产开发项目计算分摊利息支出或不能提供金融机构证

明的，房地产开发费用在取得土地使用权所支付的金额和房地产开发成本金额之和的10%以内计算扣除。

④与转让房地产有关的税金。

与转让房地产有关的税金，是指在转让房地产时缴纳的营业税（2016年5月1日后，营业税全面改征增值税）、城市维护建设税、印花税。因转让房地产缴纳的教育费附加，也可视同税金予以扣除。

A. 增值税进项税额允许在销项税额中计算抵扣的，不计入扣除项目；不允许在销项税额中计算抵扣的，可以计入扣除项目。

B. 房地产开发企业实际缴纳的城市维护建设税、教育费附加，能够按清算项目准确计算的，允许据实扣除。不能按清算项目准确计算的，则按该清算项目预缴增值税时实际缴纳的城市维护建设税、教育费附加扣除。

⑤财政部确定的其他扣除项目。

对从事房地产开发的纳税人，允许按取得土地使用权时所支付的金额和房地产开发成本金额之和，加计20%计算扣除。

⑥共同成本分摊和代收费用的处理。

属于多个房地产开发项目共同的成本费用，应按清算项目可售建筑面积占多个项目可售总建筑面积的比例或其他合理的方法，计算确定清算项目的扣除金额。

对纳税人按县级以上人民政府的规定在售房时代收的各项费用，应区分不同情形分别处理：

A. 代收费用计入房价向购买方一并收取的，应将代收费用作为转让房地产所取得的收入计税。实际支付的代收费用，在计算扣除项目金额时，可予以扣除，但不允许作为加计扣除的基数。

B. 代收费用在房价之外单独收取且未计入房地产价格的，不作为转让房地产的收入，在计算增值额时不允许扣除代收费用。

【案例3－1】土地增值税扣除项目金额的计算

甲房地产开发公司开发的房地产项目土地增值税清算相关资料如下：

2016年6月以10000万元购得一宗土地使用权，并缴纳契税500万元。

自2016年7月起，对受让土地50%的面积进行一期项目开发，发生开发成本5000万元、管理费用200万元、销售费用400万元，银行贷款凭证显示利息支出500万元，允许扣除的有关税金及附加200万元。

2023年3月该项目全部实现销售，共计取得不含税收入21800万元。

已知不考虑土地价款抵减增值税销售额的因素，其他开发费用的扣除比例为5%，该项目未预缴土地增值税，则该项目土地增值税清算时允许扣除的扣除项目金额是多少？

【解析】房地产开发成本，包括土地征用及拆迁补偿费、前期工程费、建筑安装工程费、基础设施费、公共配套设施费、开发间接费用。

房地产开发费用的扣除规定如下：

能够按转让房地产项目计算分摊利息支出，并能提供金融机构的贷款证明的，允许扣除的房地产开发费用 = 利息 +（取得土地使用权所支付的金额 + 房地产开发成本）×5%以内（注：利息最高不能超过按商业银行同类同期贷款利率计算的金额）。

纳税人不能按转让房地产项目计算分摊利息支出或不能提供金融机构贷款证明的，允许扣除的房地产开发费用 =（取得土地使用权所支付的金额 + 房地产开发成本）×10%以内。

取得土地使用权所支付的金额 =（10000 +500）×50% =5250（万元）

房地产开发成本 =5000（万元）

房地产开发费用 =500 +（5250 +5000）×5% =1012.5（万元）

与转让房地产有关的税金 =200（万元）

其他扣除项目 =（5250 +5000）×20% =2050（万元）

允许扣除项目金额的合计数 = 5250 + 5000 + 1012.5 + 200 + 2050 = 13512.5（万元）

（2）转让旧房及建筑物扣除项目金额的确定。

转让旧房及建筑物扣除项目金额，包括取得土地使用权所支付的金额、旧房及建筑物的评估价格、与转让房地产有关的税金。在具体计算时有评估扣除法、发票扣除法两种方法，并且这两种方法在确定扣除项目金额时有先后使用顺序。

①评估扣除法。

转让旧房及建筑物的，在计算其增值额时，允许扣除由税务机关参照评估价格确定的扣除项目金额。评估价格，是指在转让已使用的房屋及建筑物时，由政府批准设立的房地产评估机构评定的重置成本价乘以成新度折扣率后的价格。采用评估法计算扣除项目金额能够减少通货膨胀因素的影响。

重置成本价的含义是：对旧房及建筑物，按转让时的建材价格及人工费用计算，建筑同样面积、同样层次、同样结构、同样建设标准的新房及建筑物所需花费的成本费用。

纳税人支付的评估费用允许在计算土地增值税时予以扣除。对纳税人因隐瞒、虚报房地产成交价格等情形而按房地产评估价格计算缴纳土地增值税所发生的评估费用，不允许在计算土地增值税时予以扣除。

②发票扣除法。

纳税人转让旧房及建筑物，凡不能取得评估价格，但能提供购房发票的，在确定取得土地使用权所支付的金额和旧房及建筑物的评估价格时，可按发票所载金额并从购买年度起至转让年度止每年加计5%计算扣除金额。提供的购房凭据为营改增前取得的营业税发票的，按照发票所载金额加计计算；提供的购房凭据为营改增后取得的增值税普通发票的，按照发票所载价税合计金额加计计算；提供的购房发票为营改增后取得的增值税专用发票的，按照发票所载不含增值税金额加上不允许抵扣的增值税进项税额之和加计计算。

【案例3－2】评估扣除法的应用

乙公司系工业企业，2023年3月1日转让其位于县城的一栋办公楼，取得不含增值税销售收入10000万元，缴纳印花税、城市维护建设税及附加共计55万元。2008年建造该办公楼时，为取得土地使用权支付金额2000万元，发生建造成本4500万元。转让时经政府批准的房地产评估机构评估后，确定该办公楼的重置成本价为7000万元，成新度折扣率为80%。乙公司转让办公楼时允许扣除项目金额的合计数是多少？

【解析】该公司办公楼的评估价格＝7000×80%＝5600（万元）

取得土地使用权所支付的金额＝2000（万元）

与转让房地产有关的税金＝55（万元）

允许扣除项目金额的合计数＝5600＋2000＋55＝7655（万元）

【案例3－3】发票扣除法的应用

丙公司系工业企业，2023年8月转让位于市区的一栋办公楼，计算转让旧房准予扣除项目时，无法取得评估价格。2015年7月购进办公楼时发票所载金额500万元，缴纳契税15万元。丙公司转让办公楼时允许扣除项目金额的合计数是多少？

【解析】纳税人转让旧房及建筑物，凡不能取得评估价格，但能提供购房发票的，经当地税务部门确认，可按发票所载金额并从购买年度起至转让年度止每年加计5%计算扣除金额。

对纳税人购房时缴纳的契税，凡能提供契税完税凭证的，准予作为“与转让房地产有关的税金”予以扣除。

2015年7月至2023年8月，可按8年进行加计扣除。

允许扣除项目金额的合计数 $=500+500\times5\%\times8+15=715$（万元）

（四）税率和应纳税额计算

如表3-2所示，土地增值税实行四级超率累进税率。应纳土地增值税税额等于增值额乘以适用税率。在实际征收中，为了方便计算，可按增值额乘以适用税率减去扣除项目金额乘以速算扣除系数的简便方法计算土地增值税税额。

$$增值额=收入额-扣除项目金额$$

$$增值率=增值额\div扣除项目金额\times100\%$$

$$土地增值税税额=增值额\times适用税率-扣除项目金额\times速算扣除系数$$

表3-2　　土地增值税税率

级数	增值额与扣除项目金额的比率	税率/%	速算扣除系数/%
1	不超过50%的部分	30	0
2	超过50%未超过100%的部分	40	5
3	超过100%未超过200%的部分	50	15
4	超过200%的部分	60	35

【案例3-4】土地增值税应纳税额的计算

甲房地产开发公司开发的房地产开发项目土地增值税清算资料显示，不含增值税销售收入为21800万元，允许扣除项目金额的合计数为13512.5万元。甲房地产开发公司应纳的土地增值税税额是多少？

【解析】 增值额 $=21800-13512.5=8287.5$（万元）

增值率 $=8287.5\div13512.5\times100\%=61.33\%$，适用税率40%，速算扣除系数5%。

应纳土地增值税税额 $=8287.5\times40\%-13512.5\times5\%=2639.38$（万元）

（五）纳税义务发生时间和纳税期限

土地增值税的纳税人应在转让房地产合同签订后的 7 日内，到主管税务机关办理纳税申报，并向主管税务机关提交不动产权证书、房地产交易合同、房地产评估报告及其他与转让房地产有关的资料，在税务机关核定的期限内缴纳土地增值税。纳税人如因经常发生房地产转让而难以按次申报的，可以定期进行纳税申报，具体期限由主管税务机关根据相关规定确定。

纳税人在房地产开发项目全部竣工结算前转让房地产取得的收入，由于涉及成本确定或其他原因，而无法据以计算土地增值税的，可以预征土地增值税，待该项目全部竣工、办理结算后再进行清算，多退少补。具体办法由各省级税务机关制定。

（六）纳税地点

土地增值税的纳税人应向房地产所在地税务机关办理纳税申报。房地产所在地，是指房地产的坐落地。纳税人转让的房地产坐落在两个或两个以上地区的，应按房地产所在地分别申报纳税。

（七）税收优惠

1. 建造普通标准住宅出售。

为了鼓励开发满足居民刚性住房需求的房地产项目，控制普通标准住宅售价，对建造销售普通标准住宅且增值额未超过扣除项目金额 20% 的，免征土地增值税。普通标准住宅，是指按所在地一般民用住宅标准建造的居住用住宅，以容积率、单套建筑面积、成交价格确定具体标准。高级公寓、别墅、度假村等不属于普通标准住宅。

2. 国家征收、收回的房地产。

因国家建设需要依法征收、收回的房地产，免征土地增值税。政府在进行城市建设和改造时需要收回土地使用权或征收房产，国家要给予纳税人适当的经济补偿，对此免予征收土地增值税。

3. 因城市实施规划、国家建设的需要搬迁。

因城市实施规划、国家建设的需要而搬迁，由纳税人自行转让原房地产的，免征土地增值税。因“城市实施规划”而搬迁，是指因旧城改造或因企业污染、扰民（指产生过量废气、废水、废渣和噪音，使城市居民生活受到一定危害），而由政府或政府有关主管部门根据已审批通过的城市规划确定进行搬迁的情况；因“国家建设的需要”而搬迁，是指因实施国务院、省级人民政府、国务院有关部委批准的建设项目而进行搬迁的情况。根据城市规划，污染、扰民企业需要陆续搬迁到城外，有些企业因国家建设需要也要进行搬迁。这些企业搬迁取得拆迁收入不是以转让增值为目的，而是为城市规划需要，存在人员安置、搬迁资金不足等许多困难。为了使这些企业能够易地重建或重购房地产，国家对其自行转让原有房地产的增值收益，给予免征土地增值税的照顾。

4. 合作建房。

对于一方出土地、一方出资金，双方合作建房，建成后按比例分房自用的，暂免征收土地增值税；建成后转让的，应征收土地增值税。

5. 个人销售住房。

土地增值税开征伊始，国家对个人之间互换自有居住用房地产的，免征土地增值税。自1999年8月1日起，对居民个人拥有的普通住宅，转让时暂免征收土地增值税；自2008年11月1日起，暂免征收土地增值税的范围从普通住宅扩大到所有住房。

6. 转让旧房作为保障性住房房源。

对企事业单位、社会团体以及其他组织转让旧房作为改造安置住房、公共租赁住房、廉租住房、经济适用住房房源，且增值额未超过扣除项目金额20%的，免征土地增值税。

7. 企业改制重组。

企业整体改制，对改制前的企业将房地产转移、变更到改制后的企业，暂不征土地增值税。两个或两个以上企业合并为一个企业且原企业投资主体存续的，或分设为两个或两个以上与原企业投资主体相同的企业的，对原企业将房地产转移、变更到合并、分立后的企业，暂不征土地增值税。单位、个人在改制重组时以房地产作价入股进行投资，对其将房地产转移、变更到被投资的企业，暂不征土地增值税。需要注意的是，该政策不适用于房地产转移任意一方为房地产开发企业的情形。

三、税收征管

房地产行业是土地增值税管理的核心，土地增值税征收管理涵盖从房地产开发项目立项、建设到销售的全过程，在管理中涉及项目登记、税款预征、清算审核等环节。

纳税人在项目全部竣工结算前转让房地产取得的收入，由于涉及成本确定或其他原因，而无法据以计算土地增值税的，可以预征土地增值税。预征的具体办法由各省级税务机关根据当地情况制定。各地通常都是按照转让房地产取得的收入作为预征依据，乘以适用的预征率，来计算预征的土地增值税。在确定预征率方面，除保障性住房外，东部地区预征率不低于2%，中部和东北地区不低于1.5%，西部地区不低于1%，预征率的确定还会根据房地产类型有所区别。

纳税人在符合土地增值税清算条件后，需要计算房地产开发项目应缴纳的土地增值税税额，并填写纳税申报表，向主管税务机关提供有关资料，办理土地增值税清算手续，结清该房地产开发项目应缴纳的土地增值税税款。

（一）清算单位

土地增值税清算以国家有关部门审批的房地产开发项目为单位。对于分期开发的项目，以分期项目为清算单位。开发项目中同时包含普通住宅和非普通住宅的，分别计算增值额。

（二）清算条件

符合下列条件之一的，纳税人应进行土地增值税的清算：①房地产开发项目全部竣工、完成销售的；②整体转让未竣工决算房地产开发项目的；③直接转让土地使用权的。

符合以下条件之一的，主管税务机关可要求纳税人进行土地增值税清算：①已竣工验收的房地产开发项目，已转让的房地产建筑面积占整个项目可售建筑面积的比例在85%以上，或该比例虽未超过85%，但剩余的可售建筑面积已经出租或自用的；②取得销售（预售）许可证满三年仍未销售完毕的；③纳税人申请注销税务登记但未办理土地增值税清算手续的；④省级税务机关规定的其他情况。

（三）清算时间

对于符合清算条件，应进行土地增值税清算的项目，纳税人应当在满足条件之日起90日内到主管税务机关办理清算手续。对于符合清算条件，主管税务机关可要求纳税人进行土地增值税清算的项目，由主管税务机关下达清算通知，纳税人应当在收到清算通知之日起90日内办理清算手续。

（四）清算审核

主管税务机关受理纳税人清算资料后，应在一定期限内及时组织清算审核。土地增值税清算审核结束，主管税务机关应当将审核结果书面通知纳税人，并确定办理补、退税期限。纳税人按规定预缴土地增值税后，清算补缴的土地增值税，在主管税务机关规定的期限内补缴的，不加收滞纳金。

（五）尾盘销售

在土地增值税清算时未转让的房地产，清算后销售或有偿转让的，纳税人应按规定进行土地增值税的纳税申报，扣除项目金额按清算时的单位建筑面积成本费用乘以销售或转让面积计算。

（六）核定征收

特定情形下，土地增值税清算时可予以核定，核定征收主要包括成本核定和税额核定。

1. 成本核定。

房地产开发企业办理土地增值税清算所附送的前期工程费、建筑安装工程费、基础设施费、开发间接费用的凭证或资料，不符合清算要求或不实的，主管税务机关可参照当地建设工程造价管理部门公布的建安造价定额资料，结合房屋结构、用途、区位等因素，核定上述四项开发成本的单位面积金额标准，并据以计算扣除。

2. 税额核定。

房地产开发企业有特定情形的，税务机关可以参照与其开发规模和收入水平相近的当地企业的土地增值税税负情况，按不低于预征率的征收率核定征收土地增值税。核定征收率原则上不低于5%。

第三节 国家（地区）比较

土地作为一种特殊商品，随着社会经济的发展、生产和生活建设用地的扩大以及土地资源的相对紧缺，其价值会自然增值。一般包括土地（土地使用权）转移发生的自然增值和持有土地的自然增值。德国、英国、日本早期曾实施过的土地增值税，对以上两种情况下的自然增值都征税。意大利的不动产增值征税对象也包括这两部分。中国大陆、中国台湾地区只对土地转移时的自然增值征税。韩国则是对闲置土地的自然增值征税。

对土地增值征税，有狭义和广义之分。狭义上的土地增值税仅以转让土地的增值额为计税依据，而广义上的土地增值税还包含了以土地、房产为征税对象的所得税、流转税、财产税等。因政治、经济、法律制度等差异，不同地区对土地增值征税的制度设计具有不同特点。

土地增值税的相关理论最初由英国经济学家约翰·斯图亚特·穆勒提出，他认为，开发利用土地的获利包含了公共投资的因素，对因公共投资带来的土地增值，应以税收形式上缴国家。德国最早将此项理论用于实践，此后，世界不同地区结合各自实际对土地增值税收实践进行了许多探索，但由于税制的设计过于复杂、课税成本高，未能在世界范围内广泛推行，只有少数国家和地区开征过类似税种，而且由于各国的体制国情不同，开征的税种也存在不同的特点。

目前，除我国大陆以外，仅有我国台湾地区开征了专门的土地增值税，多数国家和地区针对土地、房产增值的课税常见于所得税（资本利得税）。对土地、房产的转让征收资本利得税的国家，包括巴西、加拿大、法国、印度、意大利、俄罗斯、新加坡、南非及韩国。部分国家和地区在流转税等其他税种项下针对土地、房产设有特别规定，例如，中国香港地区的额外印花税和买家印花税，英国的土地转让印花税，加拿大、德国、南非、英国及美国的转让税。

一、我国台湾地区土地增值税的税制安排

一般认为，我国近代开征土地增值税始于青岛。民国时期，国民政府颁布《土地法》，开征地价税和土地增值税，规定“土地增值税，照土地增值之实数额计算，于土地所有权移转或于十五年届满土地所有无移转时，征收之。乡地所有权人之自住地及自耕地于十五年届满无移转时不征收土地增值税”。1954年，我国台湾地区制定了“实施都市平均地权条例”，明确规定“涨价归公”，土地的自然增值应于土地所有权转移时收归公有；1977 年发布“土地税法”，明确规定“土地税分为地价税、田赋及土地增值税”；2016 年对“土地税法”进行了修订，将土地增值税税率下调到 20% 至 40% 。

我国台湾地区的土地增值税主要是针对土地转移时自然涨价增值，向土地原所有权人、取得所有权人或出典人征收的一种土地税，针对不劳而获的土地自然涨价部分；对于因投入资本及劳动力所产生的改良利益价值，不予课征。我国台湾地区土地增值税开征后，对抑制土地投机者哄抬地价、合理配置土地资源、改进社会结构及促进经济发展起到了积极作用，已逐渐成为我国台湾地

区市县政府财政收入的主要来源之一。

我国台湾地区一直坚持土地增值税应独立课征，而不是作为资本利得税或者并入综合所得税一并征收，主要原因包括：第一，土地增值税是对非资本劳动力投入产生收入课征的税收，而综合所得税是对资本劳动力投入产生收入课征的税收，从税收负担角度看，前者应该高于后者，从而使土地自然增值回归社会，故不宜合并征收；第二，当土地买卖转移登记时，如没有缴清应纳的土地增值税，则不得办理土地转移登记，这种“先税后证”制度可以避免逃漏土地增值税，而纳入综合所得税就会失去这一征管优势；第三，在台湾地区，土地增值税属于市县政府收入，而综合所得税属于台湾地区政府收入，如果将土地增值税并入综合所得税征收，容易引起不同层级政府之间税收分配的矛盾；第四，土地增值税与综合所得税分别征收，便于执行政府的土地政策，比如对短期多次转让房地产行为，可规定加重税负从而起到抑制投机的作用，但如将土地增值税并入综合所得税则难以实现上述政策目标。

（一）纳税人

我国台湾地区土地增值税的纳税人按照土地转移方式不同分为三种情况。有偿转移土地，纳税人为原所有权人；无偿转移土地，纳税人为取得所有权人；土地设定典权，纳税人为出典人。

如果土地所有权转移时应纳的土地增值税，纳税人没有按规定缴纳，则由取得所有权者代为缴纳。

（二）计税依据

我国台湾地区土地增值税以土地增值额作为计税依据，土地增值额是指土地转让申报价格减去扣除项目金额后的金额；扣除项目金额，包括前次移转现值（或原规定地价）乘以物价指数的乘积，以及土地改良费用。

（三）税率

我国台湾地区土地增值税的税率采用20%、30%和40%三档超率累进税率。

第一档：土地增值额未达扣除项目金额100%的，就其土地涨价总数额征收20%的土地增值税。

第二档：土地增值额达扣除项目金额100%以上未达200%的部分，征收30%的土地增值税。

第三档：土地增值额达扣除项目金额200%以上部分，征收40%的土地增值税。

（四）税收优惠

我国台湾地区根据转让土地持有期限、特定行为和特殊情况，实行土地增值税税率优惠和税收减免政策。一是长期持有减免。对持有年限超过20年以上的土地转让，按照持有年限给予应纳税额一定比例的减免。二是特定行为减免。因继承而转让土地，各级政府出售或依法赠予的公有土地，免征土地增值税；配偶相互赠予的土地，可申请不征收土地增值税。三是信托类减免。对信托委托人与受托人间转让土地、受托人变更时原受托人与新受托人间转让土地等情形给予土地增值税减免。

二、借鉴和启示

（一）明确税种定位，优化完善税制

土地增值税是房地产税制体系中的一个特定税种，进一步明确其税种定位，强化与其他相关税种的配合协调，对更好发挥税收调控作用有着重要意义。

土地增值税的税种定位是一个基础理论问题，从计税依据看，土地增值税是对转让房地产的增值额课税，会被视为资本利得税；从征税对象看，土地增值税又具有财产税性质，允许土地增值税作为支出在企业所得税税前扣除，也体现了这一性质，如我国台湾地区将土地增值税定位为特别所得税。对土地增值税的税种性质定位不同，影响宏观调控的效果也会产生差异。因此，从建立现代财税制度、健全地方税体系出发，进一步明确土地增值税税种性质和定位，建立与保有环节征收的房地产税相互配合、相互协调的新时代土地增值税，应当是后续改革立法中需要关注的首要问题。

（二）与土地制度相衔接，完善征税范围

土地私有制经济中纳税人是土地所有者，而土地国有制经济中，纳税人是土地使用者、经营者。与我国台湾地区私人可以拥有土地所有权不同，我国大陆地区土地所有权归属国家或集体，能够为私人拥有且转让的土地权利是国有土地使用权，因此我国大陆地区仅对转让国有土地使用权征收土地增值税。从我国台湾地区土地增值税实践经验可知，无论施行土地公有制还是土地私有制，只要转让土地权利并获得收益的，国家理应通过税收对土地增值收益参与分配，并可以考虑设置土地增值税税种予以特别调节。随着我国集体土地制度改革逐步深入，集体土地可在一定条件下与国有土地同等入市、同权同价，为更好地与土地管理制度相衔接、有效发挥税收调控作用，应研究将转让集体土地使用权纳入土地增值税的征税范围。

第四节 未来展望

一、紧扣税收现代化，加快推进税收立法

土地增值税自1993年开征至今，在规范房地产市场交易秩序、合理调节土地增值收益、维护国家权益等方面发挥了重要作用。但目前征收土地增值税依据的仍然是国务院1993年出台的《土地增值税暂行条例》，由于法律层级不高、税制设计复杂和政策规定陈旧，执法刚性不足、自由裁量空间过大、征管成本高、税企争议大等弊端凸显。随着税收现代化建设的加速推进，按照税收法定原则，将《土地增值税暂行条例》上升为法律，具有必要性和紧迫性。

一方面，土地增值税是房地产税收的重要组成部分，抓紧研究和优化土地增值税税制，补足制度短板，尽快将现行条例上升为法律，能够增强执法刚性和权威性，更好地发挥税收职能作用。另一方面，我国的房地产市场经历了30多年的高速发展后，已进入了新的发展阶段，现行《土地增值税暂行条例》的诸多税制要素已与当前的经济社会发展不相匹配。通过立法简化土地增值税税制，降低名义税率，明晰税企双方责任，简便计征方式方法，增强政策统一性、确定性，提高征管操作性，势在必行。

二、紧扣高质量发展，加强系统性改革研究

国家坚持“房住不炒”政策长期定位，房地产市场供求关系和供求结构已经发生深刻变化，房地产增量市场转向存量市场，房地产行业发展模式随之转变，房地产行业逐渐“社会平均利润”化，现行“重交易、轻保有”的房地产税制，在一定程度上影响了房地产的正常交易流转，已经不能适应行业发展变化趋势。因此，坚持系统观念，围绕党的二十大提出的“增进民生福祉，提高人民生活品质”的顶层设计要求，在房地产税制改革大背景下，土地增值税立法要与房地产税制改革方向相向而行、协同推进，统筹处理好增量和存量、转

让和保有环节的税收负担，避免税种交叉设置和重复课税，既确保税源的稳定和可持续发展，又发挥税收在房地产调控长效机制中的重要作用。

三、紧抓智慧税务建设契机，优化纳税服务和征管方式

受制于开征的特定背景，土地增值税仍采用纳税人申报、税务人员审核的征管模式，其可操作性与实践需求之间的矛盾逐步凸显，税源管理碎片化且缺乏信息集成手段、外部信息共享度较低且质量有待提高、风险预防与发现机制缺位等问题也日益显现。因此，新时代土地增值税，应当紧抓智慧税务建设契机，按照还责还权于纳税人的理念，运用大数据和信息技术优化纳税服务、规范征收管理，以减少征纳矛盾。具体来讲：以房地产项目开发周期管理为主线，依托相关部门共享的房地产开发项目立项、规划、施工、销售、竣工、决算、验收、不动产登记等信息，实现土地增值税从项目登记、预征、清算、尾盘销售到项目注销的全链条、全流程、全周期的纳税辅导与征收管理，并将事中清算审核制度改为以风险为导向的事后管理，切实做到无风险不打扰、有违法要追究，进一步降低纳税人的税收遵从风险和税务机关的执法风险。

本章思考题

1. 简述土地增值税的性质。
2. 简述土地增值税的基本特点。
3. 简述土地增值税的计征方法。
4. 简述我国土地增值税的改革方向。

第四章　契　　税

【学习目标】本章从基础理论、基本实践、国家（地区）比较和未来展望四个方面对契税进行介绍。通过本章学习，掌握契税的概念与作用，掌握契税优惠政策并加以运用，了解契税改革的重点、难点及方向。

契税是在土地、房屋权属转移环节，对承受权属的单位和个人征收的一种税。契税在我国已有1700多年的发展，历史源远流长，税制独具特色。现行的《中华人民共和国契税法》（以下简称《契税法》）由中华人民共和国第十三届全国人民代表大会常务委员会第二十一次会议于2020年8月11日通过，自2021年9月1日起施行。

第一节　基础理论

一、基本概念

“契税”，从文字理解，即对契约征收的税。在我国历史中，契税主要针对地契、房契等不动产契约征收，征税后政府在契约上加盖印章予以确认。盖章后的契约俗称“红契”，曾长期作为合法的产权凭证进行使用。随着社会经济的不断发展，现行契税已经不再具有财产确权的功能，但其税制仍然具有鲜明特点。

1. 契税的征税对象是发生权属转移的土地、房屋。基于征税对象的特定性，契税属于财产税。从征税环节看，契税在房地产交易环节征收，不同于城镇土地使用税、房产税等在房地产保有环节征收的税种。同时，由于房地产具有不可移动的固定性，契税采用属地管理的方式，由土地、房屋所在地的税务机关负责征收。

2. 契税的纳税人是土地、房屋权属转移的承受人。在现行税制体系中，房地产交易涉及多个税种，而契税是唯一只对承受人征收的。其他税种，如增值税、土地增值税、企业所得税等对转让方征收，印花税则对转让方和承受方同时征收。按纳税人性质分类，契税的纳税人大多数为自然人，自然人数量多、占比高，是一种直接税，税负较难转移。

3. 契税立法对各地有一定授权。契税属于地方税，契税收入为地方财政收入，因此《契税法》授权各省、自治区、直辖市在法定税率幅度内，决定本行政区域的契税具体适用税率，并可以对不同主体、不同地区、不同类型的住房的权属转移确定差别税率；各省、自治区、直辖市也可以对《契税法》规定的情形决定免征或者减征契税。

二、课税原则

财政原则、社会公平原则、经济效率原则、法治原则指导契税制定和实施。

（一）财政原则

财政原则要求契税在筹集财政收入上发挥积极的作用。契税征税对象为我国境内发生权属转移的土地和房屋，课税对象覆盖范围广、税源稳定，因此能够为财政收入提供丰裕稳定的税源。房地产的地域性使得契税特别适合成为地方税种和作为地方财政收入来源，为地方经济发展作出贡献。同时，税源增长具有一定的开放性特点，无论是存量房地产的转移，还是取得增量房地产，如出让土地、购买新建商品房，均在契税的征税范围内，因此契税收入可以与房地产市场的稳定健康发展形成良性互动，实现稳步增长，从而较好地发挥其财政职能。

（二）社会公平原则

社会公平原则要求每个纳税人的税收负担与其经济状况相适应，对契税而言，主要体现在普遍征税、平等课征两个方面。在普遍征税上，契税的征税范围包括各种类型房地产的转移，如土地使用权的出让、转让以及房屋买卖、赠与等常见权属转移行为，以及划转、偿债等非常见的转移行为，这些均被《契税法》纳为征税对象；契税的纳税人也包括了各类单位和个人，仅对行政性、特定公益性用途的以及涉及婚姻、继承类特定民事事项的房地产给予了免税待遇。在平等课征上，契税的计税依据为房地产的成交价格，与房地产的价值大小正相关，购买价值大的房地产多缴税，反之少缴税，这与纳税人本身的经济负担能力相一致、相适应，较好地体现了社会公平原则。

（三）经济效率原则

经济效率原则要求税收超额负担最小化，同时尽量增加税收的额外收益。契税的税制设计较为简便易行，计税依据一般为房地产的成交价格，税率为比例税率，对于交易双方来说计算简便，税收负担的预期也比较明确；而且契税对权属承受方征收，一般情况下，纳税人与负税人一致，是交易行为决策较为主动的一方，对经济决策的干预和对资源配置可能带来的不利影响较小。同时，契税征管采取"先税后证"制度，契税缴纳与不动产登记采取"一窗式受理、流程一体化办理"的方式，通过部门协同增效，将征纳双方的征税成本、交易成本降到最低限度，既提高了税收征管效率，也充分落实了政府便民服务的宗旨要求。

（四）法治原则

法治原则要求契税必须充分体现依法征税、依法纳税两个方面的要求。在依法征税方面，《契税法》的制定和实施本身就是对税收法定原则的具体落实，税务机关对契税开展税收征管必须依照契税法律规定的纳税人、征税对象、税率、税收优惠、征收程序等执行。在依法纳税方面，契税建立起的计税价格核定制度，能有效地防范不实申报等不合理的纳税申报行为。此外，办理权属登记之前必须查验契税完税情况的前置管理机制，既在源头上对纳税人是否缴税进行管控，也通过部门协作对税务机关征税行为进行规范。

三、功能定位

契税的主要功能定位是筹集财政收入、调节收入分配以及调控房地产市场。

（一）筹集财政收入

随着房地产交易的日益活跃，近年来契税收入呈上升趋势，成为地方财政收入的重要来源之一。虽然契税收入受房地产市场行情影响较大，年度间收入存在一定波动，但占税收收入，尤其是地方级税收收入的比重始终较高。以2019—2023年为例，我国契税收入合计32406亿元，占全国税收收入的比重为4.4%，占地方级税收收入的比重为8.2%；其中2020年比重最高，占全国税收收入的比重达5.16%，占地方级税收收入的比重达9.5%，对地方筹集财政收入起到了积极作用。

（二）调节收入分配

市场经济条件下，由于初始条件不均等，要素禀赋存在差距，收入分配难以达到社会公认的公平状态，这就需要国家对收入分配进行必要的调节。契税是调节分配的手段之一。契税的计税依据为房地产交易价格，其税收负担的高低与承受房地产的价值大小成正比，体现了量能负担；契税还按照家庭拥有的住房套次、房屋面积大小制定了税收优惠政策，对拥有住房套次多、面积大的多征税，起到了对财富进行二次分配的作用。

（三）调控房地产市场

税收对市场资源的配置具有调节功能。契税在财产转移环节征收，对于引导住房合理消费、抑制投机炒房行为、规范房地产市场具有一定的作用，有利于促进房地产市场的持续健康发展。例如：为支持保障合理的购房需求，2016 年 2 月国家出台了对购买家庭唯一住房、第二套住房的契税优惠政策；为大力发展公共租赁住房，满足中等偏下收入家庭基本住房需求，2010 年国家出台了促进公共租赁住房发展的契税优惠政策，对公共租赁住房经营管理单位购买住房作为公共租赁住房免征契税。

延伸阅读

房产交易过程中的契税

一、买房缴纳契税需要注意什么？

（一）当地契税税率

在契税的具体适用税率方面，由各省、自治区、直辖市人民政府对不同主体、不同地区、不同类型的住房的权属转移确定差别税率。地方政府需要考虑当地经济以及市场供需关系，合理确定契税税率，发挥契税税收杠杆作用，从而达到调控房地产市场等目的。

（二）契税计税价格

若是纳税人以合理的购入价买入房产，税务机关会给出一个根据购入价格确定的计税依据；但若是纳税人购入房产的成交价格或互换价格差额明显偏低且无正当理由，那么税务机关会依照《中华人民共和国税收征收管理法》的规定给出一个核定的计税依据。

（三）契税缴纳环节

纳税人应当在依法办理房屋权属登记手续前申报缴纳契税。纳税人办理纳税事宜后，税务机关应当开具契税完税凭证。纳税人办理房屋权属登记，不动产登记机构应当查验契税完税、减免税凭证或者有关信息。未按照规定缴纳契税的，不动产登记机构不予办理房屋权属登记。

二、买房缴纳的契税可以退税吗?

在依法办理土地、房屋权属登记前，权属转移合同、权属转移合同性质凭证不生效、无效、被撤销或者被解除的，纳税人可以向税务机关申请退还已缴纳的税款。

纳税人缴纳契税后发生下列情形，也可依照有关法律法规申请退税：一是因人民法院判决或者仲裁委员会裁决导致土地、房屋权属转移行为无效、被撤销或者被解除，且土地、房屋权属变更至原权利人的；二是在出让土地使用权交付时，因容积率调整或实际交付面积小于合同约定面积需退还土地出让价款的；三是在新建商品房交付时，因实际交付面积小于合同约定面积需返还房价款的。

第二节　基本实践

一、历史沿革

契税在我国已有1700多年的历史，其雏形来源于东晋的“估税”。由于隋、唐时期实施均田制，田宅交易受到较大限制。宋代时契税制度正式确立，宋代“印契钱”标志着古代契税制度的形成，但官方一直将其视为辅助税种，并不重视。清代称为“田房契税”，并创立契尾制度，用于防止偷税漏税。进入民国后，契税的重要性明显提升，成为地方政府财政收入的重要来源。北洋政府及国民政府连续出台多项政策，加大征稽力度，契税收入大幅增长，成为地方财政的主要税种之一。

新中国成立以后，1950年4月中央人民政府政务院颁布的《契税暂行条例》，规定了契税分三种情形适用比例税率：买契税，按买价征收6%；典契税，按典价征收3%；赠与契税，按现值价格征收6%。改革开放以后，国家重新调整了土地、房屋管理方面的有关政策，房地产市场逐步得到恢复和发展。为适应形势变化的要求，从1990年开始，全国契税征收工作全面恢复，契税收入连年大幅增加，从1990年的1.34亿元增加到1997年的36亿元①，成为当时地方税收中最具增长潜力的税种。但由于《契税暂行条例》制定年代久远，很多规定与经济发展情况相脱节，实际工作中存在难以操作和执行等问题。为了适应经济发展的需要，充分发挥契税筹集财政收入和调控房地产市场的功能，自1990年起，我国开始了《契税暂行条例》的修订工作。

1997年7月7日，《中华人民共和国契税暂行条例》发布，并于同年10月1日起施行。新的暂行条例的主要变化包括：将对土地所有权转移征税修改为对土地使用权征税；取消对典当行为的征税；缩小了减税、免税的范围；修改了计税依据，将原买卖契税按买价征税改为按照成交价格征税；调整了税率，将原来实行的全国统一税率改为由省、自治区、直辖市人民政府在规定幅度内确定适用税率；增加了纳税义务发生时间和申报时间的规定；等等。新的暂行条例的发布，使得契税的征收范围更加广泛，税制要素更为完备，征收程序也更加规范。

为落实税收法定原则，2020年8月11日《契税法》在第十三届全国人民代表大会常务委员会第二十一次会议通过，于2021年9月1日起施行，《中华人民共和国契税暂行条例》同时废止。

《契税法》突出了以下五个方面的改革重点。

第一，土地征税范围有所扩大。《契税法》规定，出让各类土地使用权均要缴纳契税，将集体土地使用权纳入征税范围，而此前的《中华人民共和国契税暂行条例》只是针对国有土地使用权出让课税。这一变化顺应了《中华人民共和国土地管理法》规定的集体土地使用权可以上市交易的要求。

第二，赋予地方税政管理权限。《契税法》规定，契税具体适用的税率，由省、自治区、直辖市人民政府提出，并由同级人民代表大会常务委员会作决定，再报全国人民代表大会常务委员会和国务院备案。同时，省、自治区、直辖市人民政府可以对不同主体、不同地区、不同类型的住房的权属转移确定差别税率。这一规定赋予地方一定的税政管理权限，体现了健全地方税体系的税制改革思路。

---

① 数据来源：国家统计局官方网站。

第三，法定减免情形分类明确。为充分发挥税收优惠的政策效应、稳定社会预期，《契税法》对现行契税优惠进行了统一梳理，将《中华人民共和国契税暂行条例》规定的三项减免情形增加明确为六项法定减免情形。除此之外，《契税法》还明确了省、自治区、直辖市可以决定对土地、房屋被征收、征用，不可抗力灭失住房两类情形免征或者减征契税。

第四，办税服务更加优化便利。《契税法》将契税申报和缴纳时间合二为一，申报缴税期限规定为“办理土地、房屋权属登记手续前申报缴税”，有助于减轻纳税人负担，提高契税征管的效率。为保护纳税人权益，《契税法》还规定纳税人在依法办理土地、房屋权属登记前，因合同不生效、无效、被撤销或者被解除的，可以申请退还已缴纳的税款。

第五，部门协作机制更加完善。《契税法》将《中华人民共和国契税暂行条例》中的“土地管理部门、房产管理部门”统一为“不动产登记机构”，协作部门由“土地管理部门、房产管理部门”扩充到“自然资源、住房城乡建设、民政、公安等相关部门”，涉税信息共享和工作配合机制日趋成熟与完善。

延伸阅读

民国时期的山西契税①

1932—1936 年，山西省新增税目达 70 余种，总税种达到了 120 余种，这使得山西成为全国赋税最重的省份之一。作为已有税种，契税税基广、税源足、征收流程完备，成为开源增收的不二之选。从 1930 年开始，山西省采取多项措施加大对契税的征稽力度。从《三晋契约》中的民国卖地契约统计表来看，1930—1937 年契约的实际税率相对稳定，其中明确有契税缴纳的契约有 15 份，缴纳的契税税率最低为 8%，最高为 18%，中位数为 9%。

20 世纪 30 年代山西契税的快速增长更多缘于匿价行为的减少，这与征稽力度的加大密不可分。1930 年，山西省财政厅相继颁布了《山西省整理契税办法》《山西省稽查田房契税办法》《山西省田房契税罚金》。这三部法令进一步完善了契税调查程序，规定了各个流程的具体稽查措施，构成了一套较为完整的契税征稽制度。归纳这些法令的具体条款，可以看出相关措施主要集中在责

① 郝平，张文瀚．杂税转正：民国时期山西契税的征稽（1912—1937）［J］．中国经济史研究，2021（5）：107－116.

任人、稽查方向、稽查程序及实施处罚等方面。

清查契税的负责人是街村长副、县府税务承办人员和县长，其中街村长副责任最大。《山西省稽查田房契税办法》第一条即规定“稽查契税由各区行政长暨各街村长副负责办理”。该办法还规定各街村长副充作田房交易公证人时，应将交易双方的田房契约详加审核，调查其价格是否与时价相符，如有隐匿契价情弊，即拒绝公证并报区查办，以杜绝匿价。同时，街村长副要随时前往所管各街村查询交易情况，如有交易已成、未填草契者，即令到街村公所补行手续，违者报县罚办。

县级机构稽查契税一般从两个方面进行。一是从成契簿入手调查：“成契簿一项不仅为现时稽查房产交易之簿籍，且为将来考查产权转移必要之根据，关系綦重，应饬各乡镇街公所照章设备，确实登记并妥为保存，列入交代以备查考。”二是从乡镇街公所每月公布的田房交易信息入手，与成契簿两相印证：“各乡镇街公所按月公布田房交易事项，既可防止串通，匿价报税及逾限报税等弊，并可免除产权转移一切纠纷，应饬各乡镇街公所照章切实办理并将原公布照抄一份，送县发交稽查专员随时查对报告以裨税收。”在具体运作中，由于街村长副的因循懈怠，每月信息并不准确，因此还需对原始草契进行印证，以提炼真实信息：“草契纸定为三联，纯为稽查号数，俾知某契已成，某契已税，某契未税，而设应饬财政局充分制备并令各乡镇街公所预为请领。财政局将请领数目及号数报告县政府。由第二科科长督饬稽查专员不时亲赴各乡镇稽查，填用数目，按号查催投税，倘有毁损，应准声叙理由，报请县政府核用，饬财政局注销原契，惟各乡村不得要求免除纸价。若系无故损毁者，并应由县酌量处罚示惩。”在稽查程序及实施处罚方面，省财政厅限定契税缴纳期限，根据延期长短实施阶梯式罚金处罚。对匿价行为的处罚，由买典人、说合人和街村长副按比例上缴罚金，以督促交易各方按规定缴纳契税。

二、税制要素

（一）纳税人

契税的纳税人是在中华人民共和国境内转移土地、房屋权属，承受的单位和个人。

（二）征税对象

契税的征税对象包括：土地使用权出让；土地使用权转让，包括出售、赠与、互换；房屋买卖、赠与、互换。其中，土地使用权转让，不包括土地承包经营权和土地经营权的转移。而以作价投资（入股）、偿还债务、划转、奖励等方式转移土地、房屋权属的，应当征收契税。

（三）计税依据

契税的计税依据包括以下三个方面：一是土地使用权出让、出售，房屋买卖，为土地、房屋权属转移合同确定的成交价格，包括应交付的货币以及实物、其他经济利益对应的价款；二是土地使用权互换、房屋互换，为所互换的土地使用权、房屋价格的差额；三是土地使用权赠与、房屋赠与以及其他没有价格的转移土地、房屋权属的行为，为税务机关参照土地使用权出售、房屋买卖的市场价格依法核定的价格。

1. 以划拨方式取得的土地使用权，经批准改为出让方式重新取得该土地使用权的，应由该土地使用权人以补缴的土地出让价款为计税依据缴纳契税。

2. 先以划拨方式取得土地使用权，后经批准转让房地产，划拨土地性质改为出让的，承受方应分别以补缴的土地出让价款和房地产权属转移合同确定的成交价格为计税依据缴纳契税。

3. 先以划拨方式取得土地使用权，后经批准转让房地产，划拨土地性质未发生改变的，承受方应以房地产权属转移合同确定的成交价格为计税依据缴纳契税。

4. 土地使用权及所附建筑物、构筑物等（包括在建的房屋、其他建筑物、构筑物和其他附着物）转让的，计税依据为承受方应交付的总价款。

5. 土地使用权出让的，计税依据包括土地出让金、土地补偿费、安置补助费、地上附着物和青苗补偿费、征收补偿费、城市基础设施配套费、实物配建房屋等应交付的货币以及实物、其他经济利益对应的价款。

6. 房屋附属设施（包括停车位、机动车库、非机动车库、顶层阁楼、储藏室及其他房屋附属设施）与房屋为同一不动产单元的，计税依据为承受方应交付的总价款，并适用与房屋相同的税率；房屋附属设施与房屋为不同不动产单元的，计税依据为转移合同确定的成交价格，并按当地确定的适用税率计税。

7. 承受已装修房屋的，应将包括装修费用在内的费用计入承受方应交付的总价款。

8. 土地使用权互换、房屋互换，互换价格相等的，互换双方计税依据为零；互换价格不相等的，以其差额为计税依据，由支付差额的一方缴纳契税。

（四）税率

契税的税率为3%—5%。具体适用税率，由省、自治区、直辖市人民政府在税法规定的税率幅度内提出，报同级人民代表大会常务委员会决定，并报全国人民代表大会常务委员会和国务院备案。省、自治区、直辖市可以依照规定程序对不同主体、不同地区、不同类型的住房权属转移确定差别税率。

（五）纳税义务发生时间和纳税期限

契税的纳税义务发生时间，为纳税人签订土地、房屋权属转移合同的当日，或者纳税人取得其他具有土地、房屋权属转移合同性质凭证的当日。

除上述基本规定外，纳税义务发生时间还有几种特殊情形：①因人民法院、仲裁委员会的生效法律文书或者监察机关出具的监察文书等发生土地、房屋权属转移的，纳税义务发生时间为法律文书等生效当日；②因改变土地、房屋用途等情形应当缴纳已经减征、免征契税的，纳税义务发生时间为改变有关土地、房屋用途等情形的当日；③因改变土地性质、容积率等土地使用条件需补缴土地出让价款，应当缴纳契税的，纳税义务发生时间为改变土地使用条件当日。

纳税人应当在依法办理土地、房屋权属登记手续前申报缴纳契税。

纳税义务发生时间属于特殊情形，按规定不再需要办理土地、房屋权属登记的，纳税人应自纳税义务发生之日起90日内申报缴纳契税。

（六）纳税地点

契税由土地、房屋所在地的税务机关依照《契税法》和《中华人民共和国税收征收管理法》的规定征收管理。

纳税人办理纳税事宜后，税务机关应当开具契税完税凭证。纳税人办理土地、房屋权属登记，不动产登记机构应当查验契税完税、减免税凭证或者有关信息。未按照规定缴纳契税的，不动产登记机构不予办理土地、房屋权属登记。

（七）税收优惠

《契税法》规定，有下列情形之一的，免征契税：①国家机关、事业单位、社会团体、军事单位承受土地、房屋权属用于办公、教学、医疗、科研、军事设施；②非营利性的学校、医疗机构、社会福利机构承受土地、房屋权属用于办公、教学、医疗、科研、养老、救助；③承受荒山、荒地、荒滩土地使用权用于农、林、牧、渔业生产；④婚姻关系存续期间夫妻之间变更土地、房屋权属；⑤法定继承人通过继承承受土地、房屋权属；⑥依照法律规定应当予以免税的外国驻华使馆、领事馆和国际组织驻华代表机构承受土地、房屋权属。根据国民经济和社会发展的需要，国务院对居民住房需求保障、企业改制重组、灾后重建等情形可以规定免征或者减征契税，报全国人民代表大会常务委员会备案。

省、自治区、直辖市可以决定对下列情形免征或者减征契税：①因土地、房屋被县级以上人民政府征收、征用，重新承受土地、房屋权属；②因不可抗力灭失住房，重新承受住房权属。免征或者减征契税的具体办法，由省、自治区、直辖市人民政府提出，报同级人民代表大会常务委员会决定，并报全国人民代表大会常务委员会和国务院备案。

除在《契税法》中直接明确免税、减税情形外，财政部、国家税务总局还发布了《关于契税法实施后有关优惠政策衔接问题的公告》（财政部 税务总局公告2021年第29号），明确了税法实施后继续执行的夫妻因离婚分割共同财产发生土地、房屋权属变更免征契税等3项税收优惠政策以及18个继续执行的契税优惠政策文件。《契税法》施行后，先后出台2项税收优惠政策，对银行业金融机构、金融资产管理公司接收抵债资产，以及保障性住房经营管理单位回购保障性住房继续作为保障性住房房源，免征契税。

三、税收征管

（一）房地产税收管理一体化

随着我国房地产业的快速发展，房地产税收收入大幅增长，已成为我国财政收入的重要来源。但是房地产税收涉及的税种多，征管难度大，纳税人办理房地产涉税事项手续也较为复杂。为了提升房地产税收管理的科学化、精细化水平，进一步发挥税收的调控职能，促进房地产业的健康发展，税务机关对房地产相关的税收实施房地产税收一体化管理。即以契税“先税后证”为把手，以信息共享、数据比对为依托，以优化服务、方便纳税人为宗旨，通过部门配合、环节控制，实现房地产业诸税种间的有机衔接，简化办税程序，优化纳税服务，在不断提高房地产税收征管质量和效率的同时，让纳税人缴纳房地产有关税收更为方便快捷。

（二）不动产登记税费“一窗办理”

为深化“放管服”改革、优化营商环境，按照国家有关规定，税务机关与不动产登记机构等相关部门在办理不动产登记税费业务中全面实现“一窗办理”。即在政务服务大厅或不动产登记大厅等场所，由不动产登记综合窗口统一受理相关事项，通过人工或信息化技术手段获取涉税信息，多部门并行办理不动产登记税费业务。具体包括线下的“一窗受理、并行办理”和线上的“网上（掌上）办理”两种方式。

“一窗受理、并行办理”，是指由不动产登记综合窗口统一受理不动产登记、交易、缴税各环节的相关办理事项，一次性收取包括税收申报资料在内的全部资料，税务机关通过人工等方式获取涉税信息，与不动产登记等部门并行办理不动产登记税费业务。

“网上（掌上）办理”则是运用区块链、大数据、云计算、人工智能、移动互联网等现代信息技术，由多部门建立起集成、统一的不动产登记税费业务网上（掌上）办理平台。按照“一次受理、自动分发、融合办理、顺畅衔接、一网通办”的全流程网上办理模式，实现纳税人“一次不用跑、全程非接触”式办理。

第三节 国家（地区）比较

目前，世界上绝大多数国家和地区都有对不动产转让征税的制度设计。不同国家在具体的税种名称、税制设计以及税收征管方式等方面各有差异。多数国家的不动产转让税收实质由受让人承担，这类税收在某种程度上具有契税的部分功能或属性。因此，它们的一些税制设计或实践经验值得我国在优化完善契税税制的研究中借鉴或反思。

一、代表性国家（地区）不动产转让税收的税制安排

（一）韩国的购置税

韩国对不动产转让征收购置税，征税对象为通过购买或继承获得不动产的个人。计税依据为取得不动产时的申报价格，如果建筑物是按年分期付款购买的，计税依据则是每年分期付款的金额总和。税率根据不动产转让价格实施差别化税率，对于购置住房的，房屋价值6亿韩元以下的按照1%征收，6亿—9亿韩元的按照1%—3%征收，超过9亿韩元的按3%征收；购买别墅、高尔

夫球场、高级住宅时税率为12%。在纳税申报方面实施严格的征税管理制度，规定自取得之日起60日内进行纳税申报，未主动申报纳税的，按应纳税额的20%加征罚金。

（二）日本的不动产取得税

日本对于购买土地和房屋、取得房屋建筑等不动产时，无论有无登记均会征收不动产取得税（继承等特定情况下不征税）。计税依据为取得的不动产的价格。不动产的价格，是指根据总务省制定的固定资产评估标准加以评估、决定的价格（评估额）。除了新增建房屋等，原则上以固定资产评估价格为准。不动产取得税税率为4%，但根据不同的征税对象适用税率，房屋（住宅）、土地税率为3%，房屋（非住宅）税率为4%；此外，对土地不超过10万日元，新建、增建、改建的房屋不超过23万日元，房屋买卖等不超过12万日元的实施免征。纳税申报方面，从取得之日起30日以内，到管辖土地、房屋所在地的地方政府申报。

（三）美国的房产转让税

美国对将房屋财产所有权从卖方转移给买方征收房产转让税。法律中没有明确规定卖方必须缴纳税款，在房产转让环节中买卖双方可以协议，如果卖方不缴纳，则买方有义务缴纳，买卖双方也可按50∶50分配。房产转让税的计税依据通常基于出售时的房产价值。房产转让税属于地方税，不同州的税率差异较大，例如：宾夕法尼亚州为4.5%；特拉华州为4%；科罗拉多州税率最低为0.01%；亚利桑那州和纽约州按照固定费用征收，即每500美元房屋售价征收2美元，房屋转让价格在100万美元及以上的住宅还需缴纳1%的附加税（豪宅税），一般税率在0.25%—2.9%。

（四）德国的房地产转让税

德国房地产转让税的纳税人为作为合同方参与采购交易的人。购买合同中可以规定买方或卖方承担转让税款，如果没有协议，根据法律规定，前所有者和购买者最初应承担税收责任，即买方和卖方共同承担税款。但在实际交易过程中，一般由买方缴纳房地产转让税。税基为房地产转让时的价格，税率则因城施策，由所在州政府在3.5%—6.5%自行确定，例如，巴伐利亚州和萨克森州为3.5%，汉堡市为4.5%，巴登－符腾堡州、莱茵兰－普法尔茨州、萨克森－安哈特州和不来梅市为5%，黑森州、柏林市为6%，勃兰登堡州、北莱茵－威斯特法伦州、石勒苏益格－荷尔斯泰因州、图林根州、萨尔州为6.5%。

一般在认证完成后，公证人将签署的购买合同发送至主管税务局，由主管税务局将房产转让税评估报告给被征收方进行纳税申报。

（五）世界各国不动产转让税制特点

各国的不动产转让税制存在一定差异，但也有一些共性特征。例如，一般是基于不动产转让金额按照一定比例征收，税率大都维持在3%—5%。从税收功能看，不动产转让税在一国的财产税体系中占有重要地位，主要体现在以下三个方面。

1. 征税范围的广泛性。不动产转让环节征税范围十分广泛，相关税种征税涉及的纳税人包括企业、国家机关、社会团体及其组织，个体经营者，居民个人，等等，一般没有所有制、行业、地区部门等限制或差别，只要有土地、房屋权属转移行为发生，均构成不动产转让环节的纳税前提条件。例如，在日本，不管是有偿还是无偿，无论登记与否，只要是通过买卖、赠与、交换、建筑（新建、增建、改建）等方法取得土地、房屋的人（无论个人还是法人），就需要纳税。

2. 归属地方收入。世界上绝大多数国家都将房地产转让环节征税设定为筹集财政收入的重要来源，并划归为地方税种，是地方政府财政收入的重要来源之一。例如，德国联邦各州自2006年9月1日起有权自行设定税率，大多数州政府都提高了转让税率，平均税率从3.5%提高到6.5%。由于同一时期房价迅速上涨，2019年柏林市房地产转让税收入增长了37%，总额接近15亿欧元。

3. 调控房地产市场。不动产转让环节征税不仅能够调节房地产企业的利润水平，还会直接影响房地产市场的需求状况，是不动产转让过程中从需求方向进行调节的重要税种。当房地产市场结构不合理、价格背离房地产的实际生产情况，出现虚高或低迷时，通过调整不动产转让环节的税率水平以及相关的减免政策，可以在一定程度上影响房地产的发展速度和结构。一些国家为了打击房地产投机行为，采取通过提高不动产转让环节的税率，加大房地产投机炒作成本，打击投资者需求的措施。例如，韩国为稳定国民居住和杜绝房地产投机，自2020年8月11日起，将房屋购置税税率从1%—4%上调至最高的12%，两套房持有者的房屋购置税税率从原先的1%—3%上调至8%，三套房持有者的房屋购置税税率从原先的4%上调至12%。

二、借鉴和启示

总体来看，由于税制设计和经济环境的差别，我国的契税制度与世界各国的具体情况有所区别。分析各国的不动产转让税制的情况，学习借鉴其在合理配置地方权限、科学设置税率等方面的有益经验，有利于统筹研究完善我国契税税制，推动建立现代房地产税收制度，不断健全地方税体系，让房地产税收真正发挥组织财政收入、公平社会财富和促进经济发展的作用。

第四节 未来展望

《契税法》的实施，不仅是落实税收法定原则的重要举措，也是进一步优化征管机制，科学设计征管流程，加强部门协调配合，健全各项配套措施，堵塞征管漏洞，提高征管效率，促进契税职能作用充分发挥的具体体现。按照近年来党中央、国务院关于进一步深化税收征管改革的有关要求，结合国内外实践，契税未来可以在以下方向进行发展与完善。

一、打造智慧税务，优化契税纳税服务

广泛运用智慧税务手段，提高契税征管的信息化、智慧化水平，发挥契税在持续推进智慧税务建设中的“先行者”作用，确保为纳税人提供更加便捷、优质的服务。创新纳税服务举措，为纳税人提供多种契税办税渠道。充分发挥互联网优势，依托电子税务局等各类办税渠道，探索建立网上办税平台，拓展更多申报渠道以及手机 App、电子税务局等申报渠道的更多功能。深化“互联网 + 不动产”办税模式，扩大数据共享范围，在共享涉税信息的基础上，建立完善覆盖范围更广、内容更丰富的统一契税申报信息网络、标准化的契税申报程序，推进契税纳税服务事项更优的集约办、高效办、跨域办。

二、深化社会共治，提升契税征管效能

深化契税征管制度改革必须依托于税收共治。要扩大契税征管共治参与方范围、拓宽共治覆盖面，健全“党政领导、税务主责、部门协作、社会协同、公众参与”的共治新格局。完善相应的法律体系，推动不同部门、不同领域与税务部门之间的契税涉税数据共享，扩大数据共享范围，建立完善覆盖范围更广、内容更丰富的契税信息数据库，为精准高效推动契税计税价格核定工作等房地产市场管理和调控举措提供必要技术环境支持。整合房地产市场相关的信

息资源，致力于实现房地产管理部门和税务、银行、统计等多部门信息共享，保证房地产市场数据信息的全面性与可靠性。

三、健全“信用+风险”，构建新型监管机制

健全以“信用+风险”为基础的契税监管机制，建立健全新型动态监控体系，打造立体、有效、精准的契税监管风险防控体系。聚焦二手房交易等契税征管重点业务领域的税务监管，构建事前风险预警、事中识别督查、事后应对整改的风险防控和监管体系，实现对契税重点风险的精准监督。以风险为导向，深化“双随机、一公开”监管机制，利用大数据技术精准、快速、高效抓取涉税数据，自动识别、锁定涉税违法行为，实现契税监管过程的智能督查，确保实时阻断并控制关键风险。注重健全纳税人契税涉税信息保护制度，切实保护纳税人合法权益。

本章思考题

1. 如何进一步加强契税在调控不动产交易市场中的重要作用？
2. 国外契税实践经验对我国契税改革的启示主要包括哪些方面？

第五章　城市维护建设税

【学习目标】本章的主要内容包括城市维护建设税的基础理论、基本实践、国家（地区）比较和未来展望。通过本章学习，掌握城市维护建设税的基本概念、课税原则与功能定位，了解城市维护建设税的发展和演变过程，掌握现行城市维护建设税的基本制度。

改革开放后，城市维护建设税作为我国唯一一个具有附加性质的地方税种，在地方经济建设中发挥着重要作用。

第一节　基础理论

一、基本概念

城市维护建设税是对在中华人民共和国境内缴纳增值税、消费税的单位和个人征收的一种税。其本质上是一种附加税，也是我国唯一一个进行立法的“附加性”税种，它以依法实际缴纳的增值税、消费税税额作为计税依据，分别与增值税、消费税同时缴纳。

二、课税原则

城市维护建设税的课征主要遵循财政原则和经济原则。

（一）财政原则

城市维护建设税开征之初就被赋予了稳定和扩大城市维护建设资金的功能，为推动我国城镇化发展起到了重要作用。虽然后来取消了原来城市维护建设税专款专用性质，城市维护建设税收入由一般公共预算统筹安排，不再指定专项用途，但其仍是地方政府的重要收入来源。

（二）经济原则

城市维护建设税的经济原则主要体现在征管成本较少。城市维护建设税以纳税人所纳的增值税和消费税作为计税基础进行附加征收，与增值税和消费税进行同征同管，可以有效节约征管成本。

三、城市维护建设税的功能定位

城市维护建设税的功能定位主要集中于两个方面：一是筹集地方财政资金，助力城市发展。因其征税范围较广，总体规模基本保持稳定上涨趋势，一直是地方财政收入的重要组成部分。二是一定程度上体现了受益原则。“多受益者多纳税”，城市维护建设税根据纳税人所在地不同按差别税率征收，市区纳税人享受更多优质公共资源，适用较高税率，缴纳更多税款。

第二节　基本实践

一、历史沿革

（一）城市维护建设税开征

城市维护建设税是1984年工商税制全面改革中设置的一个新税种。1979年以前，我国城市维护建设资金的来源由工商税附加、城市公共事业附加和国家下拨的城市维护费组成。1979年，部分大中城市开始试点从上年利润中提取5%用于城市维护建设，但未能解决城市建设资金缺乏的根本问题。1985年2月8日，国务院正式颁布《中华人民共和国城市维护建设税暂行条例》（以下简称《城市维护建设税暂行条例》），自当年1月1日起在全国范围内开征城市维护建设税，规定缴纳产品税、增值税、营业税的单位和个人为城市维护建设税的纳税人。

（二）城市维护建设税的调整与发展

1994年税制改革后，城市维护建设税的纳税人改为缴纳增值税、消费税、营业税的单位（不包括外商投资企业和外国企业）和个人。

2010年10月18日，国务院发布了《关于统一内外资企业和个人城市维护建设税和教育费附加制度的通知》（国发〔2010〕35号），规定自2010年12月

1 日起，对外商投资企业、外国企业及外籍个人征收城市维护建设税。

2011 年 1 月 8 日，国务院发布了《关于废止和修改部分行政法规的决定》（国务院令第 588 号），将《城市维护建设税暂行条例》第二条、第三条、第五条中的“产品税”修改为“消费税”，仍以纳税人实际缴纳的增值税、消费税、营业税“三税”税额为计税依据。

2016 年 5 月 1 日，营改增全面实施，营业税被增值税所取代，城市维护建设税的计税依据由“三税”调整为“两税”（增值税和消费税）。

（三）城市维护建设税立法

2020 年 8 月 11 日，第十三届全国人民代表大会常务委员会第二十一次会议表决通过了《中华人民共和国城市维护建设税法》（以下简称《城市维护建设税法》），该法自 2021 年 9 月 1 日起施行。新税法遵循“平稳过渡”原则，对部分内容作出适当调整，将暂行条例上升为法律。

二、税制要素

（一）纳税人

城市维护建设税的纳税人是在中华人民共和国境内缴纳增值税、消费税的单位和个人。

城市维护建设税的扣缴义务人为负有增值税、消费税扣缴义务的单位和个人，扣缴义务人应当在扣缴增值税、消费税的同时扣缴城市维护建设税。

（二）征税范围

作为附加税，一般情形下，城市维护建设税征收范围和增值税、消费税征收范围相同。除进口货物或者境外单位和个人向境内销售劳务、服务、无形资产缴纳的增值税、消费税税额外，其他实际缴纳的增值税、消费税税额都要作为计税依据征收城市维护建设税。

（三）计税依据

1. 一般规定。

城市维护建设税以纳税人依法实际缴纳的增值税、消费税税额为计税依据。

2. 特殊规定。

（1）进口不征，出口不退。

进口不征，是指对进口货物、劳务、服务和无形资产涉及的增值税和消费税，不征收城市维护建设税。出口不退，是指对出口退还增值税和消费税时，不退还已缴纳的城市维护建设税。

城市维护建设税的计税依据包括增值税免抵税额。在免抵退税办法实施之前，生产企业出口货物采用先征后退的办法，也就是计算出口货物的销项税额，同内销货物一样先缴税，再退税，如果出口退税率与征收率一致，实际是退还货物全部的销项税额。采用免抵退税办法后，缴、退税流程简化，把出口货物应退税额用于抵顶内销应纳税额（抵顶部分即免抵税额）。根据原先的规定，在计算城市维护建设税时，以先征后退方式退还的增值税不予扣除，为保持政策一致性，出口货物增值税采用免抵退税办法后，免抵税额仍要计入计税依据。

（2）扣除期末留抵退税退还的增值税税额。

增值税留抵税额是当期进项税额大于当期销项税额的差额并可结转至以后抵扣的部分。增值税留抵税额抵减销项税额后，纳税人实际缴纳的增值税会减少，相应的应纳城市维护建设税也会减少。而增值税留抵退税仅退留抵税额，不计算退还这部分税额所对应的城市维护建设税。如果纳税人申请退还了留抵税额，就意味着后期可抵扣的增值税留抵税额减少，导致后期城市维护建设税的计税依据变大了。为保证企业在取得留抵退税的情况下不增加额外负担，因此退还的增值税也从城市维护建设税的计税依据中扣除。

【案例5－1】增值税留抵退税对城市维护建设税应纳税额的影响

市区某先进制造业企业2023年1月期末留抵税额为500万元。2023年2月，该企业产生销项税额300万元，进项税额100万元。请分析留抵退税对城市维护建设税应纳税额的影响。

【解析】若企业未申请留抵退税，则2月应纳增值税＝300－100－500＝－300（万元）<0，本期进项税额加留抵税额足以抵减本期销项税额，无须缴纳增值税，也无须缴纳城市维护建设税。

若企业已申请退还全部留抵税额，并于2月收到全部留抵退税额，则2月应纳增值税＝300－100＝200（万元），如计税依据中不能扣除留抵退税额，则纳税人需缴纳城市维护建设税＝200×7%＝14（万元），增加了纳税人的负担。

（3）实施先征后返、先征后退、即征即退办法退还的增值税、消费税，除另有规定外，对其附征的城市维护建设税，一律不予退（返）还。

（4）纳税人被查补的增值税、消费税应纳入城市维护建设税的计税依据。

（四）税率和应纳税额计算

1. 基本规定。

城市维护建设税实行地区差别比例税率。纳税人所在地在市区的，税率为7%；纳税人所在地在县城、镇的，税率为5%；纳税人所在地不在市区、县城或者镇的，税率为1%。纳税人所在地，是指纳税人住所地或者与纳税人生产经营活动相关的其他地点，具体地点由省、自治区、直辖市确定。

2. 特殊情形。

（1）纳税人所在地行政区划变更的，自变更完成当月起使用新行政区划对应的适用税率，纳税人在变更完成当月的下一个纳税申报期按新税率申报纳税。

（2）撤县建市后，适用税率调整为7%。

除上述两项规定外，全国有较多省、自治区、直辖市还明确了以下规定：

（1）实行增值税、消费税汇总缴纳的纳税人，总机构、分支机构分别以其所在地确定适用税率。

（2）由受托方代扣代缴、代收代缴增值税和消费税的单位和个人，按代扣代缴、代收代缴增值税和消费税的地点确定适用税率。

（3）流动经营等无固定纳税地点的单位和个人，按缴纳增值税、消费税的地点确定适用税率。

3. 应纳税额计算。

城市维护建设税纳税人的应纳税额计算公式为：

应纳税额 = 纳税人实际缴纳的增值税、消费税税额 × 适用税率

【案例5-2】城市维护建设税应纳税额的计算

位于市区的某企业，在2023年4月申报期，享受直接减免增值税优惠（不包含先征后退、即征即退）后申报缴纳增值税50万元，3月已核准增值税免抵税额10万元并收到增值税留抵退税额5万元，则该企业4月应缴纳多少城市维护建设税？

【解析】 该企业4月应缴纳城市维护建设税 = (50 + 10 − 5) × 7% = 3.85（万元）。

（五）纳税义务发生时间和纳税期限

城市维护建设税的纳税义务发生时间与增值税、消费税的纳税义务发生时

间一致。

城市维护建设税的纳税期限分别与增值税、消费税的纳税期限一致。

采用委托代征、代扣代缴、代收代缴、预缴、补缴等方式缴纳增值税、消费税的，应当同时缴纳城市维护建设税。

根据增值税和消费税的政策规定，增值税、消费税的纳税期限分别为1日、3日、5日、10日、15日、1个月或者1个季度。增值税、消费税的纳税人的具体纳税期限，由主管税务机关根据纳税人应纳税额大小分别核定；不能按固定期限纳税的，可以按次纳税。

（六）纳税地点

城市维护建设税的纳税地点为纳税人所在地。

纳税人所在地，是指纳税人住所地或者与纳税人生产经营活动相关的其他地点，由省、自治区、直辖市确定。

当前，北京、上海、天津、内蒙古、浙江等省、自治区、直辖市均出台了关于代扣代缴、代收代缴增值税、消费税和流动经营等无固定纳税地点的规定，详见本节“二、税制要素”“（四）税率和应纳税额计算”。

（七）税收优惠

《城市维护建设税法》规定，根据国民经济和社会发展的需要，国务院对重大公共基础设施建设、特殊产业和群体以及重大突发事件应对等情形可以规定减征或者免征城市维护建设税，报全国人民代表大会常务委员会备案。

1. 随主税减免。

城市维护建设税原则上不单独减免，而是随主税减免。纳税人享受增值税、消费税税收优惠时，同步减免城市维护建设税。

2. 单独性减免。

对黄金交易所会员单位通过黄金交易所销售且发生实物交割的标准黄金，免征城市维护建设税。具体操作按照《财政部 国家税务总局关于黄金税收政策问题的通知》（财税〔2002〕142号）有关规定执行。

对上海期货交易所会员和客户通过上海期货交易所销售且发生实物交割并已出库的标准黄金，免征城市维护建设税。具体操作按照《财政部 国家税务总局关于黄金期货交易有关税收政策的通知》（财税〔2008〕5号）有关规定执行。

对国家重大水利工程建设基金免征城市维护建设税。具体操作按照《财政

部 国家税务总局关于免征国家重大水利工程建设基金的城市维护建设税和教育费附加的通知》（财税〔2010〕44 号）有关规定执行。

2027 年 12 月 31 日前，实施扶持自主就业退役士兵创业就业城市维护建设税减免。具体操作按照《财政部 税务总局 退役军人事务部关于进一步扶持自主就业退役士兵创业就业有关税收政策的公告》（财政部 税务总局 退役军人事务部公告 2023 年第 14 号）等有关规定执行。[①]

2027 年 12 月 31 日前，实施支持和促进重点群体创业就业城市维护建设税减免。具体操作按照《财政部 税务总局 人力资源社会保障部 农业农村部关于进一步支持重点群体创业就业有关税收政策的公告》（财政部 税务总局 人力资源社会保障部 农业农村部公告 2023 年第 15 号）等有关规定执行。[②]

3. 普惠性减免。

2027 年 12 月 31 日前，对增值税小规模纳税人、小型微利企业和个体工商户减半征收城市维护建设税。具体操作按照《财政部 税务总局关于进一步支持小微企业和个体工商户发展有关税费政策的公告》（财政部 税务总局公告 2023 年第 12 号）有关规定执行。[③]

---

① 自 2004 年起，国家对城镇退役士兵自谋职业给予税收扶持政策，后优化、延续多次，现行政策执行期限截至 2027 年 12 月 31 日。详见《财政部 国家税务总局关于扶持城镇退役士兵自谋职业有关税收优惠政策的通知》（财税〔2004〕93 号）、《财政部 国家税务总局 民政部关于调整完善扶持自主就业退役士兵创业就业有关税收政策的通知》（财税〔2014〕42 号）、《财政部 税务总局 民政部关于继续实施扶持自主就业退役士兵创业就业有关税收政策的通知》（财税〔2017〕46 号）、《财政部 税务总局 退役军人部关于进一步扶持自主就业退役士兵创业就业有关税收政策的通知》（财税〔2019〕21 号）、《财政部 税务总局 退役军人事务部关于进一步扶持自主就业退役士兵创业就业有关税收政策的公告》（财政部 税务总局 退役军人事务部公告 2023 年第 14 号）等。

② 自 2005 年起，国家对下岗失业人员再就业给予税收扶持政策，后优化、延续多次，现行政策执行期限截至 2027 年 12 月 31 日。详见《财政部 国家税务总局关于下岗失业人员再就业有关税收政策问题的通知》（财税〔2005〕186 号）、《财政部 国家税务总局关于延长下岗失业人员再就业有关税收政策的通知》（财税〔2009〕23 号）、《财政部 国家税务总局关于支持和促进就业有关税收政策的通知》（财税〔2010〕84 号）、《财政部 国家税务总局 人力资源社会保障部关于继续实施支持和促进重点群体创业就业有关税收政策的通知》（财税〔2014〕39 号）、《财政部 税务总局 人力资源社会保障部关于继续实施支持和促进重点群体创业就业有关税收政策的通知》（财税〔2017〕49 号）、《财政部 税务总局 人力资源社会保障部 国务院扶贫办关于进一步支持和促进重点群体创业就业有关税收政策的通知》（财税〔2019〕22 号）、《财政部 税务总局 人力资源社会保障部 农业农村部关于进一步支持重点群体创业就业有关税收政策的公告》（财政部 税务总局 人力资源社会保障部 农业农村部公告 2023 年第 15 号）。

③ 为进一步支持小微企业发展，2019 年国家出台了小微企业普惠性税收减免政策，后优化、延续两次，现行政策执行期限截至 2027 年 12 月 31 日。详见《财政部 税务总局关于实施小微企业普惠性税收减免政策的通知》（财税〔2019〕13 号）、《财政部 税务总局关于进一步实施小微企业“六税两费”减免政策的公告》（财政部 税务总局公告 2022 年第 10 号）及《财政部 税务总局关于进一步支持小微企业和个体工商户发展有关税费政策的公告》（财政部 税务总局公告 2023 年第 12 号）。

三、税收征管

（一）征管依据

城市维护建设税由税务机关依照《城市维护建设税法》《中华人民共和国税收征收管理法》，以及《财政部 税务总局关于城市维护建设税计税依据确定办法等事项的公告》（财政部 税务总局公告 2021 年第 28 号）、《国家税务总局关于城市维护建设税征收管理有关事项的公告》（国家税务总局公告 2021 年第 26 号）、《国家税务总局关于增值税 消费税与附加税费申报表整合有关事项的公告》（国家税务总局公告 2021 年第 20 号）的规定进行征收管理。

纳税人、税务机关及其工作人员违反《城市维护建设税法》规定的，依照《中华人民共和国税收征收管理法》和有关法律法规的规定追究法律责任。

（二）补、退税管理

1. 因税务机关误收或纳税人误缴，以及直接减免增值税、消费税发生的增值税、消费税退税，同时退还已缴纳的城市维护建设税。

2. 纳税人加收的滞纳金和罚款，不属于税款，不作为城市维护建设税的计税依据。

第三节 国家（地区）比较

城市维护建设税的特殊性主要体现在其附加性质上。国际上，许多国家的税制体系中都有类似的附加税，特别是一些采用分权体制的国家，更倾向于把附加税（从收入归属上看为共享税）作为调配中央和地方财力的重要手段，这也给我国未来发展和完善地方税体系提供了重要的参考。

一、代表性国家（地区）附加税的税制安排

（一）日本

日本的税制结构以所得税为主、商品税为辅，并在这两种税类的基础上征收附加税，主要有以法人税、个人所得税为基础附加的居民税、事业税，以中央消费税为基础附加的地方消费税，等等。日本附加税主要有以下特点。

1. 从立法权角度来看，日本附加税的立法权集中于中央，地方税收自主权

有限。中央对居民税规定了标准税率和最高税率，对事业税规定了统一税率，都道府县可在10%的范围内自主选择。地方消费税的税率和税基则直接由中央规定，地方没有自主权。

2. 从税收管理和支配权限来看，日本附加税为地方税。居民税、事业税由地方政府设立的税务管理部门负责征收并由地方支配；地方消费税由中央代为征收，但收入归地方所有。

3. 从计税依据来看，既有税额式附加税，又有税基式附加税。地方消费税是税额式附加税，即以中央消费税的税额为计税依据，再按税额一定比例计算缴纳，我国城市维护建设税也是税额式附加税；居民税和事业税则是税基式附加税，即依据法人税、个人所得税的税基乘以相应的税率计算缴纳。

（二）美国

美国附加税主要是以所得税和销售税为基础征收，有以下特点。

1. 从立法和管理权限上看，分权特点明显。除为了避免各州、县利用地方税权进行恶性竞争而规定的中央税收控制权外，一般情况下，州和地方政府拥有自主的开征和管理权限。当前，美国有很多基于营业收入或者销售收入的附加税，这些附加税因州、县而异。例如，佛罗里达州萨拉索塔县在6%的州销售税基础上征收1%的销售附加税，投资于该县、学校董事会和市政当局的资本改善项目。

2. 从征收目的和征收期限来看，因其用于满足特定时期、特定计划的需要，所以政策的临时性、短期性的特点比较明显。例如：联邦政府在1968年曾对所有纳税人在联邦所得税的基础上征收10%的附加税用于支持越南战争，后因反战者抗议被废除；奥巴马政府为了推动医疗改革，减少财政赤字，曾在美国医疗保险税的基础上推出附加医疗保险税，对年收入超过20万美元的个人和年收入超过25万美元的夫妇，在1.45%医疗保险税的基础上额外征收0.9%；新泽西州从2018年1月1日起至2023年12月31日，对该州分配的应税净收入超过100万美元的纳税人征收2.5%的临时附加税，用于该州基础设施建设等。

（三）德国

德国最典型的附加税是团结附加税，在所得税的基础上附加征收。团结附加税从1991年起开始征收，自2021年起停征。主要有以下特点。

1. 从征收目的来看，团结附加税是德国联邦政府开征的中央税，主要用于平衡东西部发展，加快原东德地区的资本主义改造以及基础设施建设。其在发挥联邦政府的财政分配职能，实现德国东西部地区间转移支付，平衡地区发展等方面起到了重要作用。

2. 从征税对象来看，团结附加税以个人和企业为征税对象，在同期个人和企业应缴纳的所得税税额的基础上附征。

3. 从税率来看，团结附加税的税率为 5.5%。为体现公平性，团结附加税针对不同纳税人规定不同起征点，即只有纳税人每月缴税额超过 81 欧元（持Ⅰ、Ⅱ、Ⅳ、Ⅴ、Ⅵ税卡的人）或者 162 欧元（拿Ⅲ税卡的人）时才征收团结附加税。团结附加税还针对儿童的照看、教育等相关费用设置了免税扣除额。相较于一般定率征收的附加税，其在一定程度上体现了税负公平性原则。

二、借鉴和启示

分析其他国家附加税经验，我们可以看出，各个国家的附加税虽然情况不一、特色鲜明，但其税制的设定都能体现出各个国家的基本国情。这为我国未来城市维护建设税的改革、附加税税制体系的完善提供了一定的参考价值，我们要立足于基本国情，把握当下的现实需求，以解决问题为目标，在现有税制的基础上，按照公平、效率的基本原则征收附加税。

第四节　未来展望

《城市维护建设税法》的颁布，进一步明确了城市维护建设税具有“附加税”的性质。与此同时，具有“附加税费”特性的税费种还包括教育费附加和地方教育附加。它们的课税对象、计税依据、纳税义务发生时间均取决于增值税和消费税。今后应进一步加强对“附加税”的研究，总结经验、吸取教训，更好地发挥附加税费的作用。

2020 年，城市维护建设税完成了立法过程，实现了重大变革，作为唯一一个立法的附加税，仍可着力从以下三个方面加以改进。

一、优化税制设计

新法按照平移原则，总体保持税制框架和税负水平不变，延续完善了原

《城市维护建设税暂行条例》的规定，但还有进一步优化空间。未来，可继续优化城市维护建设税的税制要素，完善与增值税留抵退税制度衔接，强化主附税同征同管，简并税率档次，降低城市维护建设税征纳成本，使其更好地体现附加税的特征和财政属性。

二、优化与主税协同的征管制度

统筹考虑建立一套协同管理操作程序，实行规范化精细化管理。加强信息系统功能建设，运用大数据进行主附税关联分析，通过信息化、智能化管理手段，有效堵塞漏洞，防范和规避征管风险，提升管理质效。同时，从税收法定的角度出发，综合考量城市维护建设税计税依据、减免税、退补税以及征收管理方面特殊性政策执行口径，保持主附税种之间的统一性。

三、统一"附加税费"

鉴于附加税已被我国和其他国家验证为一种有效的税制设计，发挥了很好的作用，未来可考虑进一步与税（费）基相同的教育费附加、地方教育附加两种"附加费"合并，构建统一的城乡建设税，更好地助力城乡建设。

本章思考题

1. 什么是城市维护建设税？其课税原则主要有哪些？
2. 简述我国城市维护建设税制度的基本内容。
3. 阐述未来我国城市维护建设税的改革方向。

第六章　印　花　税

【学习目标】本章主要内容包括印花税的基础理论、基本实践、国家（地区）比较和未来展望。通过本章学习，掌握印花税的概念、基本特征，掌握印花税征税范围、纳税人和税率，掌握印花税的计税依据、税收优惠及税收征管，了解我国未来印花税改革的方向。

印花税是对在经济活动中书立的应税凭证和证券交易征收的一种兼具行为性质的凭证税，相较于其他财产行为税，特点为税源广、税率低。2021 年 6 月 10 日，第十三届全国人民代表大会常务委员会第二十九次会议通过《中华人民共和国印花税法》（以下简称《印花税法》），该法自 2022 年 7 月 1 日起施行。

第一节　基础理论

一、基本概念

印花税是对在经济活动中书立的应税凭证和证券交易征收的一种税。印花税兼具凭证税和行为税性质，无论在性质上，还是在征税方法上，都有着不同于其他税种的特点。一是印花税税源广。印花税课税对象是书立的应税凭证、进行证券交易的行为，凡是《印花税法》列举的合同、产权转移书据、营业账簿等凭证，都必须依法纳税。目前，中国的印花税采取正列举的方法，设置了 4 个税目、17 个子税目，征税范围较为广泛。二是印花税税率低、税负轻。与其他税种相比，印花税税率比较低，其最高税率为千分之一（1‰），最低税率为万分之零点五（0.05‰）。三是纳税人可以用贴票形式自行完成纳税义务。印花税可以由税务机关开具完税凭证的方式完成纳税义务，也可以由纳税人提前购买印花税票，并在应税凭证上粘贴印花税票的方式完成纳税义务。

二、课税原则

印花税的课征遵循法治原则、公平原则和经济原则。

（一）法治原则

税收法定是税收的基本原则之一，指的是税法主体的权利义务必须由法律加以规定，税法的各类构成要素皆必须且只能由法律予以明确。《中华人民共和国立法法》明确规定，税种的设立、税率的确定和税收征收管理等税收基本制度只能制定法律。《贯彻落实税收法定原则的实施意见》规定，与税制改革相关的税种，将配合税制改革进程，适时将相关税收条例上升为法律，并相应废止有关税收条例。印花税遵循法治原则，落实税收法定，成为我国第12个单独立法的税种。

（二）公平原则

在业务类型联系较为紧密的税目中，印花税的税率大体统一，且税率不宜过高，以体现公平税负、平等征税的原则。考虑到买卖合同税目的税率为万分之三（0.3‰），《印花税法》将与之联系较为紧密的承揽合同、建设工程合同、运输合同等税目的税率由万分之五（0.5‰）降为万分之三（0.3‰），更能体现同类税目税收负担的公平性，并减轻纳税人负担。同时，全球各国之间经济交往日益频繁，为维护国家经济权益，在对外经济交往中贯彻税收公平原则，《印花税法》规定，在中华人民共和国境外书立在境内使用的应税凭证的单位和个人，应当依法缴纳印花税。

（三）经济原则

印花税在税目税率、申报征收、税收优惠等方面，规定简单清晰且易于操作。例如：在税目税率上，《印花税法》规定了应税凭证的种类以及各个税目的具体税率，减少了合同类税目的税率档次；在纳税地点的确定上，明确单位纳税人在机构所在地申报、个人在应税凭证书立地或者纳税人居住地申报、不动产产权发生转移的在不动产所在地申报，减少了税收管辖争议；在完税方式上，保留了粘贴印花税票的完税方式，便利纳税人缴纳小额印花税；在税收优惠方面，列举了具体免税的范围，并实行“自行判别、申报享受、有关资料留存备查”的办理方式，纳税人享受优惠更加简便。

三、功能定位

印花税的征收主要涉及以下两个功能。

一是筹集税收收入。印花税由于具有税负轻微、税源畅旺等特点，通过积少成多、取微用宏，可以为国家建设积累财政资金。财政部数据显示，近年来，印花税收入占全部税收收入的比重逐年提升，印花税为筹集财政收入发挥了积极作用。

二是调节经济市场。市场经济活动中，书立合同是常见的经济行为，开征印花税并调整印花税税率可以影响交易成本，同时对投资者的交易行为产生一定影响，进而实现调节经济市场的功能。同时，在证券市场，只要发生股票或存托凭证过户即要缴纳印花税，交易越频繁税负越高，证券交易印花税税率的调整可能影响股市波动。

第二节　基本实践

一、历史沿革

新中国成立后，印花税经历了开征、与其他税种合并、恢复征收、上升为法律四个过程。

（一）印花税的开征

1950 年 1 月，中央人民政府政务院颁布《全国税政实施要则》，规定印花税为全国开征的 14 个税种之一。1950 年 12 月 19 日，《印花税暂行条例》公布，自 1951 年 1 月 1 日起施行并在全国范围内开征印花税，分为 30 个税目，征收面较广。后经 1953 年和 1956 年两次修订，税目缩减至 9 个。

（二）与其他税种合并

1958 年 9 月 13 日，为了使工商税收制度适应社会主义经济发展，保证国家建设资金的需要，国务院颁发试行《中华人民共和国工商统一税条例（草案)》，将货物税、商品流通税、营业税和印花税合并简化为工商统一税。至此，《印花税暂行条例》被废止，印花税不再单独征收。

（三）恢复征收

党的十一届三中全会以后，随着对外开放、对内搞活方针的贯彻执行，我国经济迅速发展，在经济活动中依法书立各种凭证成为普遍现象，重新开征印花税具备了一定的客观条件。1988 年，国务院颁布《中华人民共和国印花税暂行条例》（以下简称《印花税暂行条例》），恢复征收印花税，自 1988 年 10 月 1 日起实施，收入归属地方。

随着股票交易的出现，为稳定初创的股票市场，抑制过热的投机行为，1990 年 7 月和 1991 年 10 月，深圳市和上海市分别开始对股票交易过程中交易双方书立的股权转让书据（即成交过户交割凭证）试征印花税。此后证券交易印花税经历多次税率和收入划分的调整，目前只对出让方征收，全部收入归属中央。

（四）上升为法律

2021 年 6 月 10 日，第十三届全国人民代表大会常务委员会第二十九次会议审议通过《印花税法》，该法自 2022 年 7 月 1 日起施行。印花税立法总体上遵循税制平移原则，结合具体情况对暂行条例时期的政策和征管内容，尤其是税目税率以及申报缴纳等内容进行完善调整。

二、税制要素

（一）纳税人

印花税的纳税人包括在中华人民共和国境内书立应税凭证、进行证券交易以及在境外书立应税凭证但是在境内使用的单位和个人，根据书立、领受应税凭证的不同分为立合同人、立据人、立账簿人、证券交易人，一般具有双边性和直接性的特点。

双边性，是指除营业账簿、证券交易外，印花税的纳税人一般是书立应税凭证的双方，同一应税凭证由两方以上当事人书立的，当事人均为印花税纳税人。相反，如该合同凭证不属于印花税征税范围，该合同凭证的书立双方均不是印花税纳税人。例如，动产买卖合同中买卖双方有一方是个人，那么该动产买卖合同就不属于征税范围，该动产买卖合同所有书立人均不缴纳印花税。

单方负有纳税义务的应税凭证为营业账簿和证券交易。营业账簿印花税的纳税人为启用或设立实收资本（股本）、资本公积资金账簿的单位。证券交易印花税的纳税人为证券交易的出让方。

直接性，是指印花税对应税凭证有直接权利义务关系的单位和个人征税，应税凭证中的第三方不是印花税的纳税人。因此，以委托贷款方式书立的借款合同纳税人为受托人和借款人，不包括委托人；拍卖成交确认书的纳税人，为拍卖标的的产权人和买受人，不包括拍卖人。在运输合同中，如果是以全程运费进行统一结算，印花税纳税人为起运地办理运费结算的双方，如采用分程结算运费，印花税纳税人为分程办理运费结算的各方。

对于境内应税凭证的判定，有四类判定标准：一是应税凭证的标的为不动产的，该不动产在境内；二是应税凭证的标的为股权的，该股权为中国居民企业的股权；三是应税凭证的标的为动产或者商标专用权、著作权、专利权、专有技术使用权的，其销售方或者购买方在境内，但不包括境外单位或者个人向境内单位或者个人销售完全在境外使用的动产或者商标专用权、著作权、专利权、专有技术使用权；四是应税凭证的标的为服务的，其提供方或者接受方在境内，但不包括境外单位或者个人向境内单位或者个人提供完全在境外发生的服务。

《印花税法》明确两种扣缴义务情形：一是证券登记结算机构是证券交易印花税的扣缴义务人；二是纳税人为境外单位或者个人，扣缴义务的产生以代理义务为前提，在境内有代理人的，以其境内代理人为扣缴义务人，在境内没有代理人的，由纳税人自行申报缴纳印花税。

（二）征税对象

印花税征税对象是境内书立应税凭证、进行证券交易或者在境外书立应税凭证在境内使用的行为。税目是征税对象的具体化，反映具体的征税范围。在税目的设计上一般有两种方法，即列举法和概括法。其中，列举法又分为正列举法和反列举法。目前，《印花税法》延续《印花税暂行条例》正列举法，明确规定应当缴纳印花税的范围。我国印花税目前设置 4 个大税目 17 个子税目，分别是 11 类合同、4 类产权转移书据、营业账簿和证券交易（见表 6－1）。凡发生书立上述特定应税凭证、进行证券交易的行为，就产生相应的纳税义务，需要申报缴纳印花税。

表 6－1　　　　印花税税目税率（自 2022 年 7 月 1 日起执行）

税目		税率	备注
合同（指书面合同）	借款合同	借款金额的万分之零点五	指银行业金融机构、经国务院银行业监督管理机构批准设立的其他金融机构与借款人（不包括同业拆借）的借款合同
	融资租赁合同	租金的万分之零点五	

续表

税目		税率	备注
合同（指书面合同）	买卖合同	价款的万分之三	指动产买卖合同（不包括个人书立的动产买卖合同）
	承揽合同	报酬的万分之三	
	建设工程合同	价款的万分之三	
	运输合同	运输费用的万分之三	指货运合同和多式联运合同（不包括管道运输合同）
	技术合同	价款、报酬或者使用费的万分之三	不包括专利权、专有技术使用权转让书据
	租赁合同	租金的千分之一	
	保管合同	保管费的千分之一	
	仓储合同	仓储费的千分之一	
	财产保险合同	保险费的千分之一	不包括再保险合同
产权转移书据	土地使用权出让书据	价款的万分之五	转让包括买卖（出售）、继承、赠与、互换、分割
	土地使用权、房屋等建筑物和构筑物所有权转让书据（不包括土地承包经营权和土地经营权转移）	价款的万分之五	
	股权转让书据（不包括应缴纳证券交易印花税的）	价款的万分之五	
	商标专用权、著作权、专利权、专有技术使用权转让书据	价款的万分之三	
营业账簿		实收资本（股本）、资本公积合计金额的万分之二点五	
证券交易		成交金额的千分之一	

1. 应税合同。

应税合同应为书面合同。如何界定“书面合同”，《中华人民共和国民法典》（以下简称《民法典》）第四百六十九条第二款、第三款规定：“书面形式是合同书、信件、电报、电传、传真等可以有形地表现所载内容的形式。以电子数据交换、电子邮件等方式能够有形地表现所载内容，并可以随时调取查用的数据电文，视为书面形式。”《印花税税目税率表》中“书面合同”定义可以参考《民法典》规定理解。对于企业之间书立确定买卖关系、明确买卖双方权利义务的订单、要货单等单据，且未另外书立买卖合同的，也应当按规定缴纳印花税。

部分应税合同进行了范围限定。虽然应税合同的名称与《民法典》保持一致，但其应税合同的内涵和外延并不完全与《民法典》的合同定义一致。借款合同征税范围仅限银行业金融机构、经国务院银行业监督管理机构批准设立的其他金融机构与借款人（不包括同业拆借）的借款合同。买卖合同限于单位动产买卖合同，不包括个人书立的动产买卖合同。运输合同限于货运合同和多式联运合同，不包括管道运输合同。技术合同不包括专利权、专有技术使用权转让书据（纳入产权转移书据税目中）。

2. 产权转移书据。

应税产权转移书据延续了《印花税暂行条例》的范围，包括土地使用权、房屋所有权、股权、商标专用权、著作权、专利权和专有技术使用权 7 种产权转移书据，不包含土地承包经营权和土地经营权转移，股权转让书据不包含应缴纳证券交易印花税的情况。

3. 营业账簿。

营业账簿征收范围为实收资本（股本）与资本公积的资金账簿，按规定不设立实收资本（股本）与资本公积会计科目的单位无须缴纳营业账簿印花税。

4. 证券交易。

证券交易，是指转让在依法设立的证券交易所、国务院批准的其他全国性证券交易场所交易的股票和以股票为基础的存托凭证。目前全国性证券交易所为上海证券交易所、深圳证券交易所、北京证券交易所和全国中小企业股份转让系统（新三板）。应税存托凭证的基础证券仅为股票，目前不包括债券等其他证券。

5. 不属于征税范围的凭证。

结合征管实际，《财政部 税务总局关于印花税若干事项政策执行口径的公告》（财政部 税务总局公告 2022 年第 22 号）明确了部分凭证不属于印花税的征收范围，这些凭证包括：人民法院的生效法律文书、仲裁机构的仲裁文书、监察机关的监察文书，县级以上人民政府及其所属部门按照行政管理权限征收、收回或者补偿安置房地产书立的合同、协议或者行政类文书，总公司与分公司、分公司与分公司之间书立的作为执行计划使用的凭证。

6. 印花税立法的变化。

与《印花税暂行条例》相比，税目由原来的 13 个税目调整为 4 大税目 17 个子税目，主要进行了以下修订。

（1）对照《民法典》规定修改、拆分、合并部分税目名称。《印花税暂行条例》在设置合同类税目时主要参照了《中华人民共和国经济合同法》（以下简称《经济合同法》）。1999 年，《中华人民共和国合同法》（以下简称《合同法》）施行，《经济合同法》废止；2021 年《民法典》施行，《合同法》同时废止。但《印花税暂行条例》并未进行相应修改。本次印花税立法按照《民法典》中典型合同的名称表述，对部分税目名称进行统一规范的修改：购销合同修订为买卖合同，加工承揽合同修订为承揽合同，货物运输合同修订为运输合同，财产租赁合同修订为租赁合同；建设工程勘察设计合同和建筑安装工程承包合同合并为建设工程合同；仓储保管合同拆分为仓储合同和保管合同。

（2）与现行政策衔接或者适应经济发展增减部分税目。取消了权利、许可证照税目，在法律层面上明确了证券交易是印花税的征税税目，将原属于借款合同的融资租赁合同单独设为印花税子税目。

（3）修改、细化部分应税凭证的范围。营业账簿明确仅对资金账簿征收而不再对其他账簿征收，证券交易增加了转让以股票为基础的存托凭证的情形，财产保险合同明确不包含再保险合同。

（三）计税依据

1. 印花税计税依据的一般规定。

应税合同和产权转移书据的计税依据为凭证所列的金额，不包括列明的增值税税款。应税营业账簿的计税依据为账簿记载的实收资本（股本）、资本公积合计金额，证券交易的计税依据为成交金额。

（1）计税依据金额以人民币为结算货币。应税凭证金额为人民币以外的货币的，应当按照凭证书立当日的人民币汇率中间价折合人民币确定计税依据。

（2）印花税计税依据以凭证所载金额为主。应税合同、应税产权转移书据所列的金额与实际结算金额不一致，不变更应税凭证所列金额的，以所列金额为计税依据，变更应税凭证所列金额的，以变更后的所列金额为计税依据。纳税人因应税凭证列明的增值税税款计算错误导致应税凭证的计税依据减少或者增加的，应当按规定调整应税凭证列明的增值税税款，重新确定应税凭证计税依据。

（3）凭证无所载金额也有印花税纳税义务。虽然印花税计税依据以凭证所载金额为主，但并不意味没有订立金额就可以逃避缴纳印花税。结合征管实际堵塞征管漏洞，《印花税法》对印花税应税凭证未列明金额的情形，明确计税依据确定的方式和顺序：①印花税应税合同、产权转移书据未列明金额的，计税依据按照实际结算的金额确定。②计税依据按照实际结算的金额仍不能确定的，按照书立合同、产权转移书据时的市场价格确定；依法应当执行政府定价或者政府指导价的，按照国家有关规定确定。③证券交易无转让价格的，按照办理过户登记手续时该证券前一个交易日收盘价计算确定计税依据；无收盘价的，按照证券面值计算确定计税依据。

2. 印花税计税依据的特殊规定。

（1）税负各自负担。同一应税凭证载有两个以上经济事项并分别列明金额的，按照各自适用的税目税率分别计算应纳税额，未分别列明金额的，从高适用税率。同一应税凭证由两方以上当事人书立的，按照各自涉及的金额分别计算应纳税额。

（2）部分情形允许差额调整。已缴纳印花税的营业账簿，以后年度记载的实收资本（股本）、资本公积合计金额比已缴纳印花税的实收资本（股本）、资本公积合计金额增加的，按照增加部分计算应纳税额。已缴纳印花税的应税凭证，符合可以变更或重新调整计税依据情形的，计税依据增加的就增加部分的金额补缴印花税，计税依据减少的可以就减少部分金额向税务机关申请退还或者抵缴印花税。

（3）特别情形下支付实质重于记载金额。为鼓励技术研究开发，对技术开发合同，只就合同所载的报酬金额计税，研究开发经费不作为计税依据。但对合同约定按研究开发经费一定比例作为报酬的，应按一定比例的报酬金额计税。纳税人转让股权的印花税计税依据为产权转移书据所列的金额，但不包括列明的认缴后尚未实际出资权益部分。

（四）税率和应纳税额计算

印花税的税率设计，遵循税负从轻、共同负担的原则，税率比较低，采取比例税率的形式。相较于《印花税暂行条例》，承揽合同、建设工程合同（原建设工程勘察设计合同部分）、运输合同、营业账簿、产权转移书据（原商标专用权、著作权、专利权、专有技术使用权部分）5 个税目的税率均进行了下调，目前《印花税法》规定的税率设有 5 个层级，分别为万分之零点五

（0.05‰）、万分之二点五（0.25‰）、万分之三（0.3‰）、万分之五（0.5‰）、千分之一（1‰）（见表6－2）。

表6－2　2022年印花税新旧税目税率对比表

现税率	税目	税率变化	原税率
万分之零点五（0.05‰）	借款合同	不变	万分之零点五（0.05‰）
	融资租赁合同	不变	万分之零点五（0.05‰）
万分之二点五（0.25‰）	营业账簿	下调	万分之五（0.5‰）
万分之三（0.3‰）	买卖合同	不变	万分之三（0.3‰）
	承揽合同	下调	万分之五（0.5‰）
	建设工程合同	原建设工程勘察设计合同部分下调，原建筑安装工程承包合同不变	原建设工程勘察设计合同万分之五（0.5‰），建筑安装工程承包合同万分之三（0.3‰）
	运输合同	下调	万分之五（0.5‰）
	技术合同	不变	万分之三（0.3‰）
	商标专用权、著作权、专利权、专有技术使用权转让书据	下调	万分之五（0.5‰）
万分之五（0.5‰）	土地使用权出让书据	不变	万分之五（0.5‰）
	土地使用权、房屋等建筑物和构筑物所有权转让书据（不包括土地承包经营权和土地经营权转移）	不变	万分之五（0.5‰）
	股权转让书据（不包括应缴纳证券交易印花税的）	不变	万分之五（0.5‰）
千分之一（1‰）	租赁合同	不变	千分之一（1‰）
	保管合同	不变	千分之一（1‰）
	仓储合同	不变	千分之一（1‰）
	财产保险合同	不变	千分之一（1‰）
	证券交易	不变	千分之一（1‰）

【案例6－1】印花税应税范围的确认

A是经营电器销售的企业。2023年7月1日，张三个人与A企业书立电器买卖合同，购买电脑一台。买卖双方是否需要缴纳印花税？

【解析】《印花税法》明确规定，个人书立的动产买卖合同不征收印花税，即动产买卖合同的书立人中有个人的，该动产买卖合同不属于征税范围，该动产买卖合同所有书立人均不缴纳印花税。因此，该电器买卖合同不属于印花税征税范围，张三个人和A企业均不需要缴纳印花税。

【案例6-2】印花税征税范围的确认

甲企业与乙企业书立车辆买卖合同，甲企业向乙企业销售乘用车20辆，合同所列金额600万元（不包括列明的增值税税款）。则该车辆买卖合同是否属于印花税征税范围，甲、乙企业是否需要缴纳印花税？

【解析】 由于该车辆买卖合同书立双方均为企业，属于印花税征税范围。

甲企业和乙企业应各自缴纳的印花税 = 6000000 × 0.3‰ = 1800（元）

【案例6-3】印花税应纳税额的计算

甲企业与乙企业书立车辆买卖合同，甲企业向乙企业销售乘用车20辆，合同所列金额600万元（不包括列明的增值税税款），最后实际结算支付金额为620万元，但未变更原合同价款。则该车辆买卖合同是否属于印花税征税范围，甲、乙企业分别需要缴纳多少印花税？

【解析】 根据《财政部 税务总局关于印花税若干事项政策执行口径的公告》（财政部 税务总局公告2022年第22号）第三条第二款的规定，应税合同、应税产权转移书据所列的金额与实际结算金额不一致，不变更应税凭证所列金额的，以所列金额为计税依据；变更应税凭证所列金额的，以变更后的所列金额为计税依据。已缴纳印花税的应税凭证，变更后所列金额增加的，纳税人应当就增加部分的金额补缴印花税；变更后所列金额减少的，纳税人可以就减少部分的金额向税务机关申请退还或者抵缴印花税。

甲、乙企业虽然最终结算支付金额与合同金额不一致，但未变更合同所载金额，因此该买卖合同的印花税计税依据仍然为600万元。

甲企业和乙企业应各自缴纳的印花税 = 6000000 × 0.3‰ = 1800（元）

（五）纳税义务发生时间和纳税期限

印花税的纳税义务发生时间为纳税人书立应税凭证或者完成证券交易的当日。证券交易印花税扣缴义务发生时间为证券交易完成的当日。

印花税按季、按年或者按次计征。应税合同、产权转移书据印花税可以按季或者按次申报缴纳；应税营业账簿印花税可以按年或者按次申报缴纳；境外单位或者个人的应税凭证印花税可以按季、按年或者按次申报缴纳，具体纳税期限由各省、自治区、直辖市、计划单列市税务局结合征管实际确定。

实行按季、按年计征的，纳税人应当自季度、年度终了之日起15 日内申报缴纳税款；实行按次计征的，纳税人应当自纳税义务发生之日起 15 日内申报缴纳税款。

证券交易印花税按周解缴。证券交易印花税扣缴义务人应当自每周终了之日起 5 日内申报解缴税款以及银行结算的利息。

（六）纳税地点

纳税人为单位的，应当向其机构所在地的主管税务机关申报缴纳印花税；纳税人为个人的，应当向应税凭证书立地或者纳税人居住地的主管税务机关申报缴纳印花税。

不动产产权发生转移的，纳税人应当向不动产所在地的主管税务机关申报缴纳印花税。

纳税人为境外单位或者个人，在境内有代理人的，以其境内代理人为扣缴义务人。境外单位或者个人的境内代理人应当按规定扣缴印花税，向境内代理人机构所在地（居住地）主管税务机关申报解缴税款。

纳税人为境外单位或者个人，在境内没有代理人的，纳税人应当自行申报缴纳印花税。境外单位或者个人可以向资产交付地、境内服务提供方或者接受方所在地（居住地）、书立应税凭证境内书立人所在地（居住地）主管税务机关申报缴纳；涉及不动产产权转移的，应当向不动产所在地主管税务机关申报缴纳。

【案例6－4】印花税纳税地点的确认

机构所在地位于 A 市的戊企业在 B 市书立了一份技术合同，那么依据《印花税暂行条例》和《印花税法》规定，戊企业应分别在哪里缴纳印花税？

【解析】根据《印花税暂行条例》规定，戊企业既可以在 A 市缴纳印花税，也可以在B 市缴纳印花税，易引起 A、B 两市税务部门管辖争议。《印花税法》实施后，《印花税暂行条例》废止，纳税人为单位的，应当向其机构所在地的主管税务机关申报缴纳印花税。戊企业机构所在地位于 A 市，其纳税地点为 A 市，戊企业在 A 市以外书立应税凭证，也应在 A 市缴纳印花税。

（七）税收优惠

根据经济社会发展实际情况，《印花税法》对未来长期支持的应税项目作出法定减免规定，同时授权国务院可以根据国民经济和社会发展的需要，对居民住房需求保障、企业改制重组、破产、支持小型微型企业发展等情形，规定减征或者免征印花税，相关税收优惠需报全国人民代表大会常务委员会备案。

1. 法定免征相关优惠。

下列凭证免征印花税。

（1）应税凭证的副本或者抄本。

（2）依照法律规定应当予以免税的外国驻华使馆、领事馆和国际组织驻华代表机构为获得馆舍书立的应税凭证。

（3）中国人民解放军、中国人民武装警察部队书立的应税凭证。

（4）农民、家庭农场、农民专业合作社、农村集体经济组织、村民委员会购买农业生产资料或者销售农产品书立的买卖合同和农业保险合同。

享受印花税免税优惠的家庭农场，具体范围为以家庭为基本经营单元，以农场生产经营为主业，以农场经营收入为家庭主要收入来源，从事农业规模化、标准化、集约化生产经营，纳入全国家庭农场名录系统的家庭农场。

（5）无息或者贴息借款合同、国际金融组织向中国提供优惠贷款书立的借款合同。

（6）财产所有权人将财产赠与政府、学校、社会福利机构、慈善组织书立的产权转移书据。

享受印花税免税优惠的学校，具体范围为经县级以上人民政府或者其教育行政部门批准成立的大学、中学、小学、幼儿园，实施学历教育的职业教育学校、特殊教育学校、专门学校，以及经省级人民政府或者其人力资源社会保障行政部门批准成立的技工院校。

享受印花税免税优惠的社会福利机构，具体范围为依法登记的养老服务机构、残疾人服务机构、儿童福利机构、救助管理机构、未成年人救助保护机构。

享受印花税免税优惠的慈善组织，具体范围为依法设立、符合《中华人民共和国慈善法》规定，以面向社会开展慈善活动为宗旨的非营利性组织。

（7）非营利性医疗卫生机构采购药品或者卫生材料书立的买卖合同。

享受印花税免税优惠的非营利性医疗卫生机构，具体范围为经县级以上人民政府卫生健康行政部门批准或者备案设立的非营利性医疗卫生机构。

（8）个人与电子商务经营者订立的电子订单。

享受印花税免税优惠的电子商务经营者，具体范围按《中华人民共和国电子商务法》有关规定执行。

2. 小型微型企业优惠。

（1）2027 年 12 月 31 日之前，对金融机构与小型企业、微型企业签订的借款合同免征印花税。[①]

（2）2027 年 12 月 31 日之前，对增值税小规模纳税人、小型微利企业和个体工商户减半征收印花税（不含证券交易印花税）。[②]

3. 居民住房需求相关优惠。

（1）对个人销售或购买住房暂免征收印花税。

（2）对个人出租、承租住房签订的租赁合同，免征印花税。

（3）2027 年 12 月 31 日之前，对与高校学生签订的高校学生公寓租赁合同，免征印花税。[③]

（4）对房地产管理部门与个人订立的租房合同，凡用于生活居住的，暂免征收印花税。

（5）对改造安置住房经营管理单位、开发商与改造安置住房相关的印花税以及购买安置住房的个人涉及的印花税予以免征。

在商品住房等开发项目中配套建造安置住房的，依据政府部门出具的相关

---

① 为鼓励金融机构对小型、微型企业提供金融支持，促进小型、微型企业发展，2011 年国家出台了相应税收扶持政策，后优化、延续三次，现行政策执行期限截至 2027 年 12 月 31 日。详见《财政部 国家税务总局关于金融机构与小型微型企业签订借款合同免征印花税的通知》（财税〔2011〕105 号）、《财政部 国家税务总局关于金融机构与小型微型企业签订借款合同免征印花税的通知》（财税〔2014〕78 号）、《财政部 税务总局关于支持小微企业融资有关税收政策的通知》（财税〔2017〕77 号）、《财政部 税务总局关于支持小微企业融资有关税收政策的公告》（财政部 税务总局公告 2023 年第 13 号）等。

② 为进一步支持小微企业发展，2019 年国家出台了小微企业普惠性税收减免政策，后优化、延续两次，现行政策执行期限截至 2027 年 12 月 31 日。详见《财政部 税务总局关于实施小微企业普惠性税收减免政策的通知》（财税〔2019〕13 号）、《财政部 税务总局关于进一步实施小微企业“六税两费”减免政策的公告》（财政部 税务总局公告 2022 年第 10 号）及《财政部 税务总局关于进一步支持小微企业和个体工商户发展有关税费政策的公告》（财政部 税务总局公告 2023 年第 12 号）。

③ 为支持我国高等学校办学模式改革，2002 年国家出台了经营高校学生公寓有关税收支持政策，后优化、延续多次，现行政策执行期限截至 2027 年 12 月 31 日。详见《财政部 国家税务总局关于经营高校学生公寓有关税收政策的通知》（财税〔2002〕147 号）、《财政部 国家税务总局关于经营高校学生公寓及高校后勤社会化改革有关税收政策的通知》（财税〔2006〕100 号）、《财政部 国家税务总局关于经营高校学生公寓和食堂有关税收政策的通知》（财税〔2009〕155 号）、《财政部 国家税务总局关于经营高校学生公寓和食堂有关税收政策的通知》（财税〔2011〕78 号）、《财政部 国家税务总局关于经营高校学生公寓和食堂有关税收政策的通知》（财税〔2013〕83 号）、《财政部 国家税务总局关于继续执行高校学生公寓和食堂有关税收政策的通知》（财税〔2016〕82 号）、《财政部 税务总局关于高校学生公寓房产税 印花税政策的通知》（财税〔2019〕14 号）、《财政部 税务总局关于延长部分税收优惠政策执行期限的公告》（财政部 税务总局公告 2022 年第 4 号）、《财政部 税务总局关于继续实施高校学生公寓房产税、印花税政策的公告》（财政部 税务总局公告 2023 年第 53 号）等。

材料、房屋征收（拆迁）补偿协议或棚户区改造合同（协议），按改造安置住房建筑面积占总建筑面积的比例免征印花税。

（6）对易地扶贫搬迁项目实施主体（以下简称项目实施主体）取得用于建设安置住房的土地，免征印花税。

对安置住房建设和分配过程中应由项目实施主体、项目单位缴纳的印花税，予以免征。

在商品住房等开发项目中配套建设安置住房的，按安置住房建筑面积占总建筑面积的比例，计算应予免征的印花税。

对项目实施主体购买商品住房或者回购保障性住房作为安置住房房源的，免征印花税。

（7）对公租房经营管理单位免征建设、管理公租房涉及的印花税。在其他住房项目中配套建设公租房，按公租房建筑面积占总建筑面积的比例免征建设、管理公租房涉及的印花税。

对公租房经营管理单位购买住房作为公租房，免征印花税。对公租房租赁双方免征签订租赁协议涉及的印花税。

（8）对经济适用住房经营管理单位与经济适用住房相关的印花税以及经济适用住房购买人涉及的印花税予以免征。

开发商在商品住房项目中配套建造经济适用住房，如能提供政府部门出具的相关材料，可按经济适用住房建筑面积占总建筑面积的比例免征开发商应缴纳的印花税。

4. 企业重组相关优惠。

企业因改制、合并、分立而新启用资金账簿记载的资金，凡原已贴花的部分可不再贴花；因改制继续执行的各类应税合同仅改变执行主体、其余条款未作变动且改制前已贴花的，不再贴花；因改制签订的产权转移书据免予贴花。

5. 金融类相关优惠。

（1）自 2022 年 8 月 1 日至 2027 年 12 月 31 日，对银行业金融机构、金融资产管理公司接收、处置抵债资产过程中涉及的合同、产权转移书据和营业账簿免征印花税，对合同或产权转移书据其他各方当事人应缴纳的印花税照章征收。

抵债不动产、抵债资产，是指经人民法院判决裁定或仲裁机构仲裁的抵债不动产、抵债资产。其中，金融资产管理公司的抵债不动产、抵债资产，限于其承接银行业金融机构不良债权涉及的抵债不动产、抵债资产。

银行业金融机构，是指在中华人民共和国境内设立的商业银行、农村合作银行、农村信用社、村镇银行、农村资金互助社以及政策性银行。

（2）对被撤销金融机构接收债权、清偿债务过程中签订的产权转移书据，免征印花税。

（3）对资产公司成立时设立的资金账簿免征印花税。对资产公司收购、承接和处置不良资产，免征购销合同和产权转移书据应缴纳的印花税。[①]

享受税收优惠政策的主体为经国务院批准成立的中国信达资产管理公司、中国华融资产管理公司、中国长城资产管理公司和中国东方资产管理公司，以及经其批准分设于各地的分支机构。除另有规定者外，资产公司所属、附属企业，不享受资产公司的税收优惠政策。

（4）保护基金公司新设立的资金账簿免征印花税。

保护基金公司与中国人民银行签订的再贷款合同、与证券公司行政清算机构签订的借款合同，免征印花税。

保护基金公司接收被处置证券公司财产签订的产权转移书据，免征印花税。

保护基金公司以保护基金自有财产和接收的受偿资产与保险公司签订的财产保险合同，免征印花税。

（5）自2023年8月28日起，证券交易印花税实施减半征收。

【案例6－5】印花税法定免征相关优惠的适用

农民李四向丙企业购买复合肥料2吨，书立化肥买卖合同，合同所列金额6000元（不包括列明的增值税税款），则农民李四和丙企业是否需要缴纳印花税？

【解析】根据《印花税法》第十二条规定，农民购买农业生产资料书立的买卖合同免征印花税。对应税凭证适用印花税减免优惠的，书立该应税凭证的纳税人均可享受印花税减免政策，明确特定纳税人适用印花税减免优惠的除外。该化肥买卖合同符合《印花税法》规定的法定免税优惠条件，农民李四和丙企业免纳印花税。

---

① 根据《财政部 税务总局关于印花税法实施后有关优惠政策衔接问题的公告》（财政部 税务总局公告2022年第23号），此项优惠政策在《印花税法》实施后继续执行。

三、税收征管

（一）征管依据

印花税由税务机关依照《印花税法》和《中华人民共和国税收征收管理法》的规定进行征收管理。

纳税人、扣缴义务人和税务机关及其工作人员违反《印花税法》《中华人民共和国税收征收管理法》规定的，依照《印花税法》《中华人民共和国税收征收管理法》和有关法律、行政法规的规定追究法律责任。

（二）税票管理

印花税可以采用粘贴印花税票或者由税务机关依法开具其他完税凭证的方式缴纳。印花税票粘贴在应税凭证上的，由纳税人在每枚税票的骑缝处盖戳注销或者画销。

（三）补、退税管理

因实际结算金额变更、增值税税款计算错误导致应税凭证所列金额变更的，已缴纳印花税的应税凭证，变更后所列金额增加的，纳税人应当就增加部分的金额补缴印花税；变更后所列金额减少的，纳税人可以就减少部分的金额向税务机关申请退还或者抵缴印花税。

未履行的应税合同、产权转移书据，已缴纳的印花税不予退还及抵缴税款。纳税人多贴的印花税票，不予退税及抵缴税款。

第三节　国家（地区）比较

本节通过分析代表性国家的印花税税收制度，总结归纳国外印花税课税原则与功能定位，从而提出我国印花税改革的有益经验。

一、代表性国家（地区）印花税的税制安排

据统计，世界上有110多个国家征收印花税，包括新加坡、英国、日本、法国、韩国、澳大利亚、马来西亚等国。但随着经济发展，印花税过于繁杂、征管效率不高等缺点逐步显现，尤其是在应税凭证的电子化趋势下，传统的印花税计征模式无法完全适应形势变化，许多国家取消了对凭证征收的普通印花

税，如最早征收印花税的荷兰就取消了印花税。各国印花税制呈现出以下特点。

一是征税对象各不相同。因经济活动内容繁杂，各国选择的印花税征税对象各不相同，税目累计高达几十种，但相对来说类型比较集中，主要包括不动产、证券、企业股权、无形资产、重要动产等产权交易，经济合同和公文证照等。

二是税率形式多样。印花税税率形式也较为多样，包括比例税率、定额税率、全额累进税率、超额累进税率和全额累退税率。总体上看，以比例税率、定额税率为主，其他税率为辅。印花税属于辅助税种，税率较低，比例税率一般不超过5%，相应地印花税收入占财政收入的比重一般较低。

三是纳税方式多种并存。目前，各国普遍存在粘贴印花税票、盖戳印花、按期申报三种纳税方式，且这些纳税方式同时并存，并非互相替代关系。大多数国家规定，纳税人在订立或领受应税凭证时缴纳印花税。

四是优惠政策相对集中。主要集中在三个方面：一是减轻内部交易负担，如澳大利亚对企业集团内部转让资产涉及的凭证免税；二是支持社会公共事业，如马来西亚对政府债券免税；三是扶持弱势群体，如韩国对出于慈善或救济目的签订的应税凭证免税。

（一）新加坡

新加坡印花税分为物业印花税、财产持有实体印花税、股票印花税。

物业印花税对物业租赁协议、转移属性文档以及房产抵押贷款文件进行征税，分为三类：买方印花税、卖方印花税和额外买家印花税。

财产持有实体印花税对与出售、转让财产持有实体（PHEs）股权有关的文件进行征税，包括买卖合同或协议、支付结算声明等的实体和电子版本。如果收购或处置主要在新加坡拥有住宅物业的财产持有实体的股权，则适用额外的转让税（ACD），分为买家的额外转让税和卖方的额外转让税。

股票印花税是指企业签订购买或获得股票的合同需要缴纳的印花税，按照股票的成交价格或价值孰高者缴付税款。转让股票时，按照买入价或股票价值孰高者的0.2%缴付印花税。

（二）韩国

韩国印花税的纳税人是在韩国起草证明创建、转移、变更财产所有权而书立、领受税法规定凭证的单位和个人。印花税的计算分两大类：分级定额税，按凭证所载金额确定；定额税，按件计算缴纳。

表 6－3　　　　**韩国印花税税目税额表**

<table>
<tr><th>税目</th><th>凭证金额/万韩元</th><th>税额/韩元</th></tr>
<tr><td>有关不动产、船舶、飞机和商业转让合同</td><td rowspan="3">超过 1000 不超过 3000
超过 3000 不超过 5000
超过 5000 不超过 10000
超过 10000 不超过 100000
超过 100000</td><td rowspan="3">20000
40000
70000
150000
350000</td></tr>
<tr><td>有关消费贷款合同</td></tr>
<tr><td>有关工作合同</td></tr>
<tr><td colspan="2">不动产出租凭证</td><td>10000</td></tr>
<tr><td colspan="2">已注册的动产转让凭证（汽车、重型机械、船舶）</td><td>3000</td></tr>
<tr><td colspan="2">土地使用权证</td><td>3000</td></tr>
<tr><td colspan="2">采矿权、无形资产所有权、捕捞权、版权或名称使用权的转让凭证</td><td>3000</td></tr>
<tr><td colspan="2">设施使用权证（高尔夫、公寓使用会员卡）</td><td>10000</td></tr>
<tr><td colspan="2">连续或重复交易凭证</td><td>1000</td></tr>
<tr><td colspan="2">商品赠券、股权证、债券、投资证明、受益凭证</td><td>400</td></tr>
<tr><td colspan="2">保单、存款证明或存折、信托证明或存折</td><td>100</td></tr>
<tr><td colspan="2">有关租赁或延期付款合同</td><td>10000</td></tr>
<tr><td colspan="2">有关义务的保证凭证：
A. 由银行出具的
B. 由信用保证基金出具的
C. 由承保人出具的</td><td>
10000
1000
200</td></tr>
</table>

（三）英国

英国印花税是对各种商业性法律证书征收的一种税，主要对房屋、土地出租转让契约和股票转让契约等征收。英国印花税最突出的特点是对房地产调控能力较强，主要通过累进制税率来发挥调控作用。英国印花税税制见表 6－4。

表 6－4　　　　**英国印花税税制简介**

项目	规定
纳税人	书立、领受应税凭证的单位和个人
征税对象	房屋、土地出租转让契约和股票转让契约等
税率	实行累进制税率
缴纳方式	纳税人自行购票、自行贴花在各类应税文件上

（四）日本

日本印花税以与经济交易有关而制作的文书为征税对象，经济交易本身不是征税对象。对有经济交易但无相关制作文书的情形不征收印花税。对于一笔经济交易，如果制作了数件文书，那么每件文书都需缴纳印花税，两人或者两人以上共同编制一个纳税单据的，共同负有缴税义务（见表6－5）。

表6－5　日本印花税税制简介

项目	规定
纳税人	应税文件的创建者有义务对所编制的纳税单据缴纳印花税，两人或者两人以上共同编制一个纳税单据的，共同负有缴税义务
征税对象	各类经济交易合同、本票或汇票、公司章程、存款契约、保险单、信用证等20种应税凭证
税率	实行定额税率

（五）澳大利亚

澳大利亚印花税是对应税交易征收的税。各个州政府自行制定印花税条例以规定其征收范围、适用税率、豁免项目等，一般以转让价格作为计税基础。表6－6是澳大利亚昆士兰州的印花税税率设计。不难发现，该州印花税税率采取了累进税制。

表6－6　澳大利亚昆士兰州印花税税率

应税价值	税率
不超过5000澳元的	0
超过5000澳元不超过75000澳元的部分	1.50%
超过75000澳元不超过540000澳元的部分	3.50%
超过540000澳元不超过1000000澳元的部分	4.50%
超过1000000澳元的部分	5.75%

二、借鉴和启示

世界各国的行政体制及税收管理模式有着较大差异，对我国印花税改革而言，不能简单复制，而是要立足本国国情，紧扣本国发展阶段，辩证地借鉴有益经验，不断优化完善印花税制度。

（一）正确认识印花税筹集地方财政资金的作用

印花税虽税率低、税负轻，但征税范围广泛，涵盖了经济活动中的各种应税凭证，应注重发挥其广集资金、积少成多的财政效应。但因印花税税制繁杂、征收成本高，且随着应税凭证的电子化趋势，传统的印花税计征模式已无法完全适应形势变化，许多国家也取消了对凭证征收的普通印花税，如最早征收印花税的荷兰就取消了印花税。

（二）积极发挥印花税对经济走向的评估作用

目前，我国的印花税制共设置4个大税目17个子税目，分别是11类经济合同、4类产权转移书据，以及营业账簿和证券交易，覆盖面广。政府在印花税征收过程中，可以通过分析印花税收入，税目中各种凭证种类、数量等，科学合理评估经济运行情况，预测经济发展趋势，充分发挥印花税职能作用。

延伸阅读

国际借鉴：证券交易印花税

目前，美国、澳大利亚、德国和日本等国对证券交易不征收印花税，英国、新加坡、南非、印度、韩国以及我国（包括香港和台湾地区）均对证券交易征收印花税。大多数国家和地区对股票交易采取单边征税政策。例如，我国台湾地区、韩国分别对卖方征收0.3%、0.5%的证券交易税，英国、南非均对买方征收0.25%的证券交易税，新加坡对买方征收0.2%的印花税。少数国家和地区对股票交易采取双边征税政策。例如，我国香港地区、印度分别对股票交易买卖双方，按0.1%和0.125%的税率征收印花税。

第四节 未来展望

印花税在征管实践中存在应税凭证适用税目判定困难、税务部门管理缺乏抓手、税额较低难以充分发挥收入和调节作用等问题，可以从以下两方面加以改进。

一、完善印花税法治建设

现行《印花税法》仍属于平移立法，还有许多待完善之处。为适应经济社会的发展，应进一步完善印花税立法。

一是进一步精简税目税率。我国目前的印花税税制共设置4大类17个子税目，万分之零点五（0.05‰）、万分之二点五（0.25‰）、万分之三（0.3‰）、万分之五（0.5‰）、千分之一（1‰）五档税率，较为繁杂的税目、税率设置给纳税人依规纳税、基层税务机关依法征税带来压力，下一步可探索继续精简税目税率或仅保留证券交易税目等模式，降低经济交易成本和征税成本，提高政策可理解性、可执行性，不断降低征纳成本。

二是增强现有税目的确定性。《印花税法》完善了税目设置，与《民法典》等相关法律法规有效衔接，但合同是民事主体在经济活动中意思自治的载体，具有非常鲜明的主观性，容易出现征纳争议。因此，有必要通过各种形式，细化税目释义，明确税目的内涵和外延，保障税法的规范统一。

二、优化印花税征管体制

为简并印花税税目、简化税率，优化印花税征管的思路可从以下几个方面着手。一是简化税源采集信息，提高纳税人办税便利性；二是畅通税源采集路径，完善部门协同机制，畅通税源信息共享路径，打造精准、高效的印花税税源信息采集平台，有效提升印花税税源采集科学化水平；三是便捷办税缴纳方式，通过进一步优化电子税务局、智慧办税服务厅、远程帮办所的一体化服务模式，打通“非接触式”办税的“最后一厘米”，不断提升纳税人办税满意度。

本章思考题

1. 印花税应税凭证有哪些？
2. 国外印花税实践经验对我国印花税改革的启示主要包括哪些方面？

第七章　资　源　税

【学习目标】本章主要介绍资源税的基础理论和基本实践，梳理代表性国家和地区的资源税情况，并在此基础上，对我国资源税未来发展方向进行展望。通过本章学习，了解资源税的改革历程、水资源税的改革进展和各国资源税现状，掌握资源税的概念和基本税制要素。

党的二十大报告提出，要实施全面节约战略，推进各类资源节约集约利用，确保能源资源供应安全。资源税作为对开发应税自然资源而征收的一个税种，自 1984 年开征至今，历经数次改革，税制逐步完善和成熟，在推进资源节约集约利用、推动绿色发展、促进人与自然和谐共生方面发挥着重要作用，是我国绿色税制的重要组成部分。2020 年 9 月 1 日，《中华人民共和国资源税法》（以下简称《资源税法》）正式实施，标志着资源税的发展迈入了一个新的历史阶段。

第一节　基础理论

一、基本概念

广义的资源是指自然界及人类社会中一切能够为人类形成资产财富的要素，包括自然资源、人力资源、社会资源等。狭义的资源仅指自然资源，是在自然界中原始赋存，能够被人类作为生产生活资料利用的资源。按照自然资源的形态，可以将其分为土地资源、矿产资源、水资源、生物资源、环境资源等。

在我国，资源税是以应税资源为征税对象，以在我国领域和管辖的其他海域开发应税资源的单位和个人为纳税人，以从价定率或从量定额的方式征收的一种税。从征税范围看，资源税目前仅限于部分自然资源，主要包括矿产资源、海盐和水资源；从计征方式看，资源税从价计征为主、从量计征为辅；从税率形式看，资源税大多数税目为地区差别幅度税率，既合理又能自动地调节不同矿种、不同地区间差异较大的资源开发收益。

二、课税原则

资源税的课税遵循财政原则、经济原则、公平原则。财政原则是资源税所遵循的基本原则；经济原则在资源税上主要体现为绿色、高效、可持续发展，是经济效率在更长时间段的表现；公平原则主要体现在资源的主体收益分配方面。

（一）财政原则

资源税是国家税制体系的重要组成部分，在筹集税收收入方面发挥着重要作用。资源是经济社会运行的基础性要素，随着经济的快速发展，资源也在持续被开发利用，不断彰显价值，进而带来丰富的税源，为资源税收入的快速增长奠定基础。在现行税收体制下，资源税是地方税主体税种之一，对资源产地将资源优势转化为财政收入发挥着重要作用。

（二）经济原则

工业革命以来，资源（特别是矿产资源）在社会价值创造和人民群众生活中发挥着越来越重要的保障作用。绝大多数矿产资源具有不可再生、可耗竭，或者再生难度大、再生周期比较长的特性。因此，资源税的税制设计，应该更多地考虑引导资源的科学合理开发，充分发挥资源税在促进资源节约集约利用、调整经济结构、保护环境等方面的功能作用，促使企业转变生产方式、改进技术、调整产业结构，使有限的资源充分发挥出高质量的经济社会综合效益，构建资源税制与经济社会发展的良性互动关系，实现经济社会的可持续发展目标。

（三）公平原则

资源所有权属于国家，但资源的占有、使用、收益等权利可以由其他主体获得，因而需要通过资源税来统筹协调不同主体间的收益，以达到合理公平的分配。同时，对于资源的收益，不仅要关注横向上的分配公平，还要关注世代之间的纵向公平。每一代人在开发、利用自然资源方面拥有平等的权利，前代人不应该剥夺后代人享用资源的权利，后代人应该拥有与前代人相对应的多样权利。但由于部分资源具有不可再生、可耗竭的特性，当代人对资源的开发利用行为可能会影响后代人的资源数量和开发成本。资源税制需要更好地体现代际公平，统筹考虑现在和未来的可持续发展。

三、功能定位

（一）促进绿色发展

资源税是绿色税制体系的重要组成部分，在促进资源合理开发利用方面意义重大。立法后其促进资源节约集约和保护环境的作用更加突出，绿色发展的导向更加明晰，尤其表现在资源税优惠政策的设定和实施方面。法定减免层面如：对从衰竭期矿山开采的矿产品，减征30%的资源税；自2014年12月1日至2027年12月31日，对充填开采置换出的煤炭，减征50%的资源税等。授权地方层面如：伴生矿、低品位矿、尾矿的利用价值较低，处理技术难度大，成本高，出于盈利目的，企业很可能会出现只开采高品位矿，废弃伴生矿、低品位矿、尾矿的“采富弃贫”行为；为减少资源浪费，鼓励企业实现绿色转型，加大资源综合利用，保护生态环境，《资源税法》授权省、自治区、直辖市人民政府可以对共伴生矿、低品位矿、尾矿的开采，给予减免税。不论法定减免还是授权地方规定的减免情形都在抑制“采富弃贫”、促进绿色发展方面发挥着显著作用。这些优惠政策在助力资源高效利用与开发的同时，也充分体现了资源税的绿色税收特性。

（二）调节资源收益

资源税对资源的收益在所有权和使用权之间进行分配调节，且现行资源税的计税方式以从价计征为主、从量计征为辅，构建了更为合理的资源收益调节机制，弥补了从量定额机制下资源税税负与矿产品价格脱节的不足。从价计征机制下，资源税税负随着矿产品价格的升降而自动增减，起到合理调节资源收益的作用。举例来说，对于煤炭开采企业，当煤炭价格下跌时，资源税同步减少，为企业减负，避免形成经营困难、生产下滑的恶性循环；煤炭价格上涨时，资源税同步增加，避免价格过快上涨，行业发展过热。现行的资源税，更好地体现了资源价值与税收变化的关系，规范资源开发收益分配秩序的同时，也有利于促进资源节约集约利用。

（三）维护国家资源安全

国家战略资源在统筹经济发展和能源安全方面发挥着至关重要的作用，有些关键战略资源对维护我国在全球资源领域的核心竞争力有着非常重要的意义，如铁矿石、原油、天然气、铜铝矿等资源都在资源税的税目中，同时也是国家战略物资。对这些国家战略资源开征资源税，一方面体现国家对资源的所有权，另一方面可以提高这些资源的开发效率与利用率，遏制过度开采，维护国家资源安全。

（四）筹集税收收入

按照现行税收体制，资源税是地方税主体税种之一，对资源产地将资源优势转化为税收优势发挥着重要作用。尤其对于经济发展相对落后但资源禀赋较好的省份而言，资源税筹集税收收入的作用较为明显。在中央统一税政的基础上，统筹兼顾、因地制宜，通过赋予地方政府适当的税收管理权限，有助于更好地发挥各级地方政府的积极性，统筹和保障各方合法权益。

延伸阅读

绿色税收助力建设美丽中国①

党的十八大以后，生态文明建设被放在了更加突出的位置。党的十九大报告指出，“实行最严格的生态环境保护制度，形成绿色发展方式和生活方式，坚定走生产发展、生活富裕、生态良好的文明发展道路，建设美丽中国”。美丽中国呼唤绿色税收。所谓绿色税收，就是对排污和破坏生态环境的产品和服务课征的税收。我国绿色税制建设最突出的标志就是在2018年开征了环境保护税，开征该税旨在保护和改善环境，减少污染物排放，推进生态文明建设。虽然环境保护税的许多制度内容是从过去环保费平移过来的，但却为我国绿色税制的建设奠定了基础。实际上，我国的绿色税制是由多种涉及环境和生态的税种组成的，除环境保护税以外，还包括消费税、资源税、企业所得税等。这些税种的不断“绿化”，对我国绿色税制的建设发挥了重要的作用。例如：2014—2015年，国家3次提高汽油等成品油的消费税税率，单位税额由1元/升提高到1.52元/升；从2015年2月1日起，电池和涂料这两种对环境污染比较大的产品也被纳入消费税的征收范围。20世纪80年代开征资源税的目的在于调节资源开采企业的级差利润，但却在美丽中国的建设中被赋予了新的使命。

① 朱青．我国税制改革取得历史性突破［EB/OL］.（2022-06-28）［2024-04-20］. http：//www.chinatax.gov.cn/chinatax/n810219/n810780/c5176827/content.html.

继2010年原油、天然气的资源税改为从价计征后，从2014年12月1日起，我国将煤炭资源税也改为从价计征。特别是2019年8月全国人民代表大会常务委员会通过的《资源税法》规定，除地热、石灰岩、砂石等少数矿产品可以从量计征以外，其他绝大多数矿产品都必须实行从价计征。资源税实行比例税率，税额随资源产品价格的上涨而提高，可以充分发挥税收对资源产品使用的调节作用，这也让资源税真正成为我国绿色税收大家庭中的一员。

第二节 基本实践

一、历史沿革

我国资源税经历了几次大的变革，包括盐税时期的改革、资源企业的利改税、资源税从价计征改革以及资源税立法等。

（一）盐税时期

盐税，顾名思义，是以盐为征税对象的税，在中国由来已久，历史上夏、商、西周时期课征的赋税中便包括了煮盐，春秋战国时期开始设立盐官专管煮盐业并征收盐税，盐税逐渐成为一个独立的税种。在后续的朝代更迭中，盐政及盐税变化繁多，一直延续下来，到民国时期盐税的就场征税制思想开始涌现，并逐渐成为主流。

新中国成立初期，中央人民政府政务院于1950年颁布的《全国税政实施要则》中，明确将盐税列为一个税种，由盐务部门负责征收。1958年，为了强化盐税征收工作，此税种转由税务部门负责征收。1973年工商税制改革时，盐税并入工商税之中，成为它的一个税目。1984年，第二步“利改税”改革推开后，国务院颁布了《中华人民共和国盐税条例（草案）》，盐税从工商税中分离出来，重新成为一个独立税种。

从税制来看，盐税具备了资源税的基本特征，虽然征税范围较为狭窄，但是能够发挥盐产地的资源优势，其确立的“从量核定、就场征收、税不重征”的征税原则，与从量征收的资源税制非常相似。

（二）初设时期

改革开放以后，随着经济体制改革不断深化，资源在生产生活中的价值逐步凸显，资源企业的利润不需要全部上缴国家，不同企业间的资源级差不断拉大。为了更好地运用税收手段有效调节资源级差收益，1984 年 9 月国务院颁布了《中华人民共和国资源税条例（草案)》，明确在中华人民共和国境内从事原油、天然气、煤炭、金属矿产品和其他非金属矿产品资源开发的单位和个人，为资源税的纳税义务人。

《中华人民共和国资源税条例（草案)》的实施标志着资源税成为我国的一个独立税种并正式开征。开征初期，资源税的征税范围相对狭窄，初步发挥了在调节资源级差收益中的功能作用。之后，随着经济社会发展阶段的变化，资源税制在不断优化、调整。

（三）调整完善时期

党的十四大提出建立社会主义市场经济体制。与经济体制改革相适应，1994 年的分税制改革促成了资源税制一次大的改革完善。1993 年 12 月 25 日，国务院发布了《中华人民共和国资源税暂行条例》（以下简称《资源税暂行条例》)，并于 1994 年 1 月 1 日起正式施行。改革后的《资源税暂行条例》采取了普遍征收、从量定额的征收方式，征税范围扩至原油、天然气、煤炭、其他非金属矿原矿、黑色金属矿原矿、有色金属矿原矿和盐等七大类；征收方式上，取消了原以销售利润率 12% 为起征点的规定，并重新核定从量计征税额标准。

分税制改革后，随着社会主义市场经济体制改革持续深化，工业化和城镇化水平持续攀升，资源环境因素的瓶颈日渐突出，相对固定的税额标准对资源的供求关系、稀缺性反映不到位，且征税范围相对较窄，难以充分发挥资源税在保护资源利用、提高利用效率等方面的调节作用等。为让资源税更加适应经济社会发展需要，自 2010 年开始，按照党中央总体要求，我国开启了新一轮资源税改革，以清费立税、从价计征为主要改革内容，更好地优化资源税制。

2010 年 5 月，我国首先在新疆进行试点，对油气资源实行从价计征资源税；2010 年 12 月 1 日起，将原油、天然气资源税改革扩大至内蒙古、甘肃等 12 个西部省区；2011 年 9 月开始，资源税从价计征改革扩大到全国范围。

为进一步贯彻落实创新、协调、绿色、开放、共享的新发展理念，2016 年财政部、国家税务总局印发了《关于全面推进资源税改革的通知》（财税〔2016〕53 号)，资源税步入全面改革阶段，改革内容包括扩大征收范围、清费立税、合理确定税率水平、增加促进资源综合利用的相关优惠等。

（四）法律提升时期

2019 年 8 月 26 日，第十三届全国人民代表大会常务委员会第十二次会议表决通过了《资源税法》，并于 2020 年 9 月 1 日起实施。将暂行条例上升为法律，一方面提升了资源税的立法层级，有效落实了税收法定原则，另一方面规范了资源税税目且以从价计征为主，对发挥税收促进合理科学、节约集约开发利用资源和推动绿色发展具有重大作用。

《资源税法》的颁布实施，推动资源税改革与发展进入了一个新的历史阶段。资源税自 1984 年开征至今，历经多次改革和完善，征税范围逐步扩大，计征方式不断改进，实现了从价超率累进计征到从量定额计征、再到从价定率计征的转变，税制体系日臻成熟。同时，《资源税法》践行了以纳税人为中心的服务理念，统一了税制要素，简化了纳税申报，规范了优惠政策，在落实“放管服”改革要求、优化税收营商环境方面有明显突破。

二、税制要素

（一）纳税人

在中华人民共和国领域和中华人民共和国管辖的其他海域开发应税资源的单位和个人，为资源税的纳税人。

关于资源税纳税人的规定可从以下三个方面理解：

1. 符合空间范围要求。按照有关法律法规，中华人民共和国领域是指我国行使国家主权的空间，包括领陆、领水、领空。其中，领水包括内水、领海；除领水外，中华人民共和国管辖的其他海域主要包括领海毗连区、专属经济区、大陆架等海域。进口的资源产品开采地不在上述范围内，因此，不需要缴纳资源税。

2. 有开发应税资源的行为。按照《资源税法》所附《资源税税目税率表》，“应税资源”目前主要包括矿产品和盐。正在进行水资源税改革试点的省份，“应税资源”还应包括地表水和地下水。

3. 属于税法规定的纳税主体。资源税的具体纳税主体是开发应税资源的单位和个人。开发主体不论所有制性质如何以及注册地是否在国内，只要在我国管辖的领域内开发应税资源，就应当缴纳资源税。

需要说明的是，原《资源税暂行条例》对收购未税矿产品的单位规定了资源税的扣缴义务，而《资源税法》取消了此项规定。

（二）征税对象

资源税的税目包括能源矿产、金属矿产、非金属矿产、水气矿产和盐五大类共 164 个税目，涵盖了目前我国已发现的所有矿种和盐。

关于如何界定资源税征税对象中的原矿和选矿，《财政部 税务总局关于资源税有关问题执行口径的公告》（财政部 税务总局公告 2020 年第 34 号）对原矿和选矿产品作出了界定。其中：原矿是指经过采矿过程采出后未进行选矿或者加工的矿石；选矿产品是指通过破碎、切割、洗选、筛分、磨矿、分级、提纯、脱水、干燥等过程形成的产品，包括富集的精矿和研磨成粉、粒级成型、切割成型的原矿加工品。目前，除原油、天然气等少量税目征税对象只限定于原矿，稀土、钨、钼等少量税目征税对象只限于选矿外，其他大部分税目征税对象均为原矿或者选矿，不包括后续生产加工的产品。海盐是从海水中提取的盐，不属于矿产资源，其征税对象不区分原矿与选矿。

纳税人以自采原矿直接销售，或者自用于应当缴纳资源税情形的，按照原矿计征资源税；纳税人以自采原矿洗选加工为选矿产品销售，或者将选矿产品自用于应当缴纳资源税情形的，按照选矿产品计征资源税，在原矿移送环节不缴纳资源税。

（三）计税依据

资源税按照《资源税税目税率表》实行从价计征或者从量计征。

《资源税税目税率表》中规定可以选择实行从价计征或者从量计征的，具体计征方式由省、自治区、直辖市人民政府提出，报同级人民代表大会常务委员会决定，并报全国人民代表大会常务委员会和国务院备案。

1. 计税销售额。

（1）基本范围。

资源税应税产品的销售额，按照纳税人销售应税产品向购买方收取的全部价款确定，不包括增值税税款。

从价计征税目的资源税的计税依据与增值税基本一致。但“基本一致”不代表完全一致。增值税的计税依据是纳税人发生应税销售行为收取的全部价款和价外费用，与增值税计税依据相比，资源税的计税依据不包括“价外费用”。“价外费用”包括价外向购买方收取的手续费、补贴、基金、集资费、返还利润、奖励费、违约金、滞纳金、延期付款利息、赔偿金、代收款项、代垫款项、包装费、包装物租金、储备费、优质费、运输装卸费以及其他各种性质的价外收费。从名称中可以看出，价外费用实际上已经不属于资源本身的价值范畴，因此，不将其作为资源税的计税依据。

（2）特殊规定。

资源税应税产品销售额明显偏低且无正当理由的，或者有自用应税产品行为而无销售额的，按照下列规定方法和顺序确定应税产品销售额：

①按纳税人最近时期同类产品的平均销售价格确定。

②按其他纳税人最近时期同类产品的平均销售价格确定。

③按后续加工非应税产品销售价格，减去后续加工环节的成本利润后确定。

④按应税产品组成计税价格确定。

组成计税价格 = 成本 ×（1 + 成本利润率）÷（1 − 资源税税率）

成本利润率由省、自治区、直辖市税务机关确定。

⑤按其他合理方法确定。

2. 计税销售数量。

从量定额计算的资源税应税产品的销售数量，包括纳税人开采或者生产应税产品的实际销售数量和自用于应当缴纳资源税情形的应税产品数量。各种应税产品，凡直接对外销售的，以实际销售数量为课税数量；凡自产自用的（包括用于非生产项目和生产非应税产品），以自用数量为课税对象。

3. 运杂费的扣除。

对于计入销售额中的相关运杂费用，凡取得增值税发票或者其他合法有效凭据的，准予从销售额中扣除。相关运杂费用，是指应税产品从坑口或者洗选（加工）地到车站、码头或者购买方指定地点的运输费用、建设基金以及随运销产生的装卸、仓储、港杂费用。

通常情况下，销售收入与运杂费应当分别开票结算。实践中，纳税人销售应税产品时，买方会提出在交割地采用“到货价”“一口价”进行一票结算，其销售额中往往包含运杂费用。考虑到资源税的原理是对矿产资源本身价值征税，不应对包含在销售额中的运杂费用征税，故允许对运杂费予以扣除。允许扣除的运杂费应满足以下条件：一是包含在应税产品销售额中；二是取得运杂费用增值税发票或者其他合法有效凭据；三是属于纳税人销售应税产品环节发生的运杂费用，具体是指运送应税产品从坑口或者洗选（加工）地到车站、码头或者购买方指定地点的运输费用、建设基金以及随运销产生的装卸、仓储、港杂费用。

4. 外购应税产品购进金额或购进数量的扣减。

实践中，企业有时会外购应税产品与自产应税产品混合销售或混合加工为应税产品销售。考虑到外购的应税产品已经缴纳了资源税，为避免重复征税，资源税政策规定，纳税人外购应税产品与自采应税产品混合销售或者混合加工为应税产品销售的，在计算应税产品销售额或者销售数量时，准予扣减外购应税产品的购进金额或者购进数量；当期不足扣减的，可结转下期扣减。纳税人应当准确核算外购应税产品的购进金额或者购进数量，未准确核算的，一并计算缴纳资源税。纳税人核算并扣减当期外购应税产品购进金额、购进数量，应当依据外购应税产品的增值税发票、海关进口增值税专用缴款书或者其他合法有效凭据。

外购应税产品扣减的计算方法具体分为混合销售和混合洗选加工后销售两种情形。

一是纳税人以外购原矿与自采原矿混合为原矿销售，或者以外购选矿产品与自产选矿产品混合为选矿产品销售的，在计算应税产品销售额或者销售数量时，直接扣减外购原矿或者外购选矿产品的购进金额或者购进数量。

二是当纳税人以外购原矿与自采原矿混合洗选加工为选矿产品销售时，由于在洗选加工过程中产生了增值或数量消耗，为确保税负公平，在计算应税产品销售额或者销售数量时，需要按照规定的公式计算准予扣减的外购应税产品的购进金额或者购进数量：

准予扣减的外购应税产品购进金额（数量）= 外购原矿购进金额（数量）×（本地区原矿适用税率 ÷ 本地区选矿产品适用税率）

不能按照上述方法计算扣减的，按照主管税务机关确定的其他合理方法进行扣减。

【案例 7 – 1】外购应税产品购进金额的扣减

某煤炭企业将外购 100 万元原煤与自采 200 万元原煤混合洗选加工为选煤销售，选煤销售额为 450 万元。当地原煤税率为 3%，选煤税率为 2%，在计算应税产品销售额时，准予扣减的外购应税产品购进金额为多少万元？

【解析】准予扣减的外购应税产品购进金额 = 外购原煤购进金额 ×（本地区原煤适用税率 ÷ 本地区选煤适用税率）= 100 ×（3% ÷ 2%）= 150（万元）

(四) 税率和应纳税额计算

资源税的税率依照《资源税法》中《资源税税目税率表》执行(见表7－1)。

表7－1　　资源税税目税率表

税目			征税对象	税率
能源矿产		原油	原矿	6%
		天然气、页岩气、天然气水合物	原矿	6%
		煤	原矿或者选矿	2%—10%
		煤成(层)气	原矿	1%—2%
		铀、钍	原矿	4%
		油页岩、油砂、天然沥青、石煤	原矿或者选矿	1%—4%
		地热	原矿	1%—20%或者每立方米1—30元
金属矿产	黑色金属	铁、锰、铬、钒、钛	原矿或者选矿	1%—9%
	有色金属	铜、铅、锌、锡、镍、锑、镁、钴、铋、汞	原矿或者选矿	2%—10%
		铝土矿	原矿或者选矿	2%—9%
		钨	选矿	6.5%
		钼	选矿	8%
		金、银	原矿或者选矿	2%—6%
		铂、钯、钌、锇、铱、铑	原矿或者选矿	5%—10%
		轻稀土	选矿	7%—12%
		中重稀土	选矿	20%
		铍、锂、锆、锶、铷、铯、铌、钽、锗、镓、铟、铊、铪、铼、镉、硒、碲	原矿或者选矿	2%—10%
非金属矿产	矿物类	高岭土	原矿或者选矿	1%—6%
		石灰岩	原矿或者选矿	1%—6%或者每吨(或者每立方米)1—10元
		磷	原矿或者选矿	3%—8%
		石墨	原矿或者选矿	3%—12%
		萤石、硫铁矿、自然硫	原矿或者选矿	1%—8%

续表

税目			征税对象	税率
非金属矿产	矿物类	天然石英砂、脉石英、粉石英、水晶、工业用金刚石、冰洲石、蓝晶石、硅线石（矽线石）、长石、滑石、刚玉、菱镁矿、颜料矿物、天然碱、芒硝、钠硝石、明矾石、砷、硼、碘、溴、膨润土、硅藻土、陶瓷土、耐火粘土、铁矾土、凹凸棒石粘土、海泡石粘土、伊利石粘土、累托石粘土	原矿或者选矿	1%—12%
		叶蜡石、硅灰石、透辉石、珍珠岩、云母、沸石、重晶石、毒重石、方解石、蛭石、透闪石、工业用电气石、白垩、石棉、蓝石棉、红柱石、石榴子石、石膏	原矿或者选矿	2%—12%
		其他粘土（铸型用粘土、砖瓦用粘土、陶粒用粘土、水泥配料用粘土、水泥配料用红土、水泥配料用黄土、水泥配料用泥岩、保温材料用粘土）	原矿或者选矿	1%—5%或者每吨（或者每立方米）0.1—5元
	岩石类	大理岩、花岗岩、白云岩、石英岩、砂岩、辉绿岩、安山岩、闪长岩、板岩、玄武岩、片麻岩、角闪岩、页岩、浮石、凝灰岩、黑曜岩、霞石正长岩、蛇纹岩、麦饭石、泥灰岩、含钾岩石、含钾砂页岩、天然油石、橄榄岩、松脂岩、粗面岩、辉长岩、辉石岩、正长岩、火山灰、火山渣、泥炭	原矿或者选矿	1%—10%
		砂石	原矿或者选矿	1%—5%或者每吨（或者每立方米）0.1—5元
	宝玉石类	宝石、玉石、宝石级金刚石、玛瑙、黄玉、碧玺	原矿或者选矿	4%—20%
水气矿产	二氧化碳气、硫化氢气、氦气、氡气		原矿	2%—5%
	矿泉水		原矿	1%—20%或者每立方米1—30元
盐	钠盐、钾盐、镁盐、锂盐		选矿	3%—15%
	天然卤水		原矿	3%—15%或者每吨（或者每立方米）1—10元
	海盐			2%—5%

《资源税税目税率表》中规定实行幅度税率的，其具体适用税率由省、自治区、直辖市人民政府统筹考虑该应税资源的品位、开采条件以及对生态环境的影响等情况，在《资源税税目税率表》规定的税率幅度内提出，报同级人民代表大会常务委员会决定，并报全国人民代表大会常务委员会和国务院备案。

《资源税税目税率表》中规定征税对象为原矿或者选矿的，应当分别确定具体适用税率。需要注意的有：

1. 纳税人开采或者生产不同税目应税产品的，应当分别核算不同税目应税产品的销售额或者销售数量；未分别核算或者不能准确提供不同税目应税产品的销售额或者销售数量的，从高适用税率。

2. 纳税人开采或者生产同一税目下适用不同税率应税产品的，应当分别核算不同税率应税产品的销售额或者销售数量；未分别核算或者不能准确提供不同税率应税产品的销售额或者销售数量的，从高适用税率。

资源税的征收方式以从价计征为主、从量计征为辅。实行从价计征的，应纳税额按照应税资源产品的销售额乘以具体适用税率计算。即：

$$应纳资源税=计税销售额\times适用税率$$

实行从量计征的，应纳税额按照应税资源产品的销售数量乘以具体适用税率计算。即：

$$应纳资源税=计税销售数量\times适用税率$$

（五）纳税义务发生时间和纳税期限

纳税人销售应税产品，纳税义务发生时间为收讫销售款或者取得索取销售款凭据的当日；自用应税产品的，纳税义务发生时间为移送应税产品的当日。

资源税按月或者按季申报缴纳，不能按固定期限计算缴纳的，可以按次申报缴纳。纳税人按月或者按季申报缴纳的，应当自月度或者季度终了之日起15日内，向税务机关办理纳税申报并缴纳税款；按次申报缴纳的，应当自纳税义务发生之日起15日内，向税务机关办理纳税申报并缴纳税款。

（六）纳税地点

纳税人应当向应税产品开采地或者生产地的税务机关申报缴纳资源税。具体来说，纳税人应当在矿产品的开采地或海盐的生产地缴纳资源税。同时，海上开采的原油和天然气资源税由海洋石油税务管理机构征收管理。

（七）税收优惠

1. 资源税减免税的基本规定。

（1）免征资源税的情形。

①开采原油以及在油田范围内运输原油过程中用于加热的原油、天然气。

②煤炭开采企业因安全生产需要抽采的煤成（层）气。

（2）减征资源税的情形。

①从低丰度油气田开采的原油、天然气，减征20%资源税。

②高含硫天然气、三次采油和从深水油气田开采的原油、天然气，减征30%资源税。

③稠油、高凝油减征40%资源税。

④从衰竭期矿山开采的矿产品，减征30%资源税。

2. 国务院依照《资源税法》授权制定的减免税政策。

根据国民经济和社会发展需要，国务院对有利于促进资源节约集约利用、保护环境等情形可以规定免征或者减征资源税，报全国人民代表大会常务委员会备案。

3.《资源税法》施行后继续执行的资源税优惠政策。

（1）对青藏铁路公司及其所属单位运营期间自采自用的砂、石等材料免征资源税。

（2）自2018年4月1日至2027年12月31日，对页岩气资源税减征30%。

（3）自2014年12月1日至2027年12月31日，对充填开采置换出来的煤炭，资源税减征50%。

（4）2027年12月31日之前，对增值税小规模纳税人、小型微利企业和个体工商户减半征收资源税（不含水资源税）、城市维护建设税、房产税、城镇土地使用税、印花税（不含证券交易印花税）、耕地占用税和教育费附加、地方教育附加。①

4.《资源税法》授权省、自治区、直辖市决定的减免税政策。

有下列情形之一的，省、自治区、直辖市可以决定免征或者减征资源税：

① 为进一步支持小微企业发展，2019年国家出台了小微企业普惠性税收减免政策，后优化、延续两次，现行政策执行期限截至2027年12月31日。详见《财政部 税务总局关于实施小微企业普惠性税收减免政策的通知》（财税〔2019〕13号）、《财政部 税务总局关于进一步实施小微企业“六税两费”减免政策的公告》（财政部 税务总局公告2022年第10号）及《财政部 税务总局关于进一步支持小微企业和个体工商户发展有关税费政策的公告》（财政部 税务总局公告2023年第12号）。

一是纳税人开采或者生产应税产品过程中，因意外事故或者自然灾害等原因遭受重大损失；二是纳税人开采共伴生矿、低品位矿、尾矿。

三、税收征管

资源税由税务机关依照《资源税法》和《中华人民共和国税收征收管理法》的规定征收管理。《资源税法》第九条对部门合作首次在法律层面进行了明确，税务机关与自然资源等相关部门应当建立工作配合机制，加强资源税征收管理。具体来说，各地基于资源税征收管理需要，结合各地实际情况，以税法为依据，通过建立税务部门与相关部门的工作配合机制，搭建信息共享平台，实现部门间数据传递，通过第三方数据应用，建立风险防控指标，加强数据分析比对，形成相关部门联动，针对疑点数据进行核查或开展联合执法。

四、水资源税试点

（一）改革历程

实施水资源费改税，是贯彻落实习近平生态文明思想和“节水优先、空间均衡、系统治理、两手发力”新时期治水方针的重要举措。根据党中央、国务院部署，自 2016 年 7 月 1 日起在河北省率先开展水资源税改革试点。在河北省成功开征水资源税的基础上，财政部、国家税务总局、水利部 2017 年 11 月 24 日印发《扩大水资源税改革试点实施办法》，规定自 2017 年 12 月 1 日起，将水资源税改革试点扩大到北京、天津、山西、内蒙古、山东、河南、四川、陕西、宁夏 9 个省（自治区、直辖市）。

（二）基本规定

由于水资源税目前尚处于改革试点阶段，不同批次试点省份在税制上存在些许区别，下文以《扩大水资源税改革试点实施办法》为依据对水资源税税制进行简要介绍。

1. 纳税人。

除规定情形外，水资源税的纳税人为直接取用地表水、地下水的单位和个人，包括直接从江、河、湖泊（含水库）和地下取用水资源的单位和个人。

下列情形，不缴纳水资源税：①农村集体经济组织及其成员从本集体经济组织的水塘、水库中取用水的；②家庭生活和零星散养、圈养畜禽饮用等少量取用水的；③水利工程管理单位为配置或者调度水资源取水的；④为保障矿井等地下工程施工安全和生产安全必须进行临时应急取用（排）水的；⑤为消除对公共安全或者公共利益的危害临时应急取水的；⑥为农业抗旱和维护生态与环境必须临时应急取水的。

2. 税率。

水资源税根据当地水资源状况、取用水类型和经济发展等情况实行差别税率。

一方面，为严格控制地下水过量开采，对同一类型取用水，地下水税额要高于地表水，水资源紧缺地区地下水税额要大幅高于地表水。超采区地下水税额要高于非超采区，严重超采地区的地下水税额要大幅高于非超采地区。

另一方面，按不同取用水性质实行差别税额，对超计划（定额）用水加征1—3 倍，对特种行业从高征税，对超过规定限额的农业生产取用水、农村生活集中式饮水工程取用水、回收利用的疏干排水和地源热泵取用水从低征税。

3. 征收方式及计税依据。

水资源税实行从量计征：①对一般取用水按照实际取用水量征税；②对采矿和工程建设疏干排水按照排水量征税；③对水力发电和火力发电贯流式（不含循环式）冷却取用水按照实际发电量征税。

4. 税收优惠。

下列情形，予以免征或者减征水资源税：①规定限额内的农业生产取用水，免征水资源税；②取用污水处理再生水，免征水资源税；③除接入城镇公共供水管网以外，军队、武警部队通过其他方式取用水的，免征水资源税；④抽水蓄能发电取用水，免征水资源税；⑤采油排水经分离净化后在封闭管道回注的，免征水资源税；⑥财政部、国家税务总局规定的其他免征或者减征水资源税情形。

5. 征收管理。

采用“税务征管、水利核量、自主申报、信息共享”的征管模式，即：①税务机关依法征收管理；②水行政主管部门负责核定取用水量；③纳税人依法办理纳税申报；④税务机关与水行政主管部门建立涉税信息共享平台和工作配合机制，定期交换征税和取用水信息资料。

水资源税的纳税义务发生时间为纳税人取用水资源的当日。除农业生产取用水外，水资源税按季或者按月征收，由主管税务机关根据实际情况确定。对超过规定限额的农业生产取用水水资源税可按年征收。不能按固定期限计算纳税的，可以按次申报纳税。纳税人应当自纳税期满或者纳税义务发生之日起15日内申报纳税。

水资源税由生产经营所在地的主管税务机关征收管理，跨省（区、市）调度的水资源，由调入区域所在地的税务机关征收水资源税。在试点省份内取用水，其纳税地点需要调整的，由省级财政、税务部门决定。

第三节 国家（地区）比较

自然资源在全球分布具有不均衡性，因此每个国家都根据本国的资源状况建立起了适合本国国情的资源税费制度。学习和借鉴国外资源税费制度中的有益部分，有利于完善我国的资源税制度，充分发挥资源税的调节作用。

一、代表性国家（地区）资源税的税制安排

（一）美国

美国是世界上资源探明储量最丰富的国家之一，既是资源生产大国，也是资源消费大国。矿业是美国的基础性产业之一，在美国国民经济中占有重要的地位，其石油、煤炭、天然气、铁矿石、铜、铅、钼、铀、银等矿产产量位居世界前列。

美国的矿产资源税费体系较为完善。其资源税费体系以权利金为核心，主要由权利金、红利、矿地租金、开采税等构成，其中开采税与我国的资源税性质相近。由于美国是联邦制国家，通常情况下，各州及地方政府具有立法权，由州和地方政府根据资源分布特征自行制定资源税制。根据有关资料，美国有39个州设立资源类税费制度，其中资源开采税是其中的主要部分，它主要是指对石油、天然气、煤炭以及其他矿产资源等不可再生资源的开采、生产、销售行为课征资源税。在计税依据选择上，各州一般采用从价计征方式，辅之以从量计征的附加税。

由于各州资源禀赋特征不同，资源开采税对各州财政收入的贡献度有着较大差异，资源富集州（比如北达科他、怀俄明、阿拉斯加、新墨西哥等州）占比相对较高，不同年份资源产量、价格变化幅度较大，有些年份占比可达10%—20%，部分资源并不富集的州占比则在1%及以下。本部分列举了美国

若干州资源税主要课税对象的基本情况，具体见表7－2。

表7－2　　美国若干州资源税基本情况

州	主要课税资源对象
阿拉巴马州	铁矿石、林产品、石油天然气、煤炭、地方固体矿产（比如砂石等）、统一天然矿产等
阿拉斯加州	渔业资源、采矿许可、石油、三文鱼养殖、海产品资源、商业鱼种等
亚利桑那州	金属矿、非金属矿、木材等
阿肯色州	木材、石油、天然气等
加利福尼亚州	木材、石油、天然气等
科罗拉多州	煤炭、金属矿、油页岩等，对钼矿进行专门规定
佛罗里达州	石油、天然气和硫磺、固体矿产等，对磷矿进行专门规定
伊利诺伊州	木材、石油、天然气等
爱达荷州	采矿许可、石油、天然气等
印第安纳州	石油等

资料来源：https：//www. oecd. org/tax/tax－policy/tax－database/。

（二）加拿大

加拿大地域辽阔，矿产和森林、淡水资源丰富。资源工业是加拿大国民经济的支柱产业，包括矿业、能源业、林业、渔业等，自然资源对GDP的贡献率保持在13%—15%。

加拿大和美国一样属于联邦制国家，与这种分权体制相对应，其矿产资源管理权也由联邦和省区分享，其法律规定沿海大陆架、育空地区和西北等地的资源为联邦政府所有，其他矿产资源则归省区政府所有。

加拿大的矿产资源税费呈现以下特点：

1. 税费租并存，以权益金（或开采税）为主。总体来看，加拿大矿产资源税费涵盖矿业权取得、矿业权占用、矿产资源开采和矿产品销售等环节，主要以矿产品销售环节征收的权益金（或开采税）为核心。

2. 权益金（或开采税）计征基数多样，体现各矿种特点。对联邦、州或地区所有油气资源，主要按销售收入从价计征，有些州根据开采量和油气价格确定权益金（或开采税）率；对低价值的砂、石、粘土等，一般以从量计征为主；对黑色金属、有色金属、贵金属等，除西北地区、努纳武特地区、育空地区外，征收方式主要以混合型为主，即按销售收入和按利润征收相结合；对私人所有油气资源，按产量征收持有税；对土著居民保留土地上的油气资源，根据印第安油气法实行特别权益金协议。

3. 按利润计征的权益金一般都设置起征点。例如，当利润总额小于50万加元时，安大略省免征开采税。当产出价值小于1万加元时，西北地区及努勒维特地区和育空地区免征权益金。与此同时，曼尼托巴省、安大略省、西北地区及努勒维特地区和育空地区的权益金或开采税在计算应税利润收入时可以扣除经营成本、勘探开发成本、折旧补贴、利息费用、选冶补贴等（省或地区以外的勘查支出及利息支出除外）。

4. 考虑矿业产业特征，制定多样的优惠减免措施。加拿大矿产资源税费制度充分考虑矿业“三高一长”（高风险、高投资、高回报和长周期）的产业特征，实施一系列的税收优惠和激励措施，主要包括：对企业实行选冶补贴，鼓励企业进行矿产品深加工；实施折旧补贴，加速折旧，降低企业成本；实行投资抵税股政策，带动了大量的社会矿产勘查投入，降低企业的经营风险。

（三）俄罗斯

俄罗斯拥有世界上最广阔的土地资源，其矿产资源总量位居世界第二，是世界最大的矿产、能源生产大国，其他资源也非常丰富。

俄罗斯针对不同资源类型分别开征不同种类资源税，分别归属于联邦政府以及地方政府，主要包括：

1. 矿产资源开采税。该税种归属于联邦税，对持有地下资源使用权许可证从事矿产开采的组织和个人，就其在俄罗斯联邦境内开采地下资源、从采掘生产废料中提取矿物等生产经营行为，按照从价或从量进行计征。

2. 水资源税。该税种归属于联邦税，对按照俄联邦法规定获得水体使用许可的使用水体的组织和个人，就其从地表和地下水体取水、使用水体进行水力发电等生产经营行为，根据河水、湖水和海水和经济区域等不同类型分别适用不同标准，按照用水量以及定额税率进行课征。

3. 碳氢化合物原料额外收入税。碳氢化合物原料包括脱水、脱盐和稳定的石油、气体凝析油、可燃天然气。该税针对每个地下资源区块在开采碳氢化合物原料的额外收入额进行课征，计税依据为取得的收入和相关支出之间的差额。

4. 狩猎资源税。该税种对获得在俄罗斯联邦境内使用狩猎许可证的组织和个人，按照捕获的动物客体数量根据定额税率计征。

5. 地下资源使用税（费）。该税（费）对获得和行使地下资源使用权的组织和个人就其使用地下资源的面积、体积或数量，按照定额费率进行课征。

（四）巴西

巴西地处南美洲，自然资源极为丰富，以铁矿、水资源和森林资源闻名。该国的资源税（费）制度与其资源禀赋有着较强的相关性，主要针对石油、矿产以及水资源等课征。主要包括以下税种：

1. 矿产资源开采补偿费。该税（费）针对在巴西境内开采矿产资源的纳税人，就其销售收入从价计征。该项收入在联邦、矿产资源所在州、矿产资源所在地政府以及相关主体之间按照一定比例进行分配。

2. 油气开采资源税。该税针对在巴西境内从事油气勘探和开采的企业，就其销售收入从价计征。该项收入在联邦、油气资源所在州、油气资源所在地政府以及相关主体之间按照分享比例进行分配。

3. 水资源开发经济补偿费。该税（费）按照不同流域确定差异化税率标准，按照取水量、废水污染当量和排水量采取从量计征。

（五）国外资源税制课税特点与功能定位

从上述国家资源税制的运行情况来看，课税特点与功能定位主要包括以下几个方面：

1. 资源税征税范围与资源禀赋特征相适应。由于不同国家和地区资源禀赋各异，各国及所属各地区之间的资源税征收范围差异较大，各国普遍将石油、天然气等矿产资源作为主要课税对象，但除矿产资源外，许多国家将水资源也纳入征税范围，如俄罗斯、澳大利亚、荷兰等，其中包括地表水资源、地下水资源、水产资源等。此外，土地资源税、森林资源税等也越来越普遍地成为世界各国征收资源税的税种品目。

2. 资源税与费之间形成功能搭配。在各国资源税制实践中，国家和资源所有者、占有者之间形成不同的分配关系，有些以税收形式体现，有些则以使用费形式体现，二者相互搭配结合可以更好地发挥促进资源可持续发展的重要作用。

3. 资源税生态环保功能更加突出。资源税的征收目的是控制资源的过度利用，消除其负外部性，维护每个公民使用资源的权利。随着全球变暖等环境问题日益突出，各国通过资源税费制度设计更好地体现生态环保功能，针对不同种类资源储量及不同区域资源稀缺程度，设计差别化资源开采税，更加突出其环保功能，促进自然资源的合理开采和节约使用，以促进环境保护和生态平衡。

4. 资源税从价计征与从量计征并存。目前大部分国家资源税的计征方式为从价计征和从量计征相结合，一般以从价计征为主，从量计征方式为辅。实际上，从量征税和从价征税各有利弊。从量征税征管简便，税收收入不受价格波动的直接影响，但税负随资源价格的上升而下降，不利于低价矿产的开采；从价征税税负稳定，税收收入能够随资源价格的上升而同步增加，但征管相对复杂，需要核定价、量两个指标，容易引发压低应税价格的避税行为，在资源产品价格下跌时，会直接导致税收收入的下降。

二、借鉴和启示

各国资源税费制度中充分贯彻资源有偿使用原则、充分发挥资源税费的级差调节功能、充分维护国家作为资源所有者权益等理念应当为我国所借鉴，通过总结分析国际资源税费制度，对我国资源税改革有如下启示。

（一）立足我国资源禀赋现状，适当赋予地方一定税权

从资源大国的资源税费制度看，各国中央与地方政府权责相对明确，多数由中央政府通过制定全国性资源税法律保障宏观管理的权威性，由地方政府对资源开发直接管理。在一些联邦制国家中，州政府也具有相应的税收立法权，极大地调动地方政府管理的能动性和自觉性。权责明确的管理体制，不仅理顺了国家对矿产资源所有权的财产权益关系，也有利于各级政府科学规范管理，减少征收成本，提高征收效率。我国矿产资源的主要特点是分布广泛但不均衡，资源禀赋在不同的地区差异较大，很多矿产资源集中于中西部地区。这种资源状况决定了我国在统一税制的基础上需统筹考虑资源税分权，既要更好地健全地方税体系，便于地方因地制宜制定资源税政策，又要提升资源统筹使用效率。

（二）进一步扩大资源税的征税范围

世界主要资源国家资源税费的征收范围都普遍较广，如美国将森林、渔业资源等纳入征税范围，俄罗斯将土地、草原、森林、海洋、淡水和滩涂纳入征税范围，美国、俄罗斯、巴西、荷兰、法国、芬兰等国开征了水资源税。我国资源税改革和立法均在扩大资源税征税范围方面作出了积极探索，但与世界主

要资源国家相比仍然较窄。《资源税法》将资源税的征税范围表述为“开发应税资源”，为下一步扩大资源税征税范围提供了法律依据和空间，但目前列明的征收类别主要还是能源矿产、金属矿产、非金属矿产、水气矿产和盐五大类，以及对取用地表水或者地下水的单位和个人试点征收水资源税。为了更好地发挥资源税对自然资源的保护作用，如何积极稳妥地进一步扩大资源税的征税范围，值得我们深入研究。

（三）明确资源税的主体功能定位

从各国资源税费制度的发展趋势来看，充分发挥资源税费制度对于资源环境的保护作用，突出其绿色税制功能，已经成为各国的共同追求。通过使资源税的征税范围、计税依据、税额设计、税权划分统一于“节约资源，保护生态”的核心政策目标，突出可持续发展的要求，着重增强其调节力度，有利于避免资源税多重目标之间的相互矛盾，避免具体税制设计的各个方面“各自为政”、互相“掣肘”，避免税制过于复杂、税制运行成本过高。因此，我国的资源税在促进资源合理开发利用和保护生态环境等方面的作用和定位应当更加清晰，尤其应在生态环境保护上发挥更大的作用。

第四节 未来展望

党的二十大报告提出“积极稳妥推进碳达峰碳中和”“立足我国能源资源禀赋，坚持先立后破，有计划分步骤实施碳达峰行动”“深入推进能源革命，加强煤炭清洁高效利用”“加快规划建设新型能源体系”“积极参与应对气候变化全球治理”，资源税未来的改革方向应服务于“双碳”目标。

一、深化资源税税制改革

目前，我国资源税主要是以应税矿产资源为征税对象，森林、草原、滩涂等自然资源产权复杂，利用方式多样，现阶段对这些自然资源开征资源税条件尚不成熟。党的十八届三中全会提出“坚持使用资源付费和谁污染环境、谁破坏生态谁付费原则，将资源税逐步扩展到占用各种自然生态空间”，明确要求扩大资源税征税范围。党的十九届五中全会进一步提出“实施国家节水行动，建立水资源刚性约束机制。提高海洋资源、矿产资源开发保护水平。完善资源价格形成机制”。现阶段我国已经对水资源进行试点征税，下一步将扩围至全国。随着社会经济发展和环境保护的进一步加强，待条件成熟后，可研究将其他自然资源逐步纳入征税范围。

二、强化资源税征管协作机制

资源税征收管理离不开自然资源等专业部门的协作配合，要充分借助自然资源等相关部门和矿业、煤炭等行业协会的管理经验和专业技术，完善多部门良性互动、多主体共同参与、多手段综合运用的征管协作机制，在减免税管理、信息共享等方面形成有效的工作配合，提升税种治理效能。同时深化部门间信息共享机制，扩大数据共享范围，细化共享数据内容、数据口径、获取频率、获取方式等，建立共享标准，为进一步提高征管效率以及推动未来多部门合作法制化进程提供经验。

三、完善我国资源税费制度

资源税作用的充分发挥，离不开资源领域的其他配套制度和配套改革。为更好地发挥矿产资源税费制度对维护国家权益、调节资源收益、筹集财政收入的重要作用，推进生态文明领域国家治理体系和治理能力现代化，2017 年 4 月 13 日，国务院印发了《矿产资源权益金制度改革方案》，将资源税纳入矿产资源权益金制度的总体框架内，与矿业权出让收益、矿业权占用费、矿山环境恢复治理基金等税费制度统筹考虑。如何进一步完善资源税费征收制度，健全矿产资源税费体系，充分运用税费政策等宏观经济杠杆，推进我国矿产资源的可持续发展，保障我国经济高质量发展，值得我们不断深入研究和探索。

本章思考题

1. 资源税的计税方法有哪些？
2. 水资源税的税收优惠有哪些？
3. 通过对国外资源税征收情况的了解，谈谈你对我国下一步资源税改革的看法。

第八章 环境保护税

【学习目标】本章系统阐述环境保护税的基础理论、历史沿革、现行税制要素、国家（地区）比较以及改革发展方向等相关内容。通过本章学习，掌握环境保护税的基本概念、功能定位，掌握环境保护税的基本税制要素，了解代表性国家及地区环境保护税的制度安排，了解我国环境保护税的改革方向。

党的十八大以来，以习近平同志为核心的党中央高度重视生态环境保护工作。党的十八届三中、四中全会明确提出："推动环境保护费改税""用严格的法律制度保护生态环境"。在此背景下，环境保护税作为我国第一部专门体现绿色税制、推进生态文明建设的税种，于 2018 年 1 月 1 日正式开征。

第一节 基础理论

环境保护税是基于环境保护的目的而开征的税种。

一、基本概念

环境保护税，又称环境税、生态税、绿色税。《IBFD 国际税收辞汇（第 7 版）》认为，环境保护税是"对排放污染物的纳税人征收的税收，对环境保护或防止污染的纳税人实施的税收减免，是与节约资源和保护环境有关税收的总称"。欧盟统计局认为环境保护税是"针对某种会对环境造成特定负面影响的物质所征收的税收"。

目前无论在理论上还是实践中，国际上尚未形成一个公认的定义。一般而言，环境税有广义和狭义之分。广义的环境税是指所有基于环境保护目的而征收的税收以及所采用的相关税收措施。经济合作与发展组织（OECD）对环境相关税收（Environmentally Related Taxes）定义如下："政府征收的具有强制性、无偿性，针对特别的与环境相关税基的任何税收，相关税基包括能源产品、机动车、废弃物、测量或估算的污染物排放、自然资源等。税种具有无偿性，即政府为纳税人提供的利益与纳税人缴纳的税款之间没有对应关系。”我国的资源税和消费税由于具有环境保护功能，也属于广义上的环境税。

狭义的环境税是与生态环境保护密切相关的独立税种，保护环境是其主要政策目标，其调控范围相对较窄，主要针对某种在使用或排放时会对环境造成特定负面影响的单位物质所征收的税，典型的如各种排污税（排污费）。根据具体征税对象的不同，有大气污染税、二氧化硫税、氮税、废水税、垃圾税、噪声税等税种。我国 2018 年开征的“环境保护税”是独立税种，属于狭义的环境税概念。

二、课税原则

环境保护税的征收主要体现效率原则，旨在通过运用税收政策工具解决环境污染的外部性问题，以实现可持续发展。本节对其课税原则的介绍主要基于基础理论对效率原则进行展开。

（一）外部性理论

环境税发端于外部不经济内部化为目的的政府干预论。剑桥大学教授庇古在 1920 年出版的《福利经济学》中提出负外部性理论。他认为，现代社会中边际私人生产量与边际社会生产量往往相背离，因此政府应以边际私人生产量和边际社会生产量的偏差为背景，向导致产生偏差的企业征收环境税。

庇古认为，市场经济运行中，因为自然环境提供的服务不能由市场进行交易，所以市场机制无法对经济运行主体在生产和消费过程中可能产生的副产品（环境污染和生态破坏作用）产生作用。这种以危害自然为表现形式的外部性成本发生在市场之外，庇古称之为“负外部性”。即经济活动的外部性产生了但没有反映社会成本和未来成本，价格也不能真正反映使用环境资源的社会边际成本。为了克服这种“负外部性”所导致的边际私人成本和边际社会成本之间的差异，政府应当实行干预措施，即通过政府征税来调节环境资源的负外部性，从而把污染者的外部性成本内在化。如果这种税收的收入恰好等于排污造成的边际环境损失，那么就可以将社会性的环境成本内化到生产行为或消费行为之中，通过经济行为主体成本收益结构的变化，形成有效的减排激励。

（二）污染者负担理论

随着资源环境问题的日益凸显，庇古税收原理得到极大的重视和发展，并且在 OECD 一些成员国实践中被广泛应用。这一政策实践形成了各国税收政策的基石，也就是污染者负担原则（Polluter Pays Principle，PPP）。1972 年 OECD 提出，污染者必须承担消减污染措施的费用。这种措施由公共机构决定，并能保持环境处于一种“可接受状态”。1974 年 OECD 又提出无补贴原则，要求污染者承担采取污染控制和治理的全部费用，污染环境、浪费资源的生产和产品必然成本要高，体现出市场经济的竞争公平性。

（三）双重红利理论

环境税的“双重红利”理论最早可以追溯到 20 世纪 80 年代的德国，当时德国面临严重的环境问题和失业问题。环境和就业对每个社会来说都至关重要，有人认为环境税可以同时解决这两个问题。这就是环境税的“双重红利”理论的雏形。

20 世纪 90 年代初，皮尔斯（David W. Pearce，1991）对碳税的分析中首先提出了环境税“双重红利”（Double Dividend）的理论，认为二氧化碳税收入可以被用来降低现有税收的税率。

根据“双重红利”理论，环境税的开征可以有效地抑制环境污染，从而实现改善环境的目的。这就是所谓的环境税第一红利即“绿色红利”。如果以开征环境税为契机，对包含环境税在内的税收体系进行结构性调整，甚至在政府支出方面也作出相应调整，那么环境税将有可能在改善环境质量的同时，进一步发挥促进就业、增加产出、优化分配、调整结构、提高效率的作用，从而使得社会获得所谓的第二红利，即“蓝色红利”。

按照“双重红利”理论，针对环境破坏行为的税收不仅不会扭曲经济决策，而且可以纠正现有的经济扭曲。对导致环境污染的行为进行征税，不仅比针对生产增值或收入征税更有效率，而且可以创设一个能够支持经济可持续发展的财政体制，同时改善环境品质和提高人们的生活标准。

三、功能定位

我国的环境保护税作为绿色税种，除具有组织财政收入这一税收基本职能外，还具有推动绿色发展、改进经济效率等“绿色职能”。

（一）推动绿色发展

党的十八大以来，以习近平同志为核心的党中央把生态文明建设摆在全局工作的突出位置，全面加强生态文明建设，一体治理山水林田湖草沙，开展了一系列根本性、开创性、长远性工作，决心之大、力度之大、成效之大前所未有，生态文明建设从认识到实践都发生了历史性、转折性、全局性的变化。党的二十大报告指出，中国式现代化是人与自然和谐共生的现代化，人与自然是生命共同体，无止境地向自然索取甚至破坏自然必然会遭到大自然的报复，坚持节约优先、保护优先、自然恢复为主的方针，像保护眼睛一样保护自然和生态环境，坚定不移走生产发展、生活富裕、生态良好的文明发展道路，实现中华民族永续发展。《中华人民共和国环境保护税法》（以下简称《环境保护税法》）是我国第一部专门体现绿色税制、推进生态文明建设的单行税法，其第一条开宗明义指出立法目的是“保护和改善环境，减少污染物排放，推进生态文明建设”。环境保护税的开征对贯彻落实习近平生态文明思想，坚持新发展理念，建设社会主义生态文明，推进人与自然和谐共生具有重要意义。

（二）改进经济效率

环境保护税可通过价格信号引导资源配置以改进经济效率，主要体现在三个方面：一是纠正环境资源配置中的市场失灵，提升低污染市场主体的竞争力，引导经济资源向低污染产业聚集，最终提升经济效率和绿色发展水平。二是通过“多排多征、少排少征、不排不征”的税制设计，使得污染者须付出额外经济代价，促使其进行技术创新，加大环保投入，以实现企业少缴税，环境得改善的双赢，最终提升生态质量。三是衍生出环境治理等绿色产业并创造相应的绿色就业岗位，推动经济以产出增长为中心转化为以绿色就业增长为中心。

（三）组织财政收入

征收环境保护税可直接取得财政收入，直接或间接为环境保护筹集资金，这一功能也最易被政府所接受。环境保护税的筹集财政收入功能在 OECD 的一些成员国中表现特别明显。我国环境保护税开征后，自 2019 年起，其税收收入规模维持在 200 亿元左右，占一般公共预算收入比重的 1‰左右。因地方政府主要承担污染治理职能，国务院规定环境保护税全部作为地方收入，虽然环境保护税占税收收入的比重较低，但其作为地方收入可被直接用于生态环境治理，有利于调动地方政府保护和改善环境、增加环境保护投入的积极性。

第二节 基本实践

一、历史沿革

我国环境保护税源于排污收费制度，以排污收费制度为基础进行税制设计，故而对环境保护税历史沿革的介绍包含排污费和环境保护税两个阶段。

（一）排污费

1979 年 9 月，《中华人民共和国环境保护法（试行）》正式施行，该法第十八条规定“超过国家规定的标准排放污染物，要按照排放污染物的数量和浓度，根据规定收取排污费”。[①] 这为排污费征收提供了法律依据。当月，江苏省苏州市率先试点开征排污费。1982 年 2 月，国务院发布《征收排污费暂行办法》，自 1982 年 7 月 1 日起全国施行，排污费制度正式建立。

随着社会经济持续发展，环境污染问题逐渐加重，排污费征收使用管理中存在的问题日趋突出，在前期试点的基础上，2002 年 1 月 30 日，国务院颁布《排污费征收使用管理条例》，自 2003 年 7 月 1 日起施行，该条例对排污费制度进行了完善。《排污费征收使用管理条例》实现了以下转变：由超标收费转变为排污即收费和超标收费并行，由浓度收费转变为浓度、总量收费，由单因子收费转变为多因子收费，由高于污染治理设施的运行成本收费向逐步高于治理成本收费转变。

（二）环境保护税

2014—2015 年，《政府工作报告》连续两年提出要做好环境保护税相关立法工作。《中央全面深化改革领导小组 2015 年工作要点》提出“制定出台环境保护税法”。国务院 2015 年立法工作计划将制定环境保护税法列为“全面深化改革和全面依法治国急需的项目”。国务院 2016 年立法工作计划将“提请审议环境保护税法草案”列为“力争年内完成的项目”。

2016 年 12 月，第十二届全国人民代表大会常务委员会第二十五次会议审

---

① 依据 2014 年 4 月修订的《中华人民共和国环境保护法》第四十三条，排放污染物的企业事业单位和其他生产经营者，应当按照国家有关规定缴纳排污费。排污费应当全部专项用于环境污染防治，任何单位和个人不得截留、挤占或者挪作他用。依照法律规定征收环境保护税的，不再征收排污费。

议通过《环境保护税法》，于 2018 年 1 月 1 日正式施行。与之相配套，2017 年，国务院公布《中华人民共和国环境保护税法实施条例》，国家税务总局和国家海洋局发布《海洋工程环境保护税申报征收办法》（国家税务总局公告 2017 年第 50 号），环境保护部发布《关于发布计算污染物排放量的排污系数和物料衡算方法的公告》（环境保护部公告 2017 年第 81 号），环境保护税税制体系基本形成。

《环境保护税法》正式施行后，为解决污染物监测、应税污染物确定等问题，财政部、国家税务总局和生态环境部于 2018 年先后发布《财政部 税务总局 生态环境部关于环境保护税有关问题的通知》（财税〔2018〕23 号）、《财政部 税务总局 生态环境部关于明确环境保护税应税污染物适用等有关问题的通知》（财税〔2018〕117 号）两个文件，环境保护税税制体系持续完善。

2021 年 4 月，财政部、国家税务总局、生态环境部制发《关于发布计算环境保护税应税污染物排放量的排污系数和物料衡算方法的公告》（生态环境部 财政部 税务总局公告 2021 年第 16 号），排污系数和物料衡算方法获得更新。2021 年 6 月，生态环境部制发《关于发布〈排放源统计调查产排污核算方法和系数手册〉的公告》（生态环境部公告 2021 年第 24 号），将第二次全国污染源普查结果用于环境保护税税额计算，环境保护税税制体系进一步完善。

（三）环境保护税与排污费比较分析

环境保护税与排污费相比，主要有以下四点不同：一是法律位阶不同。《排污费征收使用管理条例》以国务院令的形式公布施行，属于行政法规的范畴，《环境保护税法》以法律的形式公布施行，法律位阶更高，征收和使用都更为规范。二是收入级次不同。排污费收入实行中央和地方 1∶9 分成模式，为促进地方保护和改善环境，增加环境保护投入，国务院规定环境保护税全部属于地方收入。三是征收主体不同。排污费由环境保护主管部门负责征收，环境保护税则由税务机关负责征收。四是减排优惠不同。排污费对排放浓度值低于国家和地方规定的排放浓度 50% 以上的减征 50% 。在此基础上，环境保护税新增一档低于国家和地方规定的标准浓度 30% 以上的减征 25% 的优惠规定。此外，环境保护税还针对特定情形给予暂免征税的优惠。

二、税制要素

（一）纳税人

环境保护税的纳税人，是指在中华人民共和国领域和中华人民共和国管辖的其他海域，直接向环境排放应税污染物的企业事业单位和其他生产经营者。环境保护税属于行为税，因此，可从排污主体和排污行为两方面去判定环境保护税的纳税人。

一是排污主体。缴纳环境保护税的排污主体是企业事业单位和其他生产经营者，排放生活污水和垃圾的居民个人不需要缴纳环境保护税，政府机关也不属于环境保护税纳税人。

二是排污行为。直接向环境排放应税污染物的，需要缴纳环境保护税，间接向环境排放应税污染物的，不需要缴纳环境保护税。因此，向污水集中处理、生活垃圾集中处理场所排放应税污染物的，或者在符合环境保护标准的设施、场所贮存或者处置固体废物的，或者对畜禽养殖废弃物进行综合利用和无害化处理的，不属于直接向环境排放污染物，不需要缴纳环境保护税。

（二）征税对象

环境保护税的征税对象为应税污染物，具体分为大气污染物、水污染物、固体废物和噪声四大类。

应税大气污染物包括二氧化硫、氮氧化物等44种主要大气污染物。燃烧产生废气中的颗粒物，按照烟尘征收环境保护税。排放的扬尘、工业粉尘等颗粒物，除可以确定为烟尘、石棉尘、玻璃棉尘、炭黑尘外，按照一般性粉尘征收环境保护税。

应税水污染物，包括总汞、总镉、总铬等10种第一类水污染物，悬浮物、化学需氧量、氨氮、pH值、色度、大肠菌群数、余氯量等55种其他水污染物。

应税固体废物包括煤矸石、尾矿、危险废物、冶炼渣、粉煤灰、炉渣以及其他固体废物（含半固态、液态废物），其他固体废物的具体范围授权由各省、自治区、直辖市人民政府确定。目前，湖北、重庆等地根据此款授权规定，将磷石膏等其他固体废物纳入环境保护税征税对象。

应税噪声仅指工业噪声，是在工业生产中使用固定设备时产生的，超过国家规定噪声排放标准的声音，不包括建筑噪声、交通噪声等其他噪声。

以上四类污染物是影响环境的最主要污染物，符合国际上征收环境税的一般惯例，在环境保护费改税前，排污费的征收对象也是这四类污染物，税目平移确保了税法平稳实施。

（三）计税依据

环境保护税应税污染物的计税依据，按照如下方法确定，应税大气污染物和水污染物按照污染物排放量折合的污染当量数确定，应税固体废物按照固体废物的排放量确定，应税噪声按照超过国家规定标准的分贝数确定。

1. 应税污染物排放量确定。

应税大气污染物、水污染物、固体废物的排放量和噪声的分贝数，按照下列方法和顺序计算：

（1）纳税人安装使用符合国家规定和监测规范的污染物自动监测设备的，按照污染物自动监测数据计算；

（2）纳税人未安装使用污染物自动监测设备的，按照监测机构出具的符合国家有关规定和监测规范的监测数据计算；

（3）因排放污染物种类多等原因不具备监测条件的，按照国务院生态环境主管部门规定的排污系数、物料衡算方法计算；

（4）不能按照第（1）项至第（3）项规定的方法计算的，按照省、自治区、直辖市人民政府生态环境主管部门规定的抽样测算的方法核定计算。

此外，纳税人有下列情形之一的，以其当期应税大气污染物、水污染物的产生量作为污染物的排放量：一是未依法安装使用污染物自动监测设备或者未将污染物自动监测设备与环境保护主管部门的监控设备联网；二是损毁或者擅自移动、改变污染物自动监测设备；三是篡改、伪造污染物监测数据；四是通过暗管、渗井、渗坑、灌注或者稀释排放以及不正常运行防治污染设施等方式违法排放应税污染物；五是进行虚假纳税申报。

应税固体废物的计税依据，按照固体废物的排放量确定。固体废物的排放量为当期应税固体废物的产生量减去当期应税固体废物的贮存量、处置量、综合利用量的余额。固体废物的贮存量、处置量，是指在符合国家和地方环境保护标准的设施、场所贮存或者处置的固体废物数量；固体废物的综合利用量，是指按照国务院发展改革、工业和信息化主管部门关于资源综合利用要求以及国家和地方环境保护标准进行综合利用的固体废物数量。若纳税人非法倾倒应税固体废物或者进行虚假纳税申报，以其当期应税固体废物的产生量作为固体废物的排放量。

2. 污染当量值的概念。

污染当量值是用于衡量大气污染物和水污染物对人体和环境造成的危害程度的指标，污染当量值越低，危害越大。以水污染物为例，将排放1千克的化学需氧量所造成的环境危害作为基准，设定为1个污染当量，将排放其他水污染物造成的环境危害与其进行比较，设定相当的量值。每种应税大气污染物、水污染物的具体污染当量值，依照《环境保护税法》所附的《应税污染物和当量值表》执行（见表8-1）。

表8-1　　应税污染物和当量值表

第一类水污染物污染当量值		
污染物	污染当量值/千克	
1. 总汞	0.0005	
2. 总镉	0.005	
3. 总铬	0.04	
4. 六价铬	0.02	
5. 总砷	0.02	
6. 总铅	0.025	
7. 总镍	0.025	
8. 苯并（a）芘	0.0000003	
9. 总铍	0.01	
10. 总银	0.02	
第二类水污染物污染当量值		
污染物	污染当量值/千克	备注
11. 悬浮物（SS）	4	
12. 生化需氧量（BOD_5）	0.5	同一排放口中的化学需氧量、生化需氧量和总有机碳，只征收一项
13. 化学需氧量（CODcr）	1	
14. 总有机碳（TOC）	0.49	
15. 石油类	0.1	
16. 动植物油	0.16	
17. 挥发酚	0.08	
18. 总氰化物	0.05	
19. 硫化物	0.125	
20. 氨氮	0.8	

续表

第二类水污染物污染当量值		
污染物	污染当量值/千克	备注
21. 氟化物	0. 5	
22. 甲醛	0. 125	
23. 苯胺类	0. 2	
24. 硝基苯类	0. 2	
25. 阴离子表面活性剂（LAS）	0. 2	
26. 总铜	0. 1	
27. 总锌	0. 2	
28. 总锰	0. 2	
29. 彩色显影剂（CD-2）	0. 2	
30. 总磷	0. 25	
31. 单质磷（以P计）	0. 05	
32. 有机磷农药（以P计）	0. 05	
33. 乐果	0. 05	
34. 甲基对硫磷	0. 05	
35. 马拉硫磷	0. 05	
36. 对硫磷	0. 05	
37. 五氯酚及五氯酚钠（以五氯酚计）	0. 25	
38. 三氯甲烷	0. 04	
39. 可吸附有机卤化物（AOX）（以Cl计）	0. 25	
40. 四氯化碳	0. 04	
41. 三氯乙烯	0. 04	
42. 四氯乙烯	0. 04	
43. 苯	0. 02	
44. 甲苯	0. 02	
45. 乙苯	0. 02	
46. 邻-二甲苯	0. 02	
47. 对-二甲苯	0. 02	
48. 间-二甲苯	0. 02	
49. 氯苯	0. 02	
50. 邻二氯苯	0. 02	
51. 对二氯苯	0. 02	

续表

第二类水污染物污染当量值		
污染物	污染当量值/千克	备注
52. 对硝基氯苯	0.02	
53. 2，4-二硝基氯苯	0.02	
54. 苯酚	0.02	
55. 间-甲酚	0.02	
56. 2，4-二氯酚	0.02	
57. 2，4，6-三氯酚	0.02	
58. 邻苯二甲酸二丁酯	0.02	
59. 邻苯二甲酸二辛酯	0.02	
60. 丙烯腈	0.125	
61. 总硒	0.02	

pH值、色度、大肠菌群数、余氯量水污染物污染当量值			
污染物		污染当量值	备注
1. pH值	（1）0—1，13—14	0.06 吨污水	pH值5—6指大于等于5，小于6； pH值9—10指大于9，小于等于10，其余类推
	（2）1—2，12—13	0.125 吨污水	
	（3）2—3，11—12	0.25 吨污水	
	（4）3—4，10—11	0.5 吨污水	
	（5）4—5，9—10	1 吨污水	
	（6）5—6	5 吨污水	
2. 色度		5 吨水·倍	
3. 大肠菌群数（超标）		3.3 吨污水	大肠菌群数和余氯量只征收一项
4. 余氯量（用氯消毒的医院废水）		3.3 吨污水	

禽畜养殖业、小型企业和第三产业水污染物污染当量值			
类型		污染当量值	备注
禽畜养殖场	1. 牛	0.1 头	仅对存栏规模大于50头牛、500头猪、5000羽鸡鸭等的禽畜养殖场征收
	2. 猪	1 头	
	3. 鸡、鸭等家禽	30 羽	
4. 小型企业		1.8 吨污水	
5. 饮食娱乐服务业		0.5 吨污水	

续表

禽畜养殖业、小型企业和第三产业水污染物污染当量值			
类型		污染当量值	备注
6. 医院	消毒	0.14 床	医院病床数大于 20 张的按照本表计算污染当量数
		2.8 吨污水	
	不消毒	0.07 床	
		1.4 吨污水	

注：本表仅适用于计算无法进行实际监测或者物料衡算的禽畜养殖业、小型企业和第三产业等小型排污者的水污染物污染当量数。

大气污染物污染当量值	
污染物	污染当量值/千克
1. 二氧化硫	0.95
2. 氮氧化物	0.95
3. 一氧化碳	16.7
4. 氯气	0.34
5. 氯化氢	10.75
6. 氟化物	0.87
7. 氰化氢	0.005
8. 硫酸雾	0.6
9. 铬酸雾	0.0007
10. 汞及其化合物	0.0001
11. 一般性粉尘	4
12. 石棉尘	0.53
13. 玻璃棉尘	2.13
14. 碳黑尘	0.59
15. 铅及其化合物	0.02
16. 镉及其化合物	0.03
17. 铍及其化合物	0.0004
18. 镍及其化合物	0.13
19. 锡及其化合物	0.27
20. 烟尘	2.18
21. 苯	0.05
22. 甲苯	0.18

续表

大气污染物污染当量值	
污染物	污染当量值/千克
23. 二甲苯	0.27
24. 苯并（a）芘	0.000002
25. 甲醛	0.09
26. 乙醛	0.45
27. 丙烯醛	0.06
28. 甲醇	0.67
29. 酚类	0.35
30. 沥青烟	0.19
31. 苯胺类	0.21
32. 氯苯类	0.72
33. 硝基苯	0.17
34. 丙烯腈	0.22
35. 氯乙烯	0.55
36. 光气	0.04
37. 硫化氢	0.29
38. 氨	9.09
39. 三甲胺	0.32
40. 甲硫醇	0.04
41. 甲硫醚	0.28
42. 二甲二硫	0.28
43. 苯乙烯	25
44. 二硫化碳	20

3. 污染当量数的确定。

应税大气污染物、水污染物的污染当量数，以该污染物的排放量除以该污染物的污染当量值计算。

同一排放口可能存在多种污染物，但并非所有污染物均须缴税。每一排放口或者没有排放口的应税大气污染物，按照污染当量数从大到小排序，对前三项污染物征收环境保护税。每一排放口的应税水污染物，按照《环境保护税法》所附《应税污染物和当量值表》，区分第一类水污染物和其他类水污染物，按照污染当量数从大到小排序，对第一类水污染物按照前五项征收环境保护税，对其他类水污染物按照前三项征收环境保护税。

《环境保护税法》还授权省、自治区、直辖市人民政府根据本地区污染物减排的特殊需要，可以增加同一排放口征收环境保护税的应税污染物项目数，报同级人民代表大会常务委员会决定，并报全国人民代表大会常务委员会和国务院备案。

延伸阅读

水污染物的几项特殊规定

水污染物中有几类应税污染物是“互斥”的。一是同一排放口中的化学需氧量、生化需氧量和总有机碳，只征收一项。二是同一排放口同时存在六价铬和总铬两种污染物时，仅按污染当量数大的一项征收。三是对于大肠菌群数（超标）和余氯量，只征收一项。此外，“pH 值”、“色度”、“大肠菌群数”和“余氯量”均为超标才征收的项目。其中：“色度”的污染当量数以污水排放量乘以色度超标倍数再除以污染当量值计算，色度超标倍数指的是色度超过排污单位执行的污水排放标准中载明的标准的倍数；“pH 值”、“大肠菌群数”和“余氯量”的污染当量数，以超标污水的排放量除以污染当量值计算。

（四）税率和应纳税额计算

应税大气污染物的应纳税额为污染当量数乘以具体适用税额；

应税水污染物的应纳税额为污染当量数乘以具体适用税额；

应税固体废物的应纳税额为固体废物排放量乘以具体适用税额；

应税噪声的应纳税额为超过国家规定标准的分贝数对应的具体适用税额。

环境保护税税率实行法定税率和授权制定税率相结合的方式。应税固体废物和噪声的税率由《环境保护税法》规定，应税水污染物、大气污染物的税率实行“国家定底线，地方可上浮”的动态税额调整机制，授权省、自治区、直辖市人民政府统筹考虑本地区环境承载能力、污染物排放现状和经济社会生态发展目标要求，在应税大气污染物每污染当量 1.2—12 元以及应税水污染物每污染当量 1.4—14 元的税率幅度内提出本地区具体适用税率，报同级人民代表大会常务委员会决定，并报全国人民代表大会常务委员会和国务院备案。具体税率可参见《环境保护税税目税额表》（见表 8 - 2）。

表 8－2　环境保护税税目税额表

<table>
<tr><th colspan="2">税目</th><th>计税单位</th><th>税额</th><th>备注</th></tr>
<tr><td colspan="2">大气污染物</td><td>每污染当量</td><td>1.2 元—12 元</td><td></td></tr>
<tr><td colspan="2">水污染物</td><td>每污染当量</td><td>1.4 元—14 元</td><td></td></tr>
<tr><td rowspan="4">固体废物</td><td>煤矸石</td><td>每吨</td><td>5 元</td><td rowspan="4"></td></tr>
<tr><td>尾矿</td><td>每吨</td><td>15 元</td></tr>
<tr><td>危险废物</td><td>每吨</td><td>1000 元</td></tr>
<tr><td>冶炼渣、粉煤灰、炉渣、其他固体废物（含半固态、液态废物）</td><td>每吨</td><td>25 元</td></tr>
<tr><td rowspan="6">噪声</td><td rowspan="6">工业噪声</td><td>超标 1—3 分贝</td><td>每月 350 元</td><td rowspan="6">1. 一个单位边界上有多处噪声超标，根据最高一处超标声级计算应纳税额；当沿边界长度超过 100 米有两处以上噪声超标，按照两个单位计算应纳税额。
2. 一个单位有不同地点作业场所的，应当分别计算应纳税额，合并计征。
3. 昼、夜均超标的环境噪声，昼、夜分别计算应纳税额，累计计征。
4. 声源一个月内超标不足 15 天的，减半计算应纳税额。
5. 夜间频繁突发和夜间偶然突发厂界超标噪声，按等效声级和峰值噪声两种指标中超标分贝值高的一项计算应纳税额</td></tr>
<tr><td>超标 4—6 分贝</td><td>每月 700 元</td></tr>
<tr><td>超标 7—9 分贝</td><td>每月 1400 元</td></tr>
<tr><td>超标 10—12 分贝</td><td>每月 2800 元</td></tr>
<tr><td>超标 13—15 分贝</td><td>每月 5600 元</td></tr>
<tr><td>超标 16 分贝以上</td><td>每月 11200 元</td></tr>
</table>

【案例 8－1】环境保护税应纳税额的计算

某水泥生产企业有一个废气排放口和一个废水排放口，采用委托第三方监测机构的方法进行监测。监测数据显示，2023 年 1 月，该企业共排放废气 3000 万立方米，废水 1000 万升。其中应税大气污染物浓度分别为：一般性粉尘每立方米 40 毫克，二氧化硫每立方米 200 毫克，汞每立方米 0.1 毫克，氮氧化物每立方米 150 毫克。应税水污染物浓度分别为：氟化物每升 20 毫克，总磷每升 10 毫克，悬浮物每升 100 毫克。该企业所在省份应税大气污染物、水污染物税额标准分别为每污染当量3.9元、2.8元，那么该企业2023年1月应缴多少环境保护税（不考虑优惠因素）?

【解析】确定应税污染物计量方式：委托监测法

确定应税污染物：大气污染物：一般性粉尘、二氧化硫、汞、氮氧化物。水污染物：氟化物、总磷、悬浮物。

一、确定计税依据

（一）大气污染物

1. 应税大气污染物排放量

一般性粉尘 = 3000万立方米 × 40毫克/立方米 ÷ 100 = 1200（千克）

二氧化硫 = 3000万立方米 × 200毫克/立方米 ÷ 100 = 6000（千克）

汞 = 3000万立方米 × 0.1毫克/立方米 ÷ 100 = 3（千克）

氮氧化物 = 3000万立方米 × 150毫克/立方米 ÷ 100 = 4500（千克）

2. 污染当量数

一般性粉尘 = 1200 ÷ 4 = 300

二氧化硫 = 6000 ÷ 0.95 = 6315.8

汞 = 3 ÷ 0.0001 = 30000

氮氧化物 = 4500 ÷ 0.95 = 4736.8

3. 同一排放口应税大气污染物污染当量数排序：汞 > 二氧化硫 > 氮氧化物 > 一般性粉尘，对前三项污染物征收环境保护税。

污染当量数合计 = 30000 + 6315.8 + 4736.8 = 41052.6

（二）水污染物

1. 应税水污染物排放量

氟化物 = 1000万升 × 20毫克/升 ÷ 100 = 200（千克）

总磷 = 1000万升 × 10毫克/升 ÷ 100 = 100（千克）

悬浮物 = 1000万升 × 100毫克/升 ÷ 1000 = 1000（千克）

2. 污染当量数

氟化物 = 200 ÷ 0.5 = 400

总磷 = 100 ÷ 0.25 = 400

悬浮物 = 1000 ÷ 4 = 250

同一排放口应税水污染物污染当量数排序，对其他类水污染物按照前三项征收环境保护税。

3. 污染当量数合计 = 400 + 400 + 250 = 1050

二、计算应纳税额

环境保护税应纳税额 = 41052.6 × 3.9 + 1050 × 2.8 = 163045.14（元）

（五）纳税义务发生时间和纳税期限

环境保护税纳税义务发生时间为纳税人排放应税污染物的当日。

环境保护税按月计算，按季申报缴纳。不能按固定期限计算缴纳的，可以按次申报缴纳。纳税人按季申报缴纳的，应当自季度终了之日起15日内，向税务机关办理纳税申报并缴纳税款。

纳税人按次申报缴纳的，应当自纳税义务发生之日起15日内，向税务机关办理纳税申报并缴纳税款。

（六）纳税地点

纳税人应当向应税污染物排放地的税务机关申报缴纳环境保护税。其中，应税大气污染物、水污染物排放口所在地为其应税污染物排放地，应税固体废物、应税噪声产生地为其应税污染物的排放地。

（七）税收优惠

环境保护税税收优惠包括两类：一类是针对特定情形的暂予免税优惠，另一类是对低于标准排放的减税优惠。

1. 暂予免征环境保护税的情形。

一是农业生产（不包括规模化养殖）排放应税污染物的；二是机动车、铁路机车、非道路移动机械、船舶和航空器等流动污染源排放应税污染物的；三是依法设立的城乡污水集中处理、生活垃圾集中处理场所排放相应应税污染物，不超过国家和地方规定的排放标准的；四是纳税人综合利用的固体废物，符合国家和地方环境保护标准的；五是国务院批准免税的其他情形，由国务院报全国人民代表大会常务委员会备案。

2. 减征环境保护税情形。

一是当纳税人排放应税大气污染物或者水污染物的浓度值低于国家和地方规定的污染物排放标准30%的，减按75%缴纳环境保护税；二是当纳税人排放应税大气污染物或者水污染物的浓度值低于国家和地方规定的污染物排放标准50%的，减按50%征收环境保护税。

延伸阅读

污水处理和生活垃圾处理场所税收减免的相关规定

对依法设立的城乡污水集中处理、生活垃圾集中处理场所暂予免税的原因在于：一是城乡污水和生活垃圾处理场所主要治理居民个人的生活污水和生活垃圾，这部分污染物不负有纳税义务；二是城乡污水和生活垃圾处理场所承担的公共服务职能，主要靠财政资金运营；三是目前许多城乡污水、生活垃圾集中处理场所运营较为困难。综合考虑，为减轻城乡污水、生活垃圾集中处理场所的运营负担，调动其不断改进治污工艺和技术水平、减少污染物排放的积极性，税法规定对其暂免征收环境保护税。但同时附加一个条件，即不得超过国家和地方规定的排放标准；凡超过规定排放标准的，应照章征税。

工业污水集中处理场所与城乡污水集中处理场所的性质不同。工业污水集中处理场所服务对象是工业企业，属于民事委托关系，主要治理负有纳税义务的生产经营污水。如对工业污水集中处理场所达标排放不征税，而对企业自行处理污水达标排放征收环境保护税，有失公平。为此，《中华人民共和国环境保护税法实施条例》规定对工业污水集中处理场所不享受达标排放免税的优惠。

即：

工业污水集中处理场所——征税。

城乡污水集中处理场所，达标排放——免税；超标排放——征税。

三、税收征管

《环境保护税法》是我国第一部明确写入部门涉税信息共享和工作配合机制内容的单行税法，明确建立地方政府领导下的多部门征管协作机制，按照部门职责分工，认真履行环境保护税征收管理各项职责，切实发挥征管协作机制作用。据此，环境保护税法确立了“税务征管、企业申报、环保监测、信息共享、协作共治”的征管模式，税务部门和生态环境主管部门精诚共治，紧密合作，构建了协作治税的税收征管新格局，进入了税收参与生态环境治理的新阶段。

税务机关依法履行环境保护税纳税申报受理、涉税信息比对、组织税款入库等职责。生态环境主管部门依照《环境保护税法》和有关环境保护法律法规的规定负责应税污染物监测管理，制定和完善污染物监测规范。县级以上地方人民政府应当建立税务机关、生态环境主管部门和其他相关单位分工协作工作机制，加强环境保护税征收管理，及时协调、解决环境保护税征收管理工作中的重大问题，保障税款及时足额入库。

具体来说，生态环境主管部门和税务机关应当建立涉税信息共享平台和工作配合机制。生态环境主管部门应当将排污单位的排污许可、污染物排放数据、环境违法和受行政处罚情况等环境保护相关信息，定期交送税务机关；税务机关应当将纳税人的纳税申报、税款入库、减免税额、欠缴税款以及风险疑点等环境保护税涉税信息，定期交送生态环境主管部门。

纳税人申报缴纳环境保护税时，应当向税务机关报送所排放应税污染物的种类、数量，大气污染物、水污染物的浓度值，以及税务机关根据实际需要要求纳税人报送的其他纳税资料。税务机关应当将纳税人的纳税申报数据资料与生态环境主管部门交送的相关数据资料进行比对。税务机关发现纳税人的纳税申报数据资料异常或者纳税人未按照规定期限办理纳税申报的，可以提请生态环境主管部门进行复核，生态环境主管部门应当自收到税务机关的数据资料之日起 15 日内向税务机关出具复核意见。税务机关应当按照生态环境主管部门复核的数据资料调整纳税人的应纳税额。

延伸阅读

海洋石油环境保护税政策简介

根据《环境保护税法》授权，国家税务总局和国家海洋局发布了《海洋工程环境保护税申报征收办法》，在遵循《环境保护税法》基本征税原则的基础上，针对海洋工程的特点明确了政策细节和管理要求。

一、纳税人

在中华人民共和国内水、领海、毗连区、专属经济区、大陆架以及中华人民共和国管辖的其他海域内从事海洋石油、天然气勘探开发生产等作业活动，并向海洋环境排放应税污染物的企业事业单位和其他生产经营者，为海洋工程环境保护税的纳税人。

二、征税范围和计税依据

1. 大气污染物。对向海洋环境排放大气污染物的，按照每一排放口或者没有排放口的应税污染物排放量折合的污染当量数从大到小排序后的前三项污染物计征。

2. 水污染物。对向海洋水体排放生产污水和机舱污水的，按照生产污水和机舱污水中石油类污染物排放量折合的污染当量数计征；对向海洋水体排放钻井泥浆（包括水基泥浆和无毒复合泥浆，下同）和钻屑的，按照泥浆和钻屑中石油类、总镉、总汞的污染物排放量折合的污染当量数计征；对向海洋水体排放生活污水的，按照生活污水中化学需氧量（CODcr）排放量折合的污染当量数计征。

3. 固体废物。对向海洋水体排放生活垃圾的，按照排放量计征。

三、税额标准

海洋工程环境保护税的具体适用税额，按照负责征收环境保护税的海洋石油税务（收）管理分局所在地适用的税额标准执行。海洋工程生活垃圾按照环境保护税法“其他固体废物”税额标准执行。

四、征管规定

海洋工程环境保护税实行按月计算，按季申报缴纳，不能按固定期限计算缴纳的，可以按次申报缴纳。海洋工程环境保护税由纳税人所属海洋石油税务（收）管理分局负责征收。同时根据海洋石油税务（收）管理分局的管理现状，对纳税人同属两个海洋石油税务（收）管理分局管理的，由国家税务总局确定征收机关。

第三节　国家（地区）比较

发达国家（地区）开征环境税的时间较早，本节对代表性国家（地区）的环境税进行介绍，分析值得我国环境保护税税制改革借鉴的经验。因环境税有广义和狭义之分，故而对国际经验的介绍也会从两个维度展开。

一、代表性国家（地区）环境税的税制安排

（一）瑞典

瑞典是最早开征环境税的国家之一，其狭义的环境税包括二氧化硫税、二氧化氮税等。二氧化硫税于1991年开始征收，对煤和泥煤排放的按每千克二氧化硫征税，对石油含硫量比重达到一定比例的按每立方米二氧化硫征税。二氧

化氮税实行财政中性原则，对能源生产量和二氧化氮排放量实行相互抵消的税收返还，即能源生产量越多，税收返还越多，而排放二氧化氮越多，则税收返还越少，因此，只有二氧化氮排放多的企业才是净纳税者。

瑞典广义上的环境税包括二氧化碳税、能源税、航空税、车辆税等。二氧化碳税于1991年开始征收，是对除生物燃料和泥煤以外的大多数燃料征收的一种税，根据各种燃料的平均含碳量和发热量来确定其计税依据。瑞典二氧化碳税的税率世界最高，但存在大量的免税情况，工业、采矿业、农业、林业等领域的化石能源使用均免于课税。即便如此，2021年瑞典二氧化碳税收入仍高达213.93亿瑞典克朗，约占瑞典全部税收收入的0.9%。瑞典的能源税已有近百年课征历史，其课税对象基本与碳税重叠，但在二氧化碳税开征之后，能源税并未停征，这使得瑞典的能源税和二氧化碳税一起对化石能源课征了较高的税收，形成了较强的调节力度，调节效果也非常明显。至于航空税、车辆税，其与二氧化碳税形成了互补作用，对不同领域的碳排放均课征相应的税收，构成了一个较为完整的体系。

（二）法国

法国狭义上的环境税称为“污染活动一般税”（TGAP）。1999年，该税依据法国《预算法》开征，也标志着法国环境税体系正式形成。TGAP由法国关税总局负责征收，坚持“污染者负担”原则，征税对象涵盖特定工业废物排放、大气污染物排放、部分润滑剂和洗涤剂排放、家庭垃圾等，每个类别污染物都有特定的税基和税率。TGAP税款征收后，除作国家预算使用之外，每年还需拨付特定金额专项用于能源转型基金，例如2015年总计征收7.26亿欧元，拨付法国生态转型署4.49亿欧元，直接列为预算收入的为2.77亿欧元。2021年，TGAP净收入为8.24亿欧元，占法国税费总收入的比重不足千分之一。

法国广义上的环境税以能源税为代表。1928年，为弥补盐税下降带来的财政缺口，法国开征燃油税；石油危机爆发后，征收力度有所加大；后又对无铅汽油和柴油征收石油产品国内税。2021年，法国能源税收入303亿欧元，是仅次于增值税、个人所得税和企业税的重要税收来源。

（三）英国

英国狭义上的环境税以垃圾填埋税（Landfill Tax）为代表。该税是对倾倒的垃圾征收的一种税，于1996年开始征收，纳税人为垃圾填埋场的所有者或经营者，征税对象为1996年10月之后填埋在垃圾处理厂中的废弃物。该税为定额税率，将垃圾分为一般垃圾和惰性垃圾，其中一般垃圾的税率较高，设立初期税率为7英镑/吨，后持续提升。截至2022年，其税率已达到98.60英镑/吨，惰性垃圾的税率较低，截至2022年，其税率仅为3.15英镑/吨。

英国广义上的环境税包括气候变化税（Climate ChangeLevy）、航空乘客税（Air Passenger Duty）、石方税（Aggregate Levy）。气候变化税于2001年开始征收，其纳税人是使用能源的企业和公共部门，征税对象为特定能源，包括煤、电力、天然气和液化石油气，计税依据为能源消耗量，税率在2001年至2006年保持相对稳定，2007年后，英国政府开始对税率进行调整，税率逐年提升。截至2022年，电力税率为0.775便士/千瓦时，天然气为0.568便士/千瓦时，液化石油气为2.17便士/千克，以煤为代表的其他固体燃料4.449便士/千克，未来英国气候变化税税率将会进一步提升。航空乘客税于1994年11月开始征收，是对英国机场起飞的载重量超过十吨或座位数量在20座以上的应税航空器的乘客征税的一种税，由出票公司代为收取，税率主要取决于飞行远近及舱位类别，以促使居民绿色出行，减少二氧化碳排放。石方税于2000年4月开始征收，对利用英国陆地和水域范围石方进行商业开采活动的开采者征税，该税为定额税率，目的在于减少矿产资源开采对环境造成的危害。

二、借鉴和启示

（一）覆盖范围相对广泛

瑞典、法国、英国等国家环境税涵盖的范围大于我国环境保护税，其主要体现在以下三个方面：一是调控的污染物范围，我国环境保护税由排污费演化而来，侧重于对特定污染物的防治，目前尚未将碳税纳入其中，而以瑞典、英国为代表的发达国家已开征气候变化税或碳税，相关国家的经验可为我国进行开征碳税理论研究提供借鉴思路。二是调控的环节范围，我国的环境保护税仅对排放应税污染物征税，例如对固体废物的贮存、处置不征税，但贮存尤其是处置固体废物依然会对环境产生一定的负面影响，英国通过征收垃圾填埋税来解决这一问题，可为我国固体废物环境保护税税制优化提供思路。三是相关国家将居民个人和公共管理部门纳入征税范围，以更好落实“污染者负担”原则，而我国环境保护税目前尚未将居民个人和政府机关列为纳税人。

（二）收入贡献相对较大

西方国家的环境税税收贡献度一般较高。以OECD成员国为例，2001年，其广义环境税收入占税收总收入的比重达到了7%，并呈现上升趋势。此外，欧洲国家的环境税税收贡献度要高于北美国家，欧洲国家中，北欧国家环境税的税收贡献度要高于欧洲大陆国家。环境税作为绿色税，其收入被用于治理污染和保护环境。目前，我国环境保护税的税收贡献依然较小，每年的税收收入无法覆盖环境治理成本。可参考OECD国家的经验，适当提高税率，扩大税基，提升税收贡献度，使税收收入能够覆盖污染治理成本，更好落实“污染者负担”原则。

（三）调节作用相对显著

西方国家环境税调节作用相对显著，其主要体现在以下两个方面：一是税率较高，从大多数国家的环境税税率发展来看，税率与开征年限和经济发展水平正相关，一般来说，开征年限越长，调控效果越有例证，公众对环境税的接受程度就越高，也更期望有更好质量的生产生活环境，且经济越发达，对税率承受力也越高，其税率也会呈现逐渐上升趋势，调节作用也就更加明显，因而可参考相关国家经验，适时评估环境污染成本和经济实体承受力的变化，对税率进行适当调整。二是与能源税形成合力，通过征收能源税减少能源消耗，从源头上降低二氧化碳等应税污染物排放，与二氧化碳税等环境税形成合力，我国能源消耗环节的税收主要包括燃油附加费和部分消费税，可借鉴国外经验对能源消耗环节税收进行完善，从消耗和排放两个环节形成合力，有效提升调控力度。

第四节　未来展望

党的二十大报告指出，中国式现代化是人与自然和谐共生的现代化。随着碳达峰碳中和愿景的庄严提出，蓝天、碧水、净土保卫战的有序推进，环境保护税作为绿色税种必将有所作为。在未来要以习近平生态文明思想为指导，以美丽中国建设为目标，坚持新发展理念，结合国内环境保护税征收实践和国外环境税征收经验，对环境保护税税制进行持续完善。

一、完善税制设计，助力打赢污染防治攻坚战

2021年11月，中共中央、国务院出台了《关于深入打好污染防治攻坚战

的意见》，改善环境质量成为我国环境管理的核心，减少污染物排放则是实现环境质量改善的根本手段，对环境保护税税制设计的完善应优先服务于打赢污染防治攻坚战。一方面，使税法调节的污染物对象与环境监管相适配。现有环境保护税调节的污染物对象、范围受税法约束，内容相对当今环境监管的需要已拉开差距，例如我国将挥发性有机物（VOCs）列为国家“十四五”期间环保控制重点，但 VOCs 尚未整体列入征税范围，未来在完善 VOCs 监测技术和排放量计算方法的基础上，待相关条件成熟后，研究适时将 VOCs 纳入环境保护税征收范围。另一方面，使企业税收负担与环境治理成本相适配。目前我国企业的环境保护税负担与其污染治理成本相去甚远，税收价格信号已经很难起到引导理性经济人持续改进生产措施、减少污染排放的作用，未来可能会通过适当提高税率的方式对企业的排污行为进行规制和约束，倒逼企业提标改造、转型升级，减少污染物排放。

二、深化碳税研究，服务碳达峰碳中和目标

实现碳达峰碳中和，是以习近平同志为核心的党中央统筹国内国际两个大局作出的重大战略决策，是着力解决资源环境约束突出问题、实现中华民族永续发展的必然选择，是构建人类命运共同体的庄严承诺。目前，以英国、瑞典为代表的部分西方国家已开征气候变化税或碳税，以减少二氧化碳排放，降低温室效应，两国也均于 20 世纪 90 年代实现碳达峰。截至 2023 年，全世界共有 57 个国家实现碳达峰，在此基础上，欧盟和美国先后承诺于 2050 年实现碳中和。《中共中央 国务院关于完整准确全面贯彻新发展理念做好碳达峰碳中和工作的意见》指出要完善财税价格政策，特别是要研究碳减排相关税收政策。如何在充分考虑我国国情的基础上，借鉴国外碳税税制设计相关经验，建立符合我国国情的碳税税制以助力“3060”目标实现将成为未来的一个重要理论研究方向。

三、优化征管协作机制，提升“税污”共治质效

环境保护税开征以来，税务机关与生态环境主管部门精诚合作，基本建立了较为完善的征管机制，未来可探索从以下三个方面对环境保护税征管机制进行优化：一是持续优化纳税服务，提醒纳税人关注其纳税义务，对税收政策进行宣传，对纳税申报进行辅导，尤其是针对产排污系数等专业性较高的问题，

联合生态环境主管部门共同进行辅导培训。二是持续加强税源管理，将全部持有排污许可证重点管理和简化管理企业纳入管理，鼓励登记管理企业进行税源采集，依托信息化手段做好纳税人税源信息可视化维护。三是持续推进协作共治，探索进一步规范复核流程，实现任务线上闭环管理，探索进一步加强数据共享，实现生态环境处罚、自动监测等数据实时共享，探索进一步加强联合监管，充分用好生态环境执法和绿色税收调节两个抓手，实现税污共治，助力美丽中国建设。

本章思考题

1. 开征环境保护税的理论依据有哪些？
2. 瑞典是环境税税收制度最为完善的国家之一，于1991年开始课征二氧化碳税和二氧化硫税，1992年开始对一氧化氮和二氧化氮的排放课税。这对我国环境保护税制度有何启示？
3. 现行环境保护税存在哪些改进的空间？下一步环境保护税改革应如何进行？

第九章　车　船　税

【学习目标】本章主要介绍车船税的概念、课税原则、功能定位以及历史沿革和税制要素，代表性国家及地区车船税的制度安排及实操经验，并对未来车船税改革进行展望。通过本章学习，掌握车船税的基本概念、功能定位和基本税制要素，了解代表性国家及地区车船税制度安排和对中国车船税改革的启示。

第一节　基础理论

车船税是我国开征最早且延续至今的税种之一，尽管车船税的课税对象长期保持稳定，但是其课税原则和功能定位随时代发展发生了较大的变化。

一、基本概念

车船税是以在中华人民共和国境内的车辆、船舶（以下简称车船）为征税对象，向车船的所有人或者管理人征收的一种财产税。车船税在车船保有环节按年征收，属于财产税，同时兼具引导绿色消费、促进环境保护的绿色税收特点。

二、课税原则

（一）财政原则

车船税属于地方税，税基稳定且具有增长潜力，收入较为稳定，是地方政府主要财政收入之一。从车船税改革历程看，我国车船税逐渐由财产与行为税变为财产税，既为地方提供稳定财源，也一定程度上发挥了调节财富分配作用。

（二）经济原则

车船税实行代收代缴制度，从最小征收费用方面体现了经济原则。《中华人民共和国车船税法》（以下简称《车船税法》）及其实施条例规定，从事交强险业务的保险机构为机动车车船税的扣缴义务人，在收取交强险保险费时依法代收车船税。这一规定实现了税、险同缴，既便利了纳税人，也体现了最小征收费用原则，体现征税的经济原则。

（三）公平原则

车船税对于公平原则的体现主要表现在两个方面。其一，对价值更高的车辆和船舶课以更高的税额，该累进税率在不同的税目中多有体现。例如：乘用车随着排气量的增加，税额逐步提高；游艇随着艇身长度的增加而提高税额。其二，对低收入群体减免税。税收制度规定对受严重自然灾害影响纳税困难的车船实行减免，对农村居民拥有并主要在农村地区使用的摩托车、三轮汽车和低速载货汽车定期减征或者免征，这些税收优惠政策体现了对低收入群体的照顾。

三、功能定位

（一）为地方财政筹集资金

组织财政收入是税收的基本职能，车船税的开征最主要的功能定位在于筹集财政收入。尽管车船税收入在税收总收入中占比较小、财政功能较弱，但是作为财产税，这一“小”税种却为地方组织了固定的财政收入。近年来，车船税收入从 2007 年的 68.2 亿元增长到 2023 年的 1114 亿元，增长了 15 倍，为地方财政提供了稳定的财力。

（二）调节收入和财富分配

车船是居民保有的重要财产类型，在耐用消费品中，汽车是居民除房产外最大宗的消费品。车辆、船舶在社会成员之间分布并不均匀，高收入家庭拥有车辆、船舶的比例要高于低收入家庭，且前者拥有的车辆、船舶的价值往往也高于后者。在这种情况下，通过对车船施以不同的税额（率）在一定程度上体现政府调节财产收入的意图，有利于促进社会公平。

（三）引导绿色消费，促进节能减排

车船税将乘用车的计税依据按排气量划分为 7 个档次，排气量大的乘用车年基准税额高于排气量小的乘用车，这种累进税制在引导绿色消费方面起到了积极作用。同时给予新能源车船税收减免，促使全社会更偏好新能源车船的生产和使用，也利于促进节能减排。

第二节 基本实践

一、历史沿革

中国对车船征税历史悠久，始于西汉。明清和民国时期都有车船捐税。新中国成立后，于1951年9月13日实施《车船使用牌照税暂行条例》，对车辆船舶征收车船使用牌照税。

1972年，为简化税制，国营和集体企业缴纳的车船使用牌照税并入工商税。车船使用牌照税只对个人和外侨征收。

1986年10月1日，我国实施《中华人民共和国车船使用税暂行条例》，对国内企业、单位和个人征收。外资企业和外国人继续征收车船使用牌照税。

2007年1月1日，我国实施《中华人民共和国车船税暂行条例》（以下简称《车船税暂行条例》），《中华人民共和国车船使用税暂行条例》和《车船使用牌照税暂行条例》同时废止。该暂行条例统一了内外车船税制，同时税种的性质也发生了变化，由行为税改为财产税，将纳税人由“拥有并且使用”车船的单位和个人修改为车船的所有人和管理人，并加强源泉控管，确定保险机构为扣缴义务人。

2012年1月1日，我国实施《车船税法》，车船税成为第一个由全国人民代表大会常务委员会立法的财产行为税，该法更加凸显了车船税的财产税性质。调整征税范围，没有登记的车船也被纳入征税范围；再次明确从事交强险业务的保险机构为车船税扣缴义务人。在税目分类上，将《车船税暂行条例》中的载客汽车分为了商用客车和乘用车，乘用车按照与车辆价值正相关的排气量适用不同的税额，既体现了按财产价值征税的财产税特征，又有利于促进节能减排。由于我国经济发展水平的进一步提高，一些高收入家庭开始拥有游艇，为促进游艇业的稳定健康发展，在船舶下新增游艇子税目。

二、税制要素

（一）纳税人

车船税的纳税人是在中华人民共和国境内属于《车船税法》所附《车船税税目税额表》规定的车辆、船舶的所有人或者管理人。

《车船税法》对于机动车车船税规定了扣缴义务人。具体规定为，从事机动车第三者责任强制保险业务的保险机构为机动车车船税的扣缴义务人，应当在收取保险费时依法代收车船税。借助《中华人民共和国道路交通安全法》和《机动车交通事故责任强制保险条例》必须投保交强险，公安交管部门才允许机动车登记上路的规定，《车船税法》将从事交强险业务的保险机构确定为机动车车船税扣缴义务人，既加强了车船税源泉控管，又方便纳税人完成税、险同缴。

（二）征税对象

车船税的征税对象是在中华人民共和国境内属于《车船税法》所附《车船税税目税额表》规定的车辆、船舶，具体是指：

1. 依法应当在车船登记管理部门登记的机动车辆和船舶。

2. 依法不需要在车船登记管理部门登记、在单位内部场所行驶或者作业的机动车辆和船舶。

车船登记管理部门，是指公安、交通运输、农业、渔业、军队、武装警察部队等依法具有车船登记管理职能的部门。单位，是指依照中国法律、行政法规规定，在中国境内成立的行政机关、企业、事业单位、社会团体以及其他组织。

经批准临时入境的外国车船和香港特别行政区、澳门特别行政区、台湾地区的车船，不征收车船税。

境内单位和个人租入外国籍船舶的，不征收车船税。境内单位和个人将船舶出租到境外的，应依法征收车船税。

纯电动乘用车和燃料电池乘用车不属于车船税的征税范围，不征收车船税。

（三）计税依据

车船税按车船的种类和性能，分为辆、整备质量、净吨位、艇身长度等计税依据。具体为：①乘用车、客车、摩托车以“辆”为计税依据，其中乘用车按排气量划分为 7 档税率，随着排气量的增加，定额税率逐渐增加，该税率设计体现了车船税减少碳排放量、促进环境保护的政策意图；②货车、挂车、其他车辆以“整备质量”为计税依据；③机动船舶以“净吨位”为计税依据；④游艇以“艇身长度”为计税依据。

（四）税率和应纳税额计算

1. 税率

车船税实行定额税率，具体税目税额情况见表9－1《车船税税目税额表》和表9－2《机动船舶和游艇具体适用税额表》。

表9－1　　车船税税目税额表

税目		计税单位	年基准税额	备注
乘用车［按发动机汽缸容量（排气量）分档］	1.0升（含）以下的	每辆	60元—360元	核定载客人数9人（含）以下
	1.0升以上至1.6升（含）的		300元—540元	
	1.6升以上至2.0升（含）的		360元—660元	
	2.0升以上至2.5升（含）的		660元—1200元	
	2.5升以上至3.0升（含）的		1200元—2400元	
	3.0升以上至4.0升（含）的		2400元—3600元	
	4.0升以上的		3600元—5400元	
商用车	客车	每辆	480元—1440元	核定载客人数9人以上，包括电车
	货车	整备质量每吨	16元—120元	包括半挂牵引车、三轮汽车和低速载货汽车等
挂车		整备质量每吨	按照货车税额的50%计算	
其他车辆	专用作业车	整备质量每吨	16元—120元	不包括拖拉机
	轮式专用机械车		16元—120元	
摩托车		每辆	36元—180元	
船舶	机动船舶	净吨位每吨	3元—6元	拖船、非机动驳船分别按照机动船舶税额的50%计算
	游艇	艇身长度每米	600元—2000元	

需要注意的是，我国在车船税的车辆和船舶适用税额方面给予了地方不同的权限。船舶所适用的税额在全国范围内统一执行，车辆的具体适用税额由省、自治区、直辖市人民政府根据《车船税法》所附《车船税税目税额表》规定的税额幅度和国务院的规定确定。《车船税税目税额表》中车辆、船舶的含义如下：

（1）乘用车，是指在设计和技术特性上主要用于载运乘客及随身行李，核定载客人数包括驾驶员在内不超过 9 人的汽车。

（2）商用车，是指除乘用车外，在设计和技术特性上用于载运乘客、货物的汽车，划分为客车和货车。

（3）半挂牵引车，是指装备有特殊装置用于牵引半挂车的商用车。

（4）三轮汽车，是指最高设计车速不超过每小时 50 公里，具有三个车轮的货车。

（5）低速载货汽车，是指以柴油机为动力，最高设计车速不超过每小时 70 公里，具有四个车轮的货车。

（6）挂车，是指就其设计和技术特性需由汽车或者拖拉机牵引，才能正常使用的一种无动力的道路车辆。

（7）专用作业车，是指在其设计和技术特性上用于特殊工作的车辆。对于在设计和技术特性上用于特殊工作，并装置有专用设备或器具的汽车，应认定为专用作业车，如汽车起重机、消防车、混凝土泵车、清障车、高空作业车、洒水车、扫路车等。以载运人员或货物为主要目的的专用汽车，如救护车，不属于专用作业车。

（8）轮式专用机械车，是指有特殊结构和专门功能，装有橡胶车轮可以自行行驶，最高设计车速大于每小时 20 公里的轮式工程机械车。

（9）摩托车，是指无论采用何种驱动方式，最高设计车速大于每小时 50 公里，或者使用内燃机，其排量大于 50 毫升的两轮或者三轮车辆。

（10）船舶，是指各类机动、非机动船舶以及其他水上移动装置，但是船舶上装备的救生艇筏和长度小于 5 米的艇筏除外。其中：机动船舶是指用机器推进的船舶；拖船是指专门用于拖（推）动运输船舶的专业作业船舶；非机动驳船是指在船舶登记管理部门登记为驳船的非机动船舶；游艇是指具备内置机械推进动力装置，长度在 90 米以下，主要用于游览观光、休闲娱乐、水上体育运动等活动，并应当具有船舶检验证书和适航证书的船舶。

表 9－2 **机动船舶和游艇具体适用税额**

<table>
<tr><th colspan="2">税目</th><th>计税单位</th><th>年基准税额</th><th>备注</th></tr>
<tr><td rowspan="4">机动船舶</td><td>净吨位不超过 200 吨的</td><td rowspan="4">净吨位每吨</td><td>3 元</td><td rowspan="4">拖船、非机动驳船分别按照机动船舶税额的 50% 计算</td></tr>
<tr><td>净吨位超过 200 吨但不超过 2000 吨的</td><td>4 元</td></tr>
<tr><td>净吨位超过 2000 吨但不超过 10000 吨的</td><td>5 元</td></tr>
<tr><td>净吨位超过 10000 吨的</td><td>6 元</td></tr>
<tr><td rowspan="5">游艇</td><td>艇身长度不超过 10 米的</td><td rowspan="5">艇身长度每米</td><td>600 元</td><td rowspan="5"></td></tr>
<tr><td>艇身长度超过 10 米但不超过 18 米的</td><td>900 元</td></tr>
<tr><td>艇身长度超过 18 米但不超过 30 米的</td><td>1300 元</td></tr>
<tr><td>艇身长度超过 30 米的</td><td>2000 元</td></tr>
<tr><td>辅助动力帆艇</td><td>600 元</td></tr>
</table>

2. 应纳税额计算

车船税的纳税人按照纳税地点所在的省、自治区、直辖市人民政府确定的具体适用税额缴纳车船税。

购置的新车船，购置当年的应纳税额自纳税义务发生的当月起按月计算。应纳税额为年应纳税额除以 12 再乘以应纳税月份数。计算公式为：

$$应纳税额 = 年应纳税额 \div 12 \times 应纳税月份数$$

$$应纳税月份数 = 12 - 纳税义务发生时间（取月份）+ 1$$

在一个纳税年度内，已完税的车船被盗抢、报废、灭失的，纳税人可以凭有关管理机关出具的证明和完税凭证，向纳税所在地的主管税务机关申请退还自被盗抢、报废、灭失月份起至该纳税年度终了期间的税款。

已办理退税的被盗抢车船失而复得的，纳税人应当从公安机关出具相关证明的当月起计算缴纳车船税。

已缴纳车船税的车船在同一纳税年度内办理转让过户的，不另纳税，也不退税。

已经缴纳车船税的车船，因质量原因，被退回生产企业或者经销商的，纳税人可以向纳税所在地的主管税务机关申请退还自退货月份起至该纳税年度终了期间的税款。退货月份以退货发票所载日期的当月为准。

【案例9－1】车船税应纳税额的计算

2022年某运输公司拥有并使用以下车辆：整备质量为2吨的拖拉机5辆；整备质量为6吨的载货卡车20辆；整备质量为4.5吨的汽车挂车6辆；中型载客汽车10辆，核定载客人数均为9人以上。当地政府规定，货车的年基准税额为60元/吨，客车的年基准税额是500元/辆。该公司当年应缴纳车船税多少元？

【解析】拖拉机不缴纳车船税。

卡车应纳税额＝6×60×20＝7200（元）

挂车按照货车税额的50%计算，应纳税额＝6×4.5×60×50%＝810（元）。

客车应纳税额＝10×500＝5000（元）

应纳车船税＝7200＋810＋5000＝13010（元）

【案例9－2】车船税应退税额的计算

某企业拥有一辆排气量为2.0升的小汽车，当年缴纳车船税480元，当年6月末该车辆被盗，企业凭完税证去纳税所在地的主管税务机关申请退税，则当年应退还车船税为多少元？

【解析】《中华人民共和国车船税法实施条例》第十九条规定："在一个纳税年度内，已完税的车船被盗抢、报废、灭失的，纳税人可以凭有关管理机关出具的证明和完税凭证，向纳税所在地的主管税务机关申请退还自被盗抢、报废、灭失月份起至该纳税年度终了期间的税款。"

当年应退还车船税＝480÷12×7＝280（元）

（五）纳税义务发生时间和纳税期限

《车船税法》规定，车船税纳税义务发生时间为取得车船所有权或者管理权的当月。取得车船所有权或者管理权的当月，应当以购买车船的发票或者其他证明文件所载日期的当月为准。

车船税按年申报，分月计算，一次性缴纳。纳税年度为公历1月1日至12月31日。具体申报纳税期限由省、自治区、直辖市人民政府规定。这样规定，可以减少纳税人纳税成本，便于税务机关控管，体现保有环节特点，同时也符合简化税制的要求。

（六）纳税地点

车船税的纳税地点为车船的登记地或者车船税扣缴义务人所在地。依法不需要办理登记的车船，车船税的纳税地点为车船的所有人或者管理人所在地。这样设计适应了车船流动性特征且符合扣缴制度。

（七）税收优惠

车船税的税收优惠较少，主要分为三类：

1. 法定优惠。

即《车船税法》直接规定免税的车辆和船舶。具体包括：

（1）捕捞、养殖渔船。具体是指在渔业船舶登记管理部门登记为捕捞船或者养殖船的船舶。

（2）军队、武装警察部队专用的车船。具体是指按照规定在军队、武装警察部队车船登记管理部门登记，并领取军队、武警牌照的车船。

（3）警用车船。具体是指公安机关、国家安全机关、监狱、劳动教养管理机关和人民法院、人民检察院领取警用牌照的车辆和执行警务的专用船舶。

（4）悬挂应急救援专用号牌的国家综合性消防救援车辆和国家综合性消防救援专用船舶。

（5）依照法律规定应当予以免税的外国驻华使领馆、国际组织驻华代表机构及其有关人员的车船。

2. 为鼓励提高能源使用效率，促进能源结构调整和环境保护而进行的减免税。

对于节约能源、使用新能源的车船可以免征或减半征收车船税，该措施进一步体现和增强了车船税的绿色税收特性。免征或者减半征收车船税的车船范围，由国务院财政、税务主管部门商国务院有关部门制订，报国务院批准，并报全国人民代表大会常务委员会备案。

（1）对节能汽车，减半征收车船税。

（2）对新能源车船，免征车船税。免征车船税的新能源汽车是指纯电动商用车、插电式（含增程式）混合动力汽车、燃料电池商用车。

3. 对具有公共用途或需要照顾群体的减免税。

对于公共交通车船，农村居民拥有并主要在农村地区使用的摩托车、三轮汽车和低速载货汽车，省、自治区、直辖市人民政府可以根据当地实际情况定期减征或者免征车船税。在实践中，各省均对此类对象进行了车船税减免。对于受地震、洪涝等严重自然灾害影响纳税困难以及有其他特殊原因确需减税、免税的车船税纳税人，可以在一定期限内减征或者免征车船税。具体减免期限和数额由省、自治区、直辖市人民政府确定，报国务院备案。在实践中，此类困难性减免实施较少。2020 年，为支持新冠疫情防控工作，部分省、市针对特定行业，譬如与抗疫直接相关的医疗卫生和运输等行业的车辆实施一定时期内免予缴纳车船税的政策。

延伸阅读

缴纳船舶吨税的机动船舶自《车船税法》实施之日起在几年内可免征车船税?

根据《中华人民共和国车船税法实施条例》，按照规定缴纳船舶吨税的机动船舶，自《车船税法》实施之日起 5 年内免征车船税。

三、税收征管

车船税的征收管理，依照《车船税法》和《中华人民共和国税收征收管理法》的规定执行。车船税具有自然人纳税人数量众多、税源分散、流动性强、管理难度大的特征，因此，车船税构建了“源泉扣缴、联网征收、部门合作、便民服务”的税收管理体系。

（一）机动车车船税的代收代缴管理

《车船税法》规定，从事机动车第三者责任强制保险业务的保险机构为机动车车船税的扣缴义务人，应当在收取保险费时依法代收车船税。纳税人没有按照规定期限缴纳车船税的，扣缴义务人在代收代缴税款时，可以一并代收代缴欠缴税款的滞纳金。扣缴义务人应当及时解缴代收代缴的税款和滞纳金，并向主管税务机关申报。全国绝大部分机动车车船税由保险机构代收代缴，形成了车船税源泉扣缴为主、自行申报为辅的征管特色。

（二）船舶车船税的委托代征

我国船舶数量多、流动性大、分布面广，仅靠税务部门自身力量征收船舶车船税较为困难。因此，税务部门与交通运输部门合作，建立船舶车船税委托代征机制。为方便船舶车船税缴纳，提高征管质量和效率，国家税务总局和交通运输部于 2013 年联合制发了《船舶车船税委托代征管理办法》，明确在海事管理机构登记的应税船舶，委托当地海事管理机构代征车船税，鼓励有条件地区探索建立与海事部门的船舶信息共享及信息化征收机制。

（三）征管协作机制

车船税的征收管理需要其他部门的密切配合。一方面，税务部门与保险部门合作，建立机动车车船税联网征收机制，形成了“税险联网、自动计税、见税出单（保单）”的信息化管理流程，既方便了纳税人，又有效强化了源泉控管，实现了车船税的信息管税。另一方面，税务部门与公安交通等部门建立了协作机制。车辆所有人或者管理人在申请办理车辆相关登记、定期检验手续时，应当向公安机关交通管理部门提交依法纳税或者免税证明。公安机关交通管理部门核查后办理相关手续。

第三节　国家（地区）比较

针对车辆、船舶等交通工具课征的税收在世界范围内是较为普遍的。各国对车辆、船舶、航空器等交通工具课税多出于筹措财政收入的目的。政府对车辆和船舶等交通工具课税的环节包括购买环节、保有环节、使用环节等，在不同环节课征的车船税有着不同的内涵。目前各国对车辆、船舶、航空器等交通工具的课税，除在购买环节课税的增值税、（车辆）购置税之外，有的将其作为财产税的一部分来课税，有的将其作为行为税的一种即交通工具的使用课税，有的将其作为环境税的一部分来设计。

一、代表性国家（地区）保有环节汽车税的税制安排

无论汽车使用与否，保有环节的汽车税是政府以个人和法人具有较大的资产和税收负担能力为由，而对汽车拥有者课征的一项财产税。保有环节的汽车税在各国之间差异较大，我们将介绍两类情况：一个是更重视财政收入功能的美国，另一个是更重视环境保护功能的欧盟。

（一）美国

美国联邦政府在汽车保有环节征收卡车及挂车税、重型车使用税和轮胎税，是重要的一项财政收入。以上各税主要针对车辆或轮胎的重量征收，税收收入作为道路建设专用资金，具有损伤道路负担金的性质。卡车及挂车税采用从价税率计征，重型车使用税和轮胎税采用从量税率计征，税收具有较大的稳定性。

2022 年，美国有 27 个州对个人交通工具课征财产税。计税依据有的州是汽车估价，有的州为车辆重量等，从价税率或定额税率由州政府决定或调整，各州有所不同。

汽车税收是州和地方政府提供公共服务的一项重要财源。为了推广和普及绿色能源汽车，美国政府针对不同的绿色能源汽车种类，采取了多样的税收优惠政策。

（二）欧盟

欧盟各成员国虽然保有环节汽车税名称各异，但计税依据几乎都采用了按照重量、排气量、车龄、二氧化碳排放量等征收。欧盟主要成员国保有环节的汽车税收规模不大，主要用于解决城市交通拥堵，减少汽车排放污染的问题上。欧盟主要成员国在签订《京都议定书》并承担温室气体排放义务后，将保有环节汽车税的计税依据逐渐改为二氧化碳排放量，并在随后不断调高定额税率，通过加大保有环节汽车税的“绿化”措施，达到节能减排的目的。

欧盟的一些成员国还在汽车保有环节出台了许多税收优惠措施，以鼓励汽车制造商更加重视环保技术的研发和应用，促使汽车消费者保有省油、清洁环保车，促进老旧车辆的加速淘汰。

总之，欧盟主要成员国征收保有环节汽车税更加注重汽车税收作为降低汽车二氧化碳排放、减少环境污染的经济手段的运用。

（三）国外保有环节汽车税课税主要特点

1. 主要目的为筹集财政收入。各国课征车船税的主要动机均为获取相当的财政收入，这在美国表现得尤为明显。汽车税对美国很多州而言是重要的财政收入来源，美国汽车税改革难以推进的一个主要难题就是难以解决替代收入来源问题。

2. 体现环境保护目标。在欧盟，车船税的税制设计中包含了明显的减少车辆二氧化碳排放水平、促进环境保护的机制。这与美国的税制设计完全不同，美国各州的汽车税中基本不包含相关环境保护设计，更多是按照车辆价值来从价定率课征。

二、借鉴和启示

基于财政收入状况以及各国对全球温室气体排放的敏感性，欧美保有环节汽车税采用了不同的税制设计。基于增加财政收入和碳达峰碳中和目标的考虑，对我国车船税改革启示如下：

一是贯彻财政收入原则。组织财政收入是税收的基本职能，车船税开征初期功能定位就在于筹集财政收入。当前，车船税收入在税收总收入中占比较小、财政功能较弱，我国车船税应进一步贯彻财政收入原则。

二是强化环境保护目标。通过考察欧盟车船税的立法发现，多数发达国家采取的是按油耗或二氧化碳的排放量征税。按二氧化碳排放量计征的方式，一定程度上体现出“谁污染、谁埋单”的公平原则，同时也促进汽车行业的结构优化，引导发展低排量节能环保型汽车。按二氧化碳排放计征，需要对不同车型分类统计标明其具体排放量。环境保护目标在我国车船税目前按排气量征收方面已有所体现，但作为财产税，还要考虑和环境保护税各自定位的不同。

第四节　未来展望

一个税种的定位对该税种的发展具有深远影响。车船税具有财产税的性质，但是在具体税率设计上，按排气量确定差别定额税率对于其财产价值的反映不足。如燃油乘用车，同样排气量的汽车价格相差可能较大，不足以体现财产价值的不同。因此，可以进一步研究车船税的计税依据设计。

与此同时，车船税具有一定程度的环境保护的特征。首先，基于发动机排气量的差别定额税率鼓励公众购买排量小、汽油消耗较少、排放污染量较少的汽车。其次，新能源汽车免征车船税更是体现了环境保护的功能，能够在供给侧和需求侧推动新能源汽车产业发展，减少对石油资源的消耗，有利于我国实现碳达峰碳中和目标。

我国车船税定位为财产税，同时具有环境保护的目的，未来车船税可以考虑的改革有以下三个方面。

一、完善车船税课税范围

现行《车船税法》的税目税额表基本清晰明确，操作性较强。但《车船税法》实施已有十年，为进一步适应经济社会和汽车行业的最新发展，可对征税范围进行研究。例如，对于乘用车，为体现财产税和绿色税收的双重导向，《车船税法》只将汽、柴油驱动的传统能源车纳入征税范围。近年来，我国包括新能源汽车产业在内的新能源产业发展迅速，新能源汽车呈高速增长态势，从价值来讲，有的新能源车价值较高，具有大额财产性质。随着我国新能源汽车产业竞争力加强，在其对于财税优惠政策依赖度降低时，可以研究将其纳入课税范围的可行性，但现阶段税收政策仍应以不影响新能源汽车产业的发展为重。

二、发挥车船税作为财产税的功能

车船税丰富的税源和稳定的税基赋予财产税较好的收入效应，不仅可以为国家提供稳定的税收来源，更重要的是可以起到均衡社会财富的作用。更好体现车船财产的本质属性，在现行计税依据和保持车船税内部体系稳定的前提下，可考虑根据不同类型车辆，制定不同的计税依据，以达到公平税负、调节社会财富的目的。

三、体现环境保护的要求

在车船税改革中，一直注重促进节能减排功能的发挥。目前车船税对于乘用车按照排气量课以差别定额税率，一定程度上推动了节能减排。车船税对于节能新能源汽车予以税收优惠，同样体现了绿色税制对促进环境保护发挥的积极引导和促进作用，我国已是全球新能源汽车产销第一大国。今后车船税要统筹考虑和环境保护税的不同功能和定位，各有侧重，发挥各自职能作用。

本章思考题

1. 车船税的征税范围是什么？
2. 车船税的减免税有哪些？

第十章　耕地占用税

【学习目标】本章阐述了耕地占用税的基础理论，详细介绍当前耕地占用税的税收制度，并考察国外耕地保护相关税收制度，总结实践经验，提出未来完善我国耕地占用税制度的总体方向。通过本章学习，掌握耕地占用税的基本概念、课税原则、功能定位，了解耕地占用税制度的历史演变过程，掌握现行耕地占用税的基本制度，了解其他国家耕地保护相关的税收制度安排，了解我国耕地占用税制度的未来改革方向。

耕地占用税是对占用土地资源特定行为征收的一个税种，在保护耕地、促进土地资源合理利用方面起到了重要作用。

第一节　基础理论

一、基本概念

耕地占用税是国家为了合理利用土地资源，加强土地管理，保护耕地，对在境内占用耕地建设建筑物、构筑物或者从事非农业建设的单位和个人征收的一种税；是出于特定目的，对占用特定土地资源的行为课征的一种行为税。该税种主要具有三个特点。

一是征税对象的特定性。耕地占用税的征税对象是占用耕地建设建筑物、构筑物或者从事非农业建设的行为，还包括占用园地、林地、草地、农田水利用地、养殖水面、渔业水域滩涂以及其他农用地建设建筑物、构筑物或者从事非农业建设的行为。

二是课征行为的一次性。耕地占用税以纳税人实际占用耕地面积为计税依据，按照规定的适用税额一次性征收，重点调节的是占用耕地行为。由于耕地一旦被占用，其耕地性质就会发生改变，因此耕地占用税是一次性课税，而非延续性课税。

三是适用税额的地域性。考虑到人均占有耕地数量、质量和社会经济发展等情况的地区间差异，《中华人民共和国耕地占用税法》（以下简称《耕地占用税法》）授权各省、自治区、直辖市人民政府在规定的税额幅度内提出具体适用税额，报同级人民代表大会常务委员会决定，并报全国人民代表大会常务委员会和国务院备案。另外，授权各省、自治区、直辖市人民政府可针对特定情形，适当提高或降低适用税额。

二、课税原则

耕地占用税的课税原则包括财政原则、经济原则、社会原则和稳定原则，本部分重点介绍耕地占用税的经济原则。

耕地占用税的经济原则重点体现在以最小经济成本促进土地资源的最优利用。一是针对土地资源禀赋地区差异，制定差别化税率，促进土地资源节约集约利用。根据各地人均占有耕地数量、质量和社会经济发展状况制定耕地占用税的差别适用税率，人均耕地较少、耕地质量较高、经济较发达地区的适用税率较高，反之则适用税率较低。制定差别化税率成为保护耕地的重要经济手段。二是运用税收成本收益机制，调节利益分配和经济主体行为。耕地占用税作为农用地转用环节征收的唯一税种，通过税收手段增加耕地占用的成本，调节相关主体间的利益分配，促进耕地农转用的收益控制在各行业平均利润区间内，以此优化土地资源配置，避免经济主体过度占用、滥占滥用耕地行为。三是实行“先税后证”源泉控管，合理降低征税成本。申报缴纳耕地占用税是用地的前置环节，自然资源主管部门凭耕地占用税完税凭证或者免税凭证和其他有关文件发放建设用地批准书，“先税后证”的源泉控管模式，有效节省了税收成本。

除经济原则外，耕地占用税还兼具财政原则、社会原则和稳定原则。其中，通过科学的税制设计，为后续的开垦荒地、修复和复垦损毁耕地筹措财政资金，持续改善耕地质量，促进农业生产，体现了课税的财政原则。以税收立法保护耕地，推动节约集约用地，并对农民建房、设立公用基础设施、社会公益事业占地等行为给予一定减免税的优惠，体现了课税的社会原则。落实税收法定原则，立法后的税收减免权限上收到国务院，减少因税收政策变动而引起的经济波动，实现经济稳定，体现了课税的稳定原则。

三、功能定位

从耕地占用税立法宗旨、征收管理目标来看，其功能定位为合理利用土地资源、加强土地管理、保护耕地、提高土地资源配置效率、保障收益分配的社会公平等方面，发挥基础性、保障性作用。

（一）落实耕地保护，促进土地资源合理利用

耕地占用税通过税收手段增加占地成本，对占用耕地行为进行适度调节，遏制不合理的占用耕地行为。一是从确定征税对象来看。耕地占用税对占用耕地、园地、林地、草地、农田水利用地、养殖水面、渔业水域滩涂以及其他农用地建设建筑物、构筑物或者从事非农业建设的行为征税，体现了普遍征收的原则，以达到不占、少占耕地的目的，实现对耕地数量的保护。二是从设立差别税率来看。耕地占用税在确定的当地适用税额基础上，对占用基本农田实行加成征收，允许适当降低占用园地、林地、草地、农田水利用地、养殖水面、渔业水域滩涂以及其他农用地的适用税额。差别税率实现不同课税对象（即占地类型）税收负担高低有别，进而达到引导经济主体尽量不占、少占优质耕地的目的。

（二）加强土地管理，完善土地管理制度体系

一是从健全政策制度体系来看。目前，我国有关耕地保护的制度包括：持有方面的土地用途管制、基本农田保护制度，征收征用方面的耕地占补平衡、土地征用制度，转用方面的以土地出让金等形式体现的土地地租、以耕地占用税等形式体现的土地税费制度。耕地占用税作为农用地转为建设用地环节征收的唯一税种，体现了耕地的有偿使用原则，在加强土地管理、健全相关管理制度、加快土地市场一体化建设等方面发挥着重要作用。二是从构建法律法规体系来看。和发达国家相比，目前我国土地管理方面的法律法规还不够系统、完整。《耕地占用税法》作为为数不多的部门立法，配合《中华人民共和国土地管理法》（以下简称《土地管理法》）、《中华人民共和国土壤污染防治法》等，共同构成了我国现行的土地管理法规体系，为更好地保护耕地资源、加强土地管理、规范土地权益各方行为提供了法律依据，有利于推动耕地保护从行政管理向法治治理转变。

（三）调节占地行为，提高土地市场配置效率

一是通过征税调控耕地占用行为，引导耕地资源主要用于农业生产。耕地占用税利用经济手段对耕地占用的行为进行调节，通过征税的方式，增加耕地转用环节的成本，合理限制耕地的非农化流转，适当延缓土地开发速度，既有利于保障农业生产的稳定发展和耕地资源的可持续开发利用，也能在一定程度上补偿占用耕地所造成的农业生产力的损失。二是通过征税实现耕地外部效应内部化。耕地具有公共产品属性，不仅关乎国家粮食安全，而且兼具社会保障和生态保护功能。如果农用地转用的成本远低于转用后的市场价值，占用耕地超额利润就会过大，占用耕地的负外部效应会比较明显，客观上不利于耕地保护。耕地占用税作为国家调节土地市场的经济手段，通过征税发挥重要的调节功能，推动实现土地转用过程中政府、房地产开发企业、农民等主体的利益均衡，能够合理抑制耕地占用的负外部性，提高土地资源配置效率。

第二节 基本实践

一、历史沿革

（一）耕地占用税起始阶段

耕地是粮食生产的基础，粮食安全事关国家稳定。保护耕地就是保障国家粮食安全。《汉书·郦食其传》有言：王者以民为天，而民以食为天。汉代郑玄对先秦古书《周礼》注释指出：万物土中生，有土斯有粮。可见，古人已经清晰地认识到粮食安全对于国家长治久安的重要作用，以及粮食与土地的依存关系。

新中国成立以来，党中央一直把粮食问题作为头等大事来抓。20 世纪 80 年代起，随着家庭联产承包责任制和改革开放不断推进，粮食大丰收与建设用地增加并存，人均耕地逐渐减少。农业用地尤其是耕地流失的现象引起了中央的重视。1986 年 6 月，全国人民代表大会常务委员会审议通过了《土地管理法》，以法律形式确立了“保护、开发土地资源，合理利用土地，切实保护耕地”这一国策。1987 年 4 月 1 日，为加强对耕地占用行为的调控，全国人民代表大会授权国务院发布了《中华人民共和国耕地占用税暂行条例》（以下简称

《耕地占用税暂行条例》)。

《耕地占用税暂行条例》规定，为合理利用土地资源、加强土地管理、保护农用耕地，对占用耕地、鱼塘、园地、菜地及其他农业用地建房或从事非农业建设的非外商投资企业的单位或个人征收耕地占用税，并明确将这些收入全部用于农业。该条例构建了耕地占用税的基本税制框架，包括征税对象、计税依据、税率分级形式等，是此后修订及立法的重要基础。这一阶段的耕地占用税税额在土地出让成本中所占比例较高，对农用地流失起到了很好的遏制作用。

（二）耕地占用税发展阶段

20 世纪 90 年代，国家加大对外开放的力度，我国经济飞速增长，带来巨大用地需求，各地掀起土地开发热潮，农用地转用加速。据统计，1991 年至 2005 年的 15 年间，全国耕地面积净减约 850. 94 万公顷，年均减少 56. 7 万公顷，严重影响粮食安全，保护耕地刻不容缓。原《耕地占用税暂行条例》越来越不适应新形势的需要，保护耕地的作用日益弱化。1998 年国家对《土地管理法》进行了修订，十分珍惜、合理利用土地和切实保护耕地成为我国的基本国策。2007 年 12 月 1 日，国务院颁布了新修订的《耕地占用税暂行条例》；2008 年 2 月 26 日，财政部、国家税务总局公布了《中华人民共和国耕地占用税暂行条例实施细则》。

这次暂行条例的修订，主要涉及五个方面：一是扩大征税范围，将外商投资企业和外国企业纳入征税范围；二是将计税依据调整为纳税人实际占用的耕地面积，将未批先占、批少占多等占地行为纳入了征税范围；三是提高税率，将原确定的适用税额标准提升 4 倍；四是从严控制减免税，将原属于免税范围的铁路线路、公路线路、飞机场跑道、停机坪、港口、水运航道调整为减按每平方米 2 元征收；五是规范征收管理，将耕地占用税的征收部门由财政部门改为地方税务部门，明确耕地占用税的征收管理适用《中华人民共和国税收征收管理法》。

（三）耕地占用税立法阶段

《耕地占用税暂行条例》修订以后，税制要素基本合理，运行比较平稳。2013 年，《中共中央关于全面深化改革若干重大问题的决定》提出“落实税收法定原则”，制定耕地占用税法作为重要任务之一，列入《全国人大常委会 2018 年立法工作计划》和《国务院 2018 年立法工作计划》。按照税制平移思路，保持现行税制框架和税负水平总体不变，将《耕地占用税暂行条例》上升为法律。2018 年 12 月 29 日《耕地占用税法》正式通过，并于 2019 年 9 月 1 日正式施行；财政部、国家税务总局、自然资源部、农业农村部、生态环境部于 2019 年 8 月联合制定了与之配套的《中华人民共和国耕地占用税法实施办法》（以下简称《耕地占用税法实施办法》）。2019 年 8 月，国家税务总局印发《关于耕地占用税征收管理有关事项的公告》（国家税务总局公告 2019 年第 30 号），进一步明确了耕地占用税的征收管理措施。

此次立法主要变化表现在：一是调整了征税范围，将占用园地纳入征税范围，明确了临时占地征税的规定，同时将占用耕地建设农田水利设施列入不缴纳耕地占用税范围。二是调整税额制定权，授权各省、自治区、直辖市人民政府在税法规定的幅度内提出当地适用税额，报同级人民代表大会常务委员会决定，包括各地区耕地占用税的适用税额，人均耕地低于零点五亩地区的适用税额和占用园地、林地、草地、农田水利用地、养殖水面、渔业水域滩涂以及其他农用地建设建筑物、构筑物或者从事非农业建设的适用税额。三是增扩减免、退税范围。新增水利工程占用耕地减税；适当扩大了享受免税优惠的公益单位范围。此外，新增了农用地转用环节举证免税退税的规定，解决了因《耕地占用税暂行条例》优惠主体不明确，免税政策难以落实的问题。四是建立税收共治机制。明确建立信息共享和工作配合机制、申报数据异常及纳税人未按照规定期限申报纳税的复核机制，以及征税依据由自然资源等有权部门认定机制。

二、税制要素

（一）纳税人

掌握纳税人相关的政策规定，全面理解纳税人的内涵和外延，是研究耕地占用税政策的起点。

1. 基本规定。

在中华人民共和国境内占用耕地建设建筑物、构筑物或者从事非农业建设的单位和个人，为耕地占用税的纳税人，应当依照规定缴纳耕地占用税。

经批准占用耕地的，纳税人为农用地转用审批文件中标明的建设用地人；农用地转用审批文件中未标明建设用地人的，纳税人为用地申请人，其中用地申请人为各级人民政府的，由同级土地储备中心、自然资源主管部门或政府委托的其他部门、单位履行耕地占用税申报纳税义务。未经批准占用耕地的，纳税人为实际用地人。

2. 政策解析。

耕地占用税是一种行为税。要正确判定耕地占用税的纳税人，首先要判断有无“占用耕地”行为，其次需要判断占用耕地是否用于“建设建筑物、构筑物”或者“从事非农业建设”。

（1）关于占用。

占用包括经批准占用和未经批准占用两种情形。

①经批准占用。

A. 永久基本农田转为建设用地，由国务院批准。

B. 在土地利用总体规划确定的城市和村庄、集镇建设用地规划范围内，为实施该规划而将永久基本农田以外的农用地转为建设用地的，按土地利用年度计划分批次按照国务院规定由原批准土地利用总体规划的机关或者其授权的机关批准。

C. 在土地利用总体规划确定的城市和村庄、集镇建设用地规划范围外，将永久基本农田以外的农用地转为建设用地的，由国务院或者国务院授权的省、自治区、直辖市人民政府批准。

D. 临时占用耕地由县（市）自然资源主管部门负责审批，其中涉及占用耕地和永久基本农田的，由市级或者市级以上自然资源主管部门负责审批。

②未经批准占用。

未经批准占地的情况分为未批先占和批少占多两种。

A. 未批先占，分两种情形：第一种为建设用地人已申请用地但尚未获得批准，先行占地开工；第二种为未履行任何报批程序，擅自占用耕地的。

B. 批少占多，即实际占用耕地面积大于批准占用耕地面积。

（2）关于建设建筑物、构筑物。

建筑物、构筑物的概念可参考《民用建筑设计术语标准》（GB/T 50504—2009）。其中：建筑物是指用建筑材料构筑的空间和实体，供人们居住和进行各种活动的场所；构筑物是指为某种使用目的而建造的、人们一般不直接在其内部进行生产和生活活动的工程实体或附属建筑设施。

（3）关于从事非农业建设。

除一般性非农业建设外，《耕地占用税法实施办法》第十九条规定：“因挖损、采矿塌陷、压占、污染等损毁耕地属于税法所称的非农业建设，应依照税法规定缴纳耕地占用税。”

（4）关于单位和个人。

单位包括企业、事业单位、社会团体、国家机关、部队以及其他单位，个人包括个体工商户以及其他个人。

（二）征税对象

1. 基本规定。

（1）在中华人民共和国境内占用耕地建设建筑物、构筑物或者从事非农业建设的单位和个人，为耕地占用税的纳税人，应当依照规定缴纳耕地占用税。所称耕地，是指用于种植农作物的土地。

因挖损、采矿塌陷、压占、污染等损毁耕地属于税法所称的非农业建设，应依照税法规定缴纳耕地占用税。

（2）纳税人因建设项目施工或者地质勘查临时占用耕地，应当依照规定缴纳耕地占用税。临时占用耕地，是指经自然资源主管部门批准，在一般不超过2年内临时使用耕地并且没有修建永久性建筑物的行为。

（3）占用园地、林地、草地、农田水利用地、养殖水面、渔业水域滩涂以及其他农用地建设建筑物、构筑物或者从事非农业建设的，依照税法缴纳耕地占用税。

园地，包括果园、茶园、橡胶园、其他园地。其他园地包括种植桑树、可可、咖啡、油棕、胡椒、药材等其他多年生作物的园地。

林地，包括乔木林地、竹林地、红树林地、森林沼泽、灌木林地、灌丛沼泽、其他林地，不包括城镇村庄范围内的绿化林木用地，铁路、公路征地范围内的林木用地，以及河流、沟渠的护堤林用地。其他林地包括疏林地、未成林地、迹地、苗圃等林地。

草地，包括天然牧草地、沼泽草地、人工牧草地，以及用于农业生产并已由相关行政主管部门发放使用权证的草地。

农田水利用地，包括农田排灌沟渠及相应附属设施用地。

养殖水面，包括人工开挖或者天然形成的用于水产养殖的河流水面、湖泊水面、水库水面、坑塘水面及相应附属设施用地。

渔业水域滩涂，包括专门用于种植或者养殖水生动植物的海水潮浸地带和滩地，以及用于种植芦苇并定期进行人工养护管理的苇田。

（4）占用耕地建设农田水利设施的，不缴纳耕地占用税。

占用园地、林地、草地、农田水利用地、养殖水面、渔业水域滩涂以及其他农用地建设直接为农业生产服务的生产设施的，不缴纳耕地占用税。

直接为农业生产服务的生产设施，是指直接为农业生产服务而建设的建筑物和构筑物。具体包括：储存农用机具和种子、苗木、木材等农业产品的仓储设施；培育、生产种子、种苗的设施；畜禽养殖设施；木材集材道、运材道；农业科研、试验、示范基地；野生动植物保护、护林、森林病虫害防治、森林防火、木材检疫的设施；专为农业生产服务的灌溉排水、供水、供电、供热、供气、通讯基础设施；农业生产者从事农业生产必需的食宿和管理设施；其他直接为农业生产服务的生产设施。

2. 政策解析。

耕地占用税的征税对象是在中华人民共和国境内占用耕地建设建筑物、构筑物或者从事非农业建设的行为。具体征税范围包括占用耕地、园地、林地、草地、农田水利用地、养殖水面、渔业水域滩涂和其他农用地等。

（1）关于土地类型。

参照《土地管理法》及国家质量监督检验检疫总局、国家标准化管理委员会《土地利用现状分类》（GB/T 21010—2017）有关规定，将土地分为农用地、建设用地和未利用地。

（2）关于临时占用耕地。

“临时占用耕地”需要结合《土地管理法》、《自然资源部关于规范临时用地管理的通知》（自然资规〔2021〕2 号）等，从以下三个方面理解：①临时用地界定。临时用地，是指建设项目施工、地质勘查等临时使用，不修建永久性建（构）筑物，使用后可恢复的土地（通过复垦可恢复原地类或者达到可供利用状态）。②临时用地使用期限。临时用地使用期限一般不超过 2 年。建设周期较长的能源、交通、水利等基础设施建设项目施工使用的临时用地，期限不超过 4 年。临时用地使用期限，从批准之日起算。③临时用地审批。县（市）自然资源主管部门负责临时用地审批，其中涉及占用耕地和永久基本农田的，由市级或者市级以上自然资源主管部门负责审批。不得下放临时用地审批权或者委托相关部门行使审批权。

（3）关于损毁耕地。

“毁损耕地”可从以下两方面来理解：①损毁耕地应当依法征收耕地占用税。为保护和改善生态环境，防治土壤污染、损毁，推动土壤资源永续利用，推进生态文明建设，促进经济社会可持续发展，对挖损、采矿塌陷、压占、污染等导致农用地丧失种植农作物功能的损毁耕地行为，应当征税。②毁损土地复垦、修复后可按规定退税。依照十分珍惜、合理利用土地和切实保护耕地的基本国策，鼓励支持土地复垦活动，提高土地利用的社会效益、经济效益和生态效益，对毁损土地复垦、修复，恢复种植条件的，比照因建设项目施工或者地质勘查临时占用耕地复垦规定办理退税。

延伸阅读

为什么临时占用耕地需要缴纳耕地占用税?

一是更好地保护农用地。为了落实最严格的耕地保护制度，最大限度地保护农用地，需要利用税收手段对临时占地行为进行调节和约束。二是鼓励复垦。为了最大限度地预防和消除危害耕地及环境的因素，稳定和扩大耕地面积，维持和提高耕地的物质生产能力，对临时占用采取先征后退的政策，鼓励将临时占用与复垦措施结合起来，尽早尽快恢复农用地原用途。

非法占地是否可以征收耕地占用税?

《土地管理法》禁止非法占地行为，并规定了相关的罚则。非法占地包括未经批准或者采取欺骗手段骗取批准占用土地以及超过批准的数量占用土地。《耕地占用税法》规定对非法占地行为应征收耕地占用税，主要是基于两方面：一是征收耕地占用税是保护耕地、合理利用土地资源，加强土地管理的重要手段，是土地行政管理手段的必要补充。对违法占地行为进行征税，有利于充分发挥耕地占用税的调节作用，与土地审批管理等行政手段形成互补。二是耕地占用税属于行为税，只要发生占用耕地行为，就产生了纳税义务，需要进行征税，与占地行为是否合法并无直接关系。

(三) 计税依据

耕地占用税以纳税人实际占用的耕地面积为计税依据，按照规定的适用税额一次性征收。实际占用的耕地面积，包括经批准占用的耕地面积和未经批准占用的耕地面积。

耕地占用税以纳税人实际占用的属于耕地占用税征税范围的土地（以下简

称应税土地）面积为计税依据，按应税土地当地适用税额计税，实行一次性征收。应税土地面积包括经批准占用面积和未经批准占用面积，以平方米为单位。

为充分发挥耕地占用税保护耕地，限制滥占乱占耕地的行为，对经批准的占地与未经批准的占地两种行为都征税。经批准占用的耕地面积，是指依据《土地管理法》以及相关法规规定，经过农用地转为建设用地的审批程序批准，允许将耕地转为建设用地的面积。未经批准占用的耕地面积，是指没有经过法定的农用地转为建设用地审批程序批准占用的耕地面积，包括未批先占、批少占多。确定实际占用耕地面积的原则：经批准占用耕地的，批准文件中规定的面积为实际占用的面积；未经批准占用的，以实际占用的耕地面积为准。

（四）税率和应纳税额计算

1. 税率。

耕地占用税在税率设计上采用的是地区差别定额税率，具体如下。

（1）人均耕地不超过1亩的地区（以县、自治县、不设区的市、市辖区为单位，下同），每平方米为10元至50元；

（2）人均耕地超过1亩但不超过2亩的地区，每平方米为8元至40元；

（3）人均耕地超过2亩但不超过3亩的地区，每平方米为6元至30元；

（4）人均耕地超过3亩的地区，每平方米为5元至25元。

各地区耕地占用税的适用税额，由省、自治区、直辖市人民政府根据人均耕地面积和经济发展等情况，在规定的税额幅度内提出，报同级人民代表大会常务委员会决定，并报全国人民代表大会常务委员会和国务院备案。各省、自治区、直辖市耕地占用税适用税额的平均水平，不得低于税法所附《各省、自治区、直辖市耕地占用税平均税额表》规定的平均税额（见表10－1）。

表10－1　　各省、自治区、直辖市耕地占用税平均税额表　　单位：元/平方米

省、自治区、直辖市	平均税额
上海	45
北京	40
天津	35
江苏、浙江、福建、广东	30
辽宁、湖北、湖南	25

续表

省、自治区、直辖市	平均税额
河北、安徽、江西、山东、河南、重庆、四川	22.5
广西、海南、贵州、云南、陕西	20
山西、吉林、黑龙江	17.5
内蒙古、西藏、甘肃、青海、宁夏、新疆	12.5

在人均耕地低于0.5亩的地区，省、自治区、直辖市可以根据当地经济发展情况，适当提高耕地占用税的适用税额，但提高的部分不得超过税法确定适用税额的50%。具体适用税额按照税法规定的程序确定。占用基本农田的，应当按照当地适用税额，加按150%征收。

占用园地、林地、草地、农田水利用地、养殖水面、渔业水域滩涂以及其他农用地建设建筑物、构筑物或者从事非农业建设的，适用税额可以适当低于本地区按照税法确定的适用税额，但降低的部分不得超过50%。具体适用税额由省、自治区、直辖市人民政府提出，报同级人民代表大会常务委员会决定，并报全国人民代表大会常务委员会和国务院备案。

（1）关于定额税率。

一是采用差别定额税率更能体现立法目的。耕地占用税开征的目的是保护耕地，体现耕地的稀缺性。因此，耕地占用税根据人均耕地面积实行差别定额税率更能体现保护耕地的目的。二是采用定额税率计算简便，有利于纳税人遵从。三是采用定额税率有实践基础。耕地占用税开征30多年以来一直实行定额税率，征收平稳。从征收实际来看，定额征收便于征收机关操作，也易于得到纳税人的理解。

（2）关于税额幅度。

《耕地占用税法》规定了税额幅度，兼顾了我国地区资源禀赋不同和发展不平衡的现实。土地资源越是稀缺，保护耕地的形势越为严峻，税额标准应该更高，以达到落实最严格耕地保护制度的效果。考虑到不同地区经济发展水平不同，资源稀缺程度不同，因此每档税额均有较大变化幅度。

（3）关于适用税额的制定程序。

为让各省因地制宜，根据自身情况制定具体的适用税额，《耕地占用税法》授权省、自治区、直辖市人民政府在税法规定的税额幅度内提出具体适用税额，报同级人民代表大会常务委员会决定，并报全国人民代表大会常务委员会和国务院备案。为避免各省、自治区、直辖市自行制定具体适用税额时相邻省份差距过大，不利于总体调控，税法规定了各省、自治区、直辖市的平均税额，并根据经济发展状况适时调整。

（4）关于耕地以外的应税土地适用税额的确定。

为了体现占用耕地从严、占用耕地以外的应税土地适当从宽的调节取向，更好地体现地区差异，《耕地占用税法》赋予地方一定的适用税额制定权。确定耕地以外的应税土地的适用税额要综合考虑以下因素：一是参照本地区耕地的适用税额标准。二是考虑当地园林、林地、草地、农田水利用地、养殖水面、渔业水域滩涂以及其他农用地的稀缺程度。三是要综合考虑当地经济发展水平、地价水平。

（5）关于平均税额。

平均税额，是指《耕地占用税法》确定的各省、自治区、直辖市适用税额的平均标准，是各地制定耕地占用税适用税额的约束性标准。各省、自治区、直辖市根据平均税额确定本辖区内县级行政区域的适用税额。

2. 应纳税额计算。

耕地占用税以纳税人实际占用的耕地面积为计税依据，按照规定的适用税额一次性征收，应纳税额为纳税人实际占用的耕地面积（平方米）乘以适用税额。耕地占用税计算公式为：

$$应纳税额 = 应税土地面积 \times 适用税额$$

占用基本农田的，应当按照《耕地占用税法》第四条第二款或者第五条确定的当地适用税额，加按150%征收。基本农田，是指依据《基本农田保护条例》划定的基本农田保护区范围内的耕地。

加按150%征收耕地占用税的计算公式为：

$$应纳税额 = 应税土地面积 \times 适用税额 \times 150\%$$

（五）纳税义务发生时间和纳税期限

1. 基本规定。

耕地占用税的纳税义务发生时间为纳税人收到自然资源主管部门办理占用耕地手续的书面通知的当日。纳税人应当自纳税义务发生之日起30日内申报缴纳耕地占用税。

未经批准占用耕地的，耕地占用税纳税义务发生时间为自然资源主管部门认定的纳税人实际占用耕地的当日。

因挖损、采矿塌陷、压占、污染等损毁耕地的，纳税义务发生时间为自然资源、农业农村等相关部门认定损毁耕地的当日。

纳税人改变原占地用途，需要补缴耕地占用税的，其纳税义务发生时间为改变用途当日，具体为：经批准改变用途的，纳税义务发生时间为纳税人收到批准文件的当日；未经批准改变用途的，纳税义务发生时间为自然资源主管部门认定纳税人改变原占地用途的当日。

2. 具体规定。

耕地占用税的纳税义务发生时间可分以下四种情形。

（1）经批准占用耕地的，纳税义务发生时间为“纳税人收到自然资源主管部门办理占用耕地手续的书面通知的当日”。重点强调“书面通知”和“收到”。

（2）未经批准占地的，须经自然资源主管部门认定，具体的纳税义务发生时间以自然资源主管部门提供的相关材料为准。

（3）因挖损、采矿塌陷、压占、污染等损毁耕地，纳税义务发生时间为自然资源、农业农村等相关部门认定损毁耕地的当日，强调“认定”。

（4）纳税人因改变原占地用途需要补缴税款的，纳税义务发生时间分两种情况：一是经批准改变用途的，纳税义务发生时间为纳税人收到批准文件的当日，强调“收到”；二是未经批准改变用途的，纳税义务发生时间为自然资源主管部门认定纳税人改变原占地用途的当日，强调“认定”。

（六）纳税地点

耕地占用税由税务机关负责征收，实行属地管理。纳税人占用耕地，应当在耕地所在地申报纳税。

耕地占用税实行“先税后证”、源头控管，纳税环节在自然资源主管部门书面通知单位和个人办理占用耕地手续后，自然资源主管部门发放建设用地批准书（建设用地规划许可证）之前。作这样的规定，原因有两点：一是农用地的性质在农用地转用环节之后发生改变，即由农用地变为建设用地，供地环节的土地在法律意义上已经是建设用地，对建设用地征收耕地占用税与法理不符；二是耕地占用税实行一次性征收，在转用环节征税，有利于源头控管，可有效防止税收流失。

延伸阅读

为什么纳税人占用耕地应当在耕地所在地申报纳税?

《耕地占用税法》第九条规定，耕地占用税由税务机关负责征收。《耕地占用税法实施办法》第二十八条规定，纳税人占用耕地，应当在耕地所在地申报纳税。这样的征管安排，主要基于：应税土地所在地的税务机关能够通过同级部门间的信息传递及时掌握应税土地的位置、面积及使用等情况，更便于征收管理；同时，耕地占用税是地方收入，由应税土地所在地的税务机关征收管理较为适当。

（七）税收优惠

《耕地占用税法》根据国家从严保护耕地的要求，按照从严控制减免范围、延续原有税收优惠政策、适当调整规范和便于征收管理的原则，规定了对部分占用耕地行为的免征或减征优惠措施。

其中，《耕地占用税法》第七条第一款，是关于军事设施和社会公益事业占用耕地免征耕地占用税；第二款，是关于对公用设施占用耕地的减税优惠措施；第三款，是关于农村居民新建自用住宅占用耕地享受免征耕地占用税优惠；第四款，是关于民生困难性免征耕地占用税优惠；第五款，是关于授权国务院其他优惠。

1. 军事设施和社会公益事业优惠。

免税的军事设施，是指《中华人民共和国军事设施保护法》规定的军事设施。

免税的学校，具体范围包括县级以上人民政府教育行政部门批准成立的大学、中学、小学，学历性职业教育学校和特殊教育学校，以及经省级人民政府或其人力资源社会保障行政部门批准成立的技工院校。学校内经营性场所和教职工住房占用耕地的，按照当地适用税额缴纳耕地占用税。

免税的幼儿园，具体范围限于县级以上人民政府教育行政部门批准成立的幼儿园内专门用于幼儿保育、教育的场所。

免税的社会福利机构，具体范围限于依法登记的养老服务机构、残疾人服务机构、儿童福利机构、救助管理机构、未成年人救助保护机构内，专门为老年人、残疾人、未成年人、生活无着的流浪乞讨人员提供养护、康复、托管等服务的场所。

免税的医疗机构，具体范围限于县级以上人民政府卫生健康行政部门批准设立的医疗机构内专门从事疾病诊断、治疗活动的场所及其配套设施。医疗机构内职工住房占用耕地的，按照当地适用税额缴纳耕地占用税。

2. 公用设施优惠。

减税的铁路线路，具体范围限于铁路路基、桥梁、涵洞、隧道及其按照规定两侧留地、防火隔离带。专用铁路和铁路专用线占用耕地的，按照当地适用税额缴纳耕地占用税。

减税的公路线路，具体范围限于经批准建设的国道、省道、县道、乡道和属于农村公路的村道的主体工程以及两侧边沟或者截水沟。专用公路和城区内机动车道占用耕地的，按照当地适用税额缴纳耕地占用税。

减税的飞机场跑道、停机坪，具体范围限于经批准建设的民用机场专门用于民用航空器起降、滑行、停放的场所。

减税的港口，具体范围限于经批准建设的港口内供船舶进出、停靠以及旅客上下、货物装卸的场所。

减税的航道，具体范围限于在江、河、湖泊、港湾等水域提供船舶安全航行的通道。

减税的水利工程，具体范围限于经县级以上人民政府水行政主管部门批准建设的防洪、排涝、灌溉、引（供）水、滩涂治理、水土保持、水资源保护等各类工程及其配套和附属工程的建筑物、构筑物占压地和经批准的管理范围用地。

3. 举证减免退税。

在农用地转用环节，用地申请人能证明建设用地人符合《耕地占用税法》第七条第一款规定的免税情形的，免征用地申请人的耕地占用税；在供地环节，建设用地人使用耕地用途符合《耕地占用税法》第七条第一款规定的免税情形的，由用地申请人和建设用地人共同申请，按退税管理的规定退还用地申请人已经缴纳的耕地占用税。

4. 授权减免。

根据国民经济和社会发展的需要，授权国务院可以规定免征或者减征耕地占用税的其他情形，并报全国人民代表大会常务委员会备案。

5. 小型微型企业普惠性减免。

2027 年 12 月 31 日之前，对增值税小规模纳税人、小型微利企业和个体工商户减半征收资源税（不含水资源税）、城市维护建设税、房产税、城镇土地使用税、印花税（不含证券交易印花税）、耕地占用税和教育费附加、地方教育附加。[①]

三、税收征管

（一）法律依据

耕地占用税主要依据《中华人民共和国税收征收管理法》及其实施细则、《耕地占用税法》、《耕地占用税法实施办法》、《国家税务总局关于耕地占用税征收管理有关事项的公告》（国家税务总局公告2019年第30号）等法律、法规及规范性文件征收管理。

（二）征管事项

1. 纳税申报。

纳税人发生耕地占用税纳税义务时，应按规定期限到应税土地所在地主管税务机关办理耕地占用税纳税申报，按要求填报纳税申报表，同时依占用应税土地的不同情形分别提交对应的申报材料。

2. 税款征收。

税务机关依据纳税人申报缴纳的耕地占用税税额，向其开具税收完税凭证。

纳税人已办理纳税申报，但未能在规定期限缴纳耕地占用税税款的，主管税务机关除责令限期缴纳外，从滞纳税款之日起，按日加收滞纳税款0.5‰的滞纳金。纳税人因有特殊困难，不能按期缴纳税款的，经省级税务局批准，可以延期缴纳税款，但是最长不得超3个月。

纳税人未按照规定的期限缴纳耕地占用税的，由税务机关责令限期缴纳，逾期仍未缴纳的，经县以上税务局（分局）局长批准，税务机关可以采取强制执行措施。

纳税人超过应纳税额缴纳的耕地占用税税款，税务机关发现后应当立即退还；纳税人自结算缴纳税款之日起3年内发现的，可以向税务机关要求退还多

① 为进一步支持小微企业发展，2019年国家出台了小微企业普惠性税收减免政策，后优化、延续两次，现行政策执行期限截至2027年12月31日。详见《财政部 税务总局关于实施小微企业普惠性税收减免政策的通知》（财税〔2019〕13号）、《财政部 税务总局关于进一步实施小微企业“六税两费”减免政策的公告》（财政部 税务总局公告2022年第10号）及《财政部 税务总局关于进一步支持小微企业和个体工商户发展有关税费政策的公告》（财政部 税务总局公告2023年第12号）。

缴的税款并加算银行同期存款利息，税务机关及时查实后应当立即退还；涉及从国库中退库的，依照法律、行政法规有关国库管理的规定退还。

3. 减免税管理。

耕地占用税减免优惠实行“自行判别、申报享受、有关资料留存备查”办理方式。

纳税人根据政策规定自行判断是否符合优惠条件。符合条件的，申报享受税收优惠，并将有关资料留存备查。纳税人对留存材料的真实性和合法性承担法律责任。

税务机关应根据国家税收法律、法规、规章、规范性文件等有关规定，对不应当享受减免税的，依法追缴已享受的减免税款，并予以相应处理。

地方各级人民政府及其主管部门、单位和个人违反法律、行政法规规定，擅自作出的减税、免税决定无效，税务机关不得执行，并向上级税务机关报告。

4. 复垦退税。

（1）政策规定。

《耕地占用税法》第十一条规定，纳税人在批准临时占用耕地期满之日起一年内依法复垦，恢复种植条件的，全额退还已经缴纳的耕地占用税。依法复垦应由自然资源主管部门会同有关行业管理部门认定并出具验收合格确认书。

《耕地占用税法实施办法》第十九条规定，因挖损、采矿塌陷、压占、污染等损毁耕地属于税法所称的非农业建设，应依照税法规定缴纳耕地占用税；自自然资源、农业农村等相关部门认定损毁耕地之日起 3 年内依法复垦或修复，恢复种植条件的，比照《耕地占用税法》第十一条规定办理退税。

（2）程序资料。

“依法复垦”，是指按照《土地管理法》及其实施条例、《土地复垦条例》、《土壤污染防治法》、《土地复垦方案编制规程》的规定，按照“谁损毁，谁复垦”的原则，由生产单位或个人（复垦义务人）负责复垦，经验收合格，出具验收合格确认书。

符合《耕地占用税法》第十一条、《耕地占用税法实施办法》第十九条的规定申请退税的，纳税人应提供身份证明查验，并提交以下材料复印件：税收缴款书、税收完税证明以及复垦验收合格确认书。

纳税人、建设用地人符合《耕地占用税法实施办法》第二十九条规定共同申请退税的，纳税人、建设用地人应提供身份证明查验，纳税人还应提交以下材料复印件：税收缴款书、税收完税证明，建设用地人还应提交使用耕地用途符合免税规定的证明材料复印件。

（三）征管机制

1. “先税后证”管理。

耕地占用税实行“先税后证”管理模式，纳税义务发生时间为纳税人收到自然资源主管部门办理占用耕地手续的书面通知的当日。自然资源主管部门凭耕地占用税完税凭证或者免税凭证和其他有关文件发放建设用地批准书。

2. 部门信息共享。

（1）税务机关应当与相关部门建立耕地占用税涉税信息共享机制和工作配合机制。县级以上地方人民政府自然资源、农业农村、水利等相关部门应当定期向税务机关提供农用地转用、临时占地等信息，协助税务机关加强耕地占用税征收管理。

（2）县级以上地方人民政府自然资源、农业农村、水利、生态环境等相关部门向税务机关提供的农用地转用、临时占地等信息，包括农用地转用信息、城市和村庄集镇按批次建设用地转而未供信息、经批准临时占地信息、改变原占地用途信息、未批先占农用地查处信息、土地损毁信息、土壤污染信息、土地复垦信息、草场使用和渔业养殖权证发放信息等。各省、自治区、直辖市人民政府应当建立健全本地区耕地占用税跨部门协作和信息交换工作机制。

3. 涉税事项复核及认定。

耕地占用税涉税事项复核是指对符合条件的情形，税务机关按照部门职责权限，提请相关部门进行复核认定。复核机制有利于进一步厘清自然资源、农业农村、水利、生态环境等部门职责，形成税收征管合力。

（1）税务机关发现纳税人的纳税申报数据资料异常或者纳税人未按照规定期限申报纳税的，可以提请相关部门进行复核，相关部门应当自收到税务机关复核申请之日起30日内向税务机关出具复核意见。

纳税人的纳税申报数据资料异常或者纳税人未按照规定期限申报纳税的，包括下列情形：①纳税人改变原占地用途，不再属于免征或者减征耕地占用税情形，未按照规定进行申报的；②纳税人已申请用地但尚未获得批准先行占地开工，未按照规定进行申报的；③纳税人实际占用耕地面积大于批准占用耕地面积，未按照规定进行申报的；④纳税人未履行报批程序擅自占用耕地，未按照规定进行申报的；⑤其他应提请相关部门复核的情形。

（2）需要其他部门进行认定的事项。

临时占用耕地依法复垦的认定。依法复垦应由自然资源主管部门会同有关行业管理部门认定并出具验收合格确认书。

①损毁耕地的纳税义务发生时间和依法复垦的认定。因挖损、采矿塌陷、压占、污染等损毁耕地的纳税义务发生时间为自然资源、农业农村等相关部门认定损毁耕地的当日。自自然资源、农业农村等相关部门认定损毁耕地之日起3年内依法复垦或修复、恢复种植条件的，比照《耕地占用税法》第十一条规定办理退税。

②未经批准占用耕地纳税义务发生时间的认定。未经批准占用耕地的，耕地占用税纳税义务发生时间为自然资源主管部门认定的纳税人实际占用耕地的当日。

③纳税人占地类型、占地面积和占地时间未提供相关材料或者材料信息不完整的认定。纳税人占地类型、占地面积和占地时间等纳税申报数据材料以自然资源等相关部门提供的相关材料为准；未提供相关材料或者材料信息不完整的，经主管税务机关提出申请，由自然资源等相关部门自收到申请之日起30日内出具认定意见。

【案例10-1】耕地占用税应纳税额的计算

某农户有一处花圃，占地1200平方米。2023年9月该农户将其中1000平方米改造为果园，其余200平方米建造住宅，该住宅用地符合当地的用地标准。已知该地适用的耕地占用税定额税率为每平方米25元。则该农户应缴纳多少耕地占用税?

【解析】占用花圃改造果园，不缴纳耕地占用税；农村居民在规定用地标准以内占用耕地新建自用住宅，按照当地适用税额减半征收耕地占用税。

应缴纳耕地占用税 $=200\times25\times50\%=2500$（元）

【案例10-2】耕地占用税减免税额的计算

某企业是增值税一般纳税人。2022年5月，办理了2021年度企业所得税汇算清缴申报，确定不属于小型微利企业。2023年1月，经国务院批准建设某市某水利工程，用于防洪、排涝、灌溉，工程及其配套和附属工程建筑物，占用耕地（基本农田）6万平方米，占用耕地（非基本农田）12万平方米，该占地要缴纳多少耕地占用税？减征多少耕地占用税？（该市耕地占用税适用税额

为 30 元/平方米）

【解析】《耕地占用税法》第七条第二款规定，水利工程占用耕地，减按每平方米 2 元的税额征收耕地占用税。《耕地占用税法实施办法》第十五条规定，减税的水利工程，具体范围限于经县级以上人民政府水行政主管部门批准建设的防洪、排涝、灌溉、引（供）水、滩涂治理、水土保持、水资源保护等各类工程及其配套和附属工程建筑物、构筑物占压地和经批准的管理范围用地。另外，《耕地占用税法》第六条规定，占用基本农田的，应当按照该法第四条第二款或者第五条确定的当地适用税额，加按 150% 征收。因此，该水利工程占用耕地适用耕地占用税减按每平方米 2 元的税额征收的规定。

耕地占用税应纳税额 = (60000 + 120000) × 2 = 360000（元）

占用耕地（基本农田）减税税额 = 60000 × (30 × 150% − 2) = 2580000（元）

占用耕地（非基本农田）减税税额 = 120000 × (30 − 2) = 3360000（元）

耕地占用税合计减征税额 = 3360000 + 2580000 = 5940000（元）

第三节　国家（地区）比较

本节介绍国际上部分国家耕地保护相关的税收制度，总结不同国家的实践经验，并给出对于我国耕地占用税改革的启示。

一、代表性国家（地区）耕地保护税的税制安排

国外一般将耕地保护称为农地保护。长期以来，世界多数国家和地区依据自身地域情况以及政治、经济、文化等约束条件，建立了符合自身国情的农用地保护税收制度，在优化土地资源配置、保障农业生产稳定等方面起到了重要作用。

（一）美国

美国是世界上最早面临农地保护问题的国家，从 20 世纪 30 年代就开始建立农地保护制度。税收在美国农地保护中大多发挥着间接影响耕地流转过程的调控作用。

首先，实施农业用地税收优惠制度。对保证用于农业的土地收益给予低税率、减税、退税等优惠，以激励农地留作农业用途。以农业用地使用价值（而

非市场价值）为基础征收不动产税，设计农地保护税收。1956 年马里兰州率先实施农用地优惠税收政策，对拥有农地并从事农业活动的居民实施税收减免；1965 年美国加州的“威廉逊法”（加州土地保护法），设计了利用税收优惠鼓励农民保护耕地的条款。根据这一法律，县政府可以按照耕地现状评估的价值而不是按照耕地用作城市开发的投机价值征收不动产税，州政府将支付县政府由此损失的不动产税收入。

其次，实施农用地递延征税政策。土地所有者与地方政府签订协议，在规定期限内保证土地仅用于农业，以获得税收减免的资格。土地所有者如果将农地改作他用，须向政府退回所得的税收优惠。例如，加州的“威廉逊法”规定，作为低税负的交换条件，农地的所有者必须承诺保持农地用作农业用途 10 年，虽然法律也允许农地所有者可以在 10 年内改变承诺，但必须退回所得的税收优惠，大约有 1500 万英亩的农地曾经参加这个计划。

再者，农地转作他用还要缴纳转让税。通过税费征收提高农地转让的成本，限制农地用途变更。美国的许多州都采用这种手段来保护农地，如美国马里兰州在农地转用时将征收 3%—5% 的农业转让税。

（二）日本

日本是土地面积较小的发达国家，国土面积小，适合农业开发的土地更为稀少，土地资源比较宝贵。长期以来，日本特别重视农地保护，建立了较为完善的农地保护体系。在税收方面，日本根据《耕地法》建立了耕地转用许可制度，严格限制耕地转为非农业用地。针对耕地撂荒闲置问题，日本 2016 年修改《耕地法》，从 2019 年开始对撂荒土地提高征税比例，其土地税为正常耕地的 1.8 倍。此外，日本还通过土地税收（土地转让所得税、地价税和特别土地保有税）促进土地资源的有效利用，限制土地投机性交易。土地税收实行中央、都道府县、市町村三级管理，而三级政府土地税权互不隶属且独立存在。

（三）加拿大

加拿大工业经济发达、地域广阔，是世界上人均耕地面积最多的国家之一。在加拿大，土地作为重要的不动产，其土地税是合并在不动产税内征收的。加拿大对农用地保护的税收政策主要体现在不动产税税收优惠上，即对农业用地和森林用地给予低税待遇。此外，加拿大还对除保持农用的耕地交易之外的土地流转行为征收高额的资产税或土地开发交易税，以此来抑制土地的开发，保持农业用地的持续性。

（四）法国

法国国土广袤，是欧洲人口密度最低的国家之一。在法国，没有出台直接控制农地流转的措施，在耕地保护上主要采用鼓励小块土地合并和限制农用地分割政策。对于用于农业经营的私有地，不允许弃耕或在耕地上修建房屋等，否则将通过征收土地税等方式予以惩罚。此外，法国还对经营面积在20—40公顷的农场给予税收上的优惠，以此鼓励中等农场的集中与发展。

（五）荷兰

荷兰陆地面积仅3.4万平方公里，其中60%为农业用地。作为世界人均耕地面积最少的国家之一，荷兰却是世界第二大农产品出口国，其农产品出口占世界农产品出口总量的比重高达9%。荷兰成为农业大国，与其努力保护耕地、提高农业生产效率紧密相关。荷兰政府很早以前就对农产品销售减免消费税，不征收耕地使用税，通过税收调控政策鼓励农户耕种。作为一个高税收国家，税费优惠措施对于促进农业发展具有显著激励效应。与此同时，政府开征高额的资产税或土地开发交易税，以制约耕地的过度开发利用。

（六）各国农地保护税收特点

总结各国农地保护税收政策，可以发现发达国家在土地私有制度下，大多实施严格的农地保有低税负、用途变更高成本的税收制度，主要体现在以下两个方面。

一是在农地持有阶段减征或免征不动产税。农地作为不动产需要申报缴税，但各国普遍对农地给予免税或者减税待遇，通过运用减免税的优惠政策，激励农户从事耕种，保证农业生产。例如：以美国、加拿大为代表实施“土地合并在不动产内征税，对农业用地实施税收优惠，农地转用时将征收转让税”的政策；荷兰对耕地不征收使用税，农产品销售减免消费税，开征高额的资产税；日本对撂荒土地提高征税比例；法国不允许弃耕或在耕地上修建房屋等，否则将通过征收土地税的方式予以惩罚。

二是在土地交易阶段征收高额税收。对农地转作他用不再用于农业生产的，各国一般都征收高昂的转让税，通过影响农地流转过程中各经济利益主体的收益，抑制土地投机，从而达到保护农地的目的。例如：美国、加拿大、荷兰等国家对农地转用征收转让税；日本通过土地税收（土地转让所得税、地价税和特别土地保有税）促进土地资源的有效利用，限制土地投机性交易。

二、借鉴和启示

西方国家通过对农地实行税收优惠，减轻农民的税费负担，提高农民保有农地的积极性；通过对农地非农化的转让征收较高的转让税，来提高农地转让的成本，限制农地的非农化流转。由于我国的耕地归国家或者集体所有，土地所有制不同，因此与其他国家税收制度存在差异，但其他国家的农地保护相关税收政策有以下三个方面可供借鉴。

一是耕地保有环节实行低税负有利于提高耕地用于农业生产的积极性。历史上，我国长期征收农业税，对从事农业生产、有农业收入的单位和个人征税。但自 2006 年 1 月 1 日起，我国全面取消农业税。目前我国对农地给予税收优惠，与国际上减征或免征的做法是一致的，且我国在耕地保有阶段实行的是零税负，相比减征优惠税负更低。

二是农地转用环节税负过低不利于税收调节作用的发挥。从我国农地转为建设用地再到进入土地市场各环节征税情况看：第一步是农用地转为建设用地，耕地占用税作为该环节唯一税种，从量一次性征收，并对特别用途的转用实施减免优惠；第二步是国有土地使用权出让，建设用地进入土地一级市场，只对受让方征收土地契税；第三步是土地使用权转让，建设用地进入土地二级市场，对转让双方征税。上述三个环节中，税收保护耕地的职能集中在农用地转用环节，与西方国家农地转用税负相比较低，在一定程度上限制了税收在鼓励耕地保有、限制耕地转用方面的调节作用。根据耕地资源稀缺程度与经济发展状况，建立完善耕地占用税税额标准动态调整机制，加强农用地转用、一级市场出让、二级市场转让三个环节的税制综合协调，相互补充完善，有利于更好地发挥税收调节作用，提升耕地保护的实际效果。

三是税收在土地用途管制与变更许可环节需要发挥更大作用。在土地用途管制与变更许可方面，西方国家产权明晰、法治完备，且以经济手段为主，几乎不采用政府直接干预的方式，而我国目前还是以政府直接干预为主，比如，土地利用总体规划管理、建设用地审查报批管理，对违法占地采取依法拆除并处罚款以及责令恢复土地原状等。考虑到税收作为经济手段，在配合国家土地管理、调控监督占地行为方面发挥的作用依然有限，做好耕地保护这项综合性的工作，需立足我国国情，借鉴国际经验，统筹运用行政、经济、法律等手段，建立长效调控机制。同时，在土地用途管制与变更许可环节更好地发挥税收调控作用，引导和规范各方用地行为。

第四节　未来展望

自1987年开征以来，耕地占用税在加强土地管理、优化土地资源利用、保护耕地等方面发挥了重要的调节作用。2019年耕地占用税完成立法，落实税收法定原则，为保护耕地和促进土地资源合理利用提供了更有力的法治保障。

近年来，随着经济、社会的发展，土地管理、耕地保护和税制改革都呈现新的发展趋势。城镇化和工业化建设步伐加快，土地市场供需矛盾日益凸显，地方政府“农转用”冲动仍然存在，以及违规占用耕地造林造景等，使原本相对稀缺的耕地逐年减少，保护耕地任务任重而道远。新形势带来新任务和新挑战，需要从政策制度、法律法规、经济手段、耕地生态等多方面综合施策。

从税种本身来说，我国耕地占用税在完成了立法后，税收制度也日趋完善。但面对新形势和新变化，在制度和操作层面都还存在局限，仍有进一步完善的空间，包括加强税法与相关法律法规的衔接、优化完善税制要素、深化信息共享与协同共治、推进以数治税和信息管税等。

一、加强与相关法律法规的衔接

耕地占用税立法依据在参照了土地管理相关法律法规的同时，又结合税收征管实际，做了必要的细化，在税法中形成了一些特定的概念与范畴。例如：税法中“耕地”的概念援引了《土地管理法》、《土地利用现状分类》（GB/T 21010—2017）中表述的“种植农作物的土地”，外延包括了“耕地、园地、林地、草地、农田水利用地、养殖水面、渔业水域滩涂以及其他农用地”；免税的水利工程参照《水利工程建设监理规定》（水利部令第28号）规定剔除了水力发电，范围要比水利部门界定的“水利工程”窄；税法中的“占地类型”与自然资源部门土地报批文件中的“地类”存在差异；等等。税法与相关法律同一概念的内涵与外延不一致，容易造成不同部门对某些具体事项的认定产生分歧，形成操作执行层面的偏差。

此外，耕地占用税立法援引的土地管理相关法律法规发生调整，也会造成税法与相关法律法规的制度差异。例如，税法中表述的“基本农田”，《土地管理法》已于2019年修改为“永久基本农田”。再如，税法中表述是“自然资源主管部门凭耕地占用税完税凭证或者免税凭证和其他有关文件发放建设用地批准书”，而自然资源部已于2019年9月17日发布《关于以“多规合一”为基础推进规划用地“多审合一、多证合一”改革的通知》（自然资规〔2019〕2号），将建设用地规划许可证、建设用地批准书合并，自然资源主管部门统一核发新的建设用地规划许可证，不再单独核发建设用地批准书。

为解决此类问题，需要加强税法与相关法律法规的衔接。一是要完善税法修订机制。对税法所依据的其他相关法律法规已经发生调整的，需要提请立法机关定期进行修订，解决变化所产生的差异。二是要做好必要的政策解释。对税法与其他相关法律法规存在规定不一致的情形，由有权的国家机关按照立法宗旨、立法原则，就具体事项作出解释说明，做到相关法律之间既相对独立又相互协调，确保税收政策执行的公平、统一。

二、优化完善税制要素

耕地占用税的立法初衷在于合理利用土地资源，加强土地管理，保护耕地。随着经济社会的发展和宏观调控目标的变化，要切实发挥税种调控作用，实现立法初衷，需要适时对税制要素进行优化调整。

探索建立税额标准定期调整机制。过低或过高的税负都不利于税收调控职能的发挥。耕地占用税作为农转用环节征收的唯一税种，其税额标准的确定必须与经济社会发展的需要相一致，需要与土地一、二级市场的负担统筹协调。同时，税法授权各省根据本地实际，在税法规定幅度范围内确定本地区适用税额标准。在地区经济社会发展或土地利用形势发生较大变化时，各省要及时对现阶段适用的税额标准进行评估，确有必要的，适时调整不相适应的适用税额，确保耕地占用税税收职能作用的发挥。

研究建立税制要素综合评价机制。税种立法并不是终点，税收法律和税制要素也并非一成不变的，需要根据执行中发现的问题进行调整。当前的耕地占用税管理中，存在规则与实践不匹配的情况。比如，税法规定铁路线路、公路线路、飞机场跑道、停机坪、港口、航道、水利工程占用耕地可以减征耕地占用税，但个别减免税政策的适用条件不够细化，实践中缺乏明确的判断标准，容易造成执法风险。对此，要建立有效的税制要素综合评价机制，定期梳理耕地占用税政策执行中存在的各类问题，进行综合评估，对经评定不合理的政策规定，进行合理的调整优化。

三、深化拓展税收共治格局

深化信息共享和部门协作机制，是耕地占用税管理需要解决的重点和难点问题。当前的耕地占用税征收管理中，存在自然资源等有权部门对某些税制要素作出的认定未达到征税要求的情形。如果无法有效解决这些执行中的问题，税法落实的力度与效果将受到制约。因此，要落实税收共治机制，进一步压实部门职责，深化拓展税收共治格局。

要进一步压实部门职责。《土地管理法》明确了地方人民政府自然资源主管部门统一负责全国土地的管理和监督工作；《中华人民共和国森林法》《中华人民共和国草原法》《中华人民共和国渔业法》等相关法律明确了由农业农村等相关部门确认林地、草原的所有权或者使用权以及河流湖泊水面、沿海与内陆滩涂的养殖权；《中华人民共和国土壤污染防治法》《土地复垦条例》等明确了自然资源、农业农村、生态环境等相关部门依职责对“损毁耕地、土地复垦与土壤修复”事项认定。这些认定事项是耕地占用税征收及减免退税的前置条件。只有进一步厘清部门职责，依据职责落实信息共享与协作共治，才能为税务机关依法征管提供切实保障。

要着力完善税收共治格局。耕地占用税的纳税人、计税依据和纳税义务发生时间的确定，需要土地管理相关部门的密切配合。要构建跨部门、跨区域、多方参与的税收共治格局，打破信息壁垒，实现数据共享，打造部门协作的强大合力。同时，要不断强化社会协同，加强税法宣传，发挥社会监督效应，增强社会公众的监督力量，进一步提高依法诚信纳税的自觉性，促进土地资源的节约利用。

四、推进以数治税和信息管税

未来的耕地占用税管理，要以中共中央办公厅、国务院办公厅印发的《关于进一步深化税收征管改革的意见》为指导，秉持“以数治税”和“信息管税”的理念，充分运用大数据、云计算、人工智能、移动互联网等现代信息技术，着力推进内外部涉税数据汇聚联通、线上线下有机贯通，驱动税种管理制度创新和业务变革，提高税法执行效力。

全面贯彻落实“以数治税”。重点是应用政务平台地理信息系统（GIS），全面梳理整合多部门的土地涉税信息，健全税种管理和服务的公共支撑体系，以土地布局为基，空间化处理全国土地数据。通过多维数据整合，建设规范、统一的可视耕地地图，开展耕地空间分布与税收征管状况空间分布分析，在税源管理、税收收入、税收优惠、税源风险、查询统计等方面开展政策预测、税收经济关联分析，为税种管理和服务创新提供技术支持。

融入房地产一体化全周期管理。推广区块链技术在农用地审批与房地产税收一体化管理中的应用，将耕地占用税管理嵌入土地审批流程，以农用地转用审批流程为管理链条，贯通建设单位用地申请、上报、审批、发放占用耕地手续、纳税申报、发放建设用地规划许可证全流程，实现一体联动管理。同时，以耕地占用税征收作为房地产税收一体化管理的起点，运用区块链技术实现不动产登记与税种联动管理。以外部信息采集应用为驱动，以不动产登记办证为信息集合点，将房地产各项业务、各个环节贯通起来，向上归集宗地数据库的农转用信息，关联耕地占用税申报征收情况，向下归集土地出转让信息，关联契税、土地增值税、城镇土地使用税、印花税等税种申报征收情况。串并耕地农转用、土地出转让、开发建设、交易、保有等环节，实现房地产交易税费集成管理，全面提升土地税费管理质效。

本章思考题

1. 什么是耕地占用税？其主要特征和课税原则有哪些？
2. 简述我国耕地占用税制度的基本内容。
3. 阐述我国耕地占用税未来改革的思路和方向。

第十一章　烟　叶　税

【学习目标】本章主要介绍烟叶税的基础理论与基本实践，并就烟叶税实践中的若干问题以及烟叶税未来的改革发展进行梳理与展望。通过本章学习，掌握烟叶税的概念和特点，掌握烟叶税的基本制度，了解烟叶税的历史沿革和未来改革方向。

烟叶税是中国独有的税种，位于整个烟草税制的首个环节，与对烟草制品征收的增值税、消费税一起，构成对烟叶和烟草制品完整的税收调控体系。我国独特的烟草专卖制度和完整的烟草税制体系在保证国家财政收入、提升我国烟草企业竞争力、打击非法烟草贸易等方面起着积极的作用。

第一节　基础理论

一、基本概念

烟叶税是在烟叶收购环节对收购者（烟草公司）征收的一种工商税，是整个烟草税制首个环节的税种，与对卷烟等烟草制品征收的增值税、消费税一起，构成对烟叶和烟草制品完整的税收调控体系。

烟叶税具有收入稳定、税制简明、征管便利、作用独特的特点，在一定程度上发挥了利烟农增收、促烟草发展、保地方收入的作用，成为烟草税制中的良税。第一，收入稳定。我国烟草实行专卖制度，烟叶种植和收购都有严格计划，种植区域和种植数量变化不大，种植面积和收购价格有一定规律，因此烟叶税收入具有稳定性和可预见性。第二，税制简明。烟叶税在烟叶收购环节对烟草公司征收，纳税人单一，纳税环节单一，计税依据和税率简单明了，税制要素简洁清晰。第三，征管便利。烟叶收购周期短、收购地点集中，收购数量和收购价格公开透明，烟叶收购地的主管税务机关能够及时准确掌握税源情况，税款计算和缴纳简单明了，再加上纳税人单一，因此征管便利，征收成本低。第四，作用独特。一方面调控烟草行业规范发展；另一方面促进地方财政收入稳定可持续，助力我国脱贫攻坚战取得全面胜利。

二、课税原则

烟叶税的课税原则主要体现在财政原则和经济原则两个方面。

（一）财政原则

财政原则强调税收必须保证财政收入的取得，为政府履行职能提供财力保障。烟叶税属于地方税，在当前的财政体制下，烟叶税收入全部归属于烟叶产区的县乡财政，为地方尤其是经济不发达的产烟地区补充了财力，在保证烟叶产区财政收入稳定和助力乡村振兴方面作用明显。

（二）经济原则

烟叶税的税制设计，也从最小征收费用方面体现了经济原则。最小征收费用是指税务部门征税时所消耗的征收成本应减少到最低程度。烟叶税纳税人单一、税收遵从度高，计税依据和税率简单明了，计算税额较为简便，有利于税收的征收管理，较为容易遵循，进而有助于实现征管费用最小化，体现课税的经济原则。

三、功能定位

烟叶税与烟草消费税、增值税一起形成了较为完善的烟草税体系。作为整个烟草税制首个环节的税种，与烟叶生产、烟草产业发展息息相关，也在保证烟叶产区地方财政收入稳定和促进烟农增收方面发挥了一定的作用。

（一）保证烟叶产区地方财政收入稳定

烟叶税最直接的功能是为烟叶产区筹集财政收入。在目前的财政体制下，烟叶税收入全部归属于烟叶产区的县乡财政。烟叶税在全国财政收入中占比不高，国家统计局数据显示，2008—2023 年，烟叶税收入占全国税收收入的平均比重约为 0.1%。但其作为地方税，尤其是对经济不发达的产烟地区而言，是较为重要的收入来源。烟叶产区中多数为“老少边穷”地区，工业基础薄弱，经济结构和财政收入结构单一，烟叶种植是当地支柱产业，成为县乡级财政收入的重要来源，如四川凉山州会东、会理两县 2020 年烟叶税收入均占到地方一般公共预算收入比重的30%左右。烟叶税对促进烟叶产区经济发展，保障基层政府正常运转和公共事业投入，具有十分重要的意义和作用。

（二）促进偏远地区精准扶贫、增加烟农收入

截至2022年，我国70%以上的烟叶种植区为老少边穷地区，烟叶税为偏远地区脱贫攻坚提供了财力支持，如贵州、福建等地政府专门出台文件保障烟叶税收入用于脱贫攻坚。地方政府多将烟叶税收入用于农田基础设施建设和维护，改善农民生产条件，包括面向农民培训，提供烟叶种植技术，烟田基础设施建设和维护等，同时烟田种植也解决了很多烟农就业问题，可以说，烟草种植已经成为我国贫困地区农民脱贫致富的重要途径。

（三）调控烟草行业规范发展

烟叶是烟草行业发展源头，烟叶数量决定了后续烟草制品规模。在收购环节征收烟叶税，增加了烟草工业企业生产卷烟的原料成本，提高了卷烟在消费市场的价格，有利于推动控烟履约、规范烟草行业发展。

（四）完善烟草税制体系

烟叶兼具初级农产品和卷烟工业原料的双重特性，烟叶税属于工商税，对烟草公司征收，税负由烟草公司负担，不增加农民税负。烟叶税和对卷烟等烟草制品征收的增值税、消费税一起，构成对烟叶和烟草制品完整的税收调控体系，有利于国家通过税收手段，对烟草制品实行有效调控。

第二节 基本实践

烟叶税经过几次变革后，最终形成现行的税收制度。本部分主要介绍烟叶税的历史演变过程以及现行烟叶税的基本情况。

一、历史沿革

（一）新中国成立初期至1993年

新中国在成立之初，就确定对烟草公司收购的烟叶征税，税率为50%，属于工商统一税的一个税目。1957—1963年，考虑当时烟叶生产不足的情况，为了调动烟叶生产和收购者的积极性，分批提高了烟叶收购价格，但同时也引起了烟草生产成本的上升。为了减少对烟产品销售价格的大幅影响，全国物价委

员会、财政部、轻工业部和全国供销合作社联合下发了《关于调整烤烟供应价格的联合通知》，规定从1963年起，烟叶的计税价格为1960年烟叶的收购价格。从1966年起，烟叶税政策发生了两大改变：一是按当年实际收购价格计税，二是将工商统一税率调低至40%。1984年全国国营企业实施了第二步“利改税”，重新确立了工商税制体系，将原烤烟40%的工商税改为38%的产品税。

（二）1994—2005年

1994年税制改革后，产品税被取消，将农林特产税应税产品与产品税部分应税农产品合并，统一征收农业特产税，其中烟叶税率调低至31%。1998年，为促进烟叶供求总平衡，出台《国务院关于调整烟叶和卷烟价格及税收政策的紧急通知》，在提高烟叶收购价格的同时，将烟叶的农业特产税税率降至20%。这一税率一直执行到了2005年的“农村税费改革”。

（三）2006—2016年

2006年初我国全面取消农业税，《中华人民共和国农业税条例》废止，对烟叶征税失去法律依据。同年4月28日《中华人民共和国烟叶税暂行条例》公布并实施，烟叶税取代农业特产税，成为一个独立税种，税率维持20%。

（四）2017年至今

2017年第十二届全国人民代表大会常务委员会第三十一次会议表决通过了《中华人民共和国烟叶税法》，总体按照“税负平移”原则，将暂行条例平移上升为法律，法律明确自2018年7月1日起正式施行。这是在党的十八届三中全会对落实税收法定原则提出明确要求、新修改的《中华人民共和国立法法》对税收法定原则作出明确规定之后，首个由税收暂行条例上升为税收法律的税收立法项目。

新中国成立后，我国烟叶税的主要演变历程如表11－1所示。

表11－1　　新中国成立后中国烟叶税的演变历史

时间	政策文件依据	目的	主要内容
新中国成立初期	《全国税政实施要则》	统一课税，公平税负	采购单位收购的烟叶需按照50%的税率从价计税
1963年	《关于调整烤烟供应价格的联合通知》	抑制烟叶的供应价格	按1960年的收购价格征税，超过部分不征税

续表

时间	政策文件依据	目的	主要内容
1966 年	《关于调整薰烟叶税率和计税价格问题通知》	简化征税手续	按照实际收购价格征税，但税率调整为 40%
1983 年	《关于对农林特产收入征收农业税的若干规定》	减少农林用地，解决粮食短缺问题	规定园艺收入、林木收入、水产收入和各地省级人民政府认为应当征收农业税的其他农林特产收入均属于农林特产税的征收范围，税率为 5%—10%，不超过 15%
1984 年	《国营企业第二步利改税试行办法》	从“税利并存”过渡到“以税代利”	将原烤烟 40% 的工商税改为 38% 的产品税
1994 年	《国务院关于对农业特产品收入征收农业税的规定》	避免农林特产税和产品税重复征税	将农林特产税应税产品与产品税部分应税农产品合并，统一征收农业特产税。烟叶的农业特产税税率为 31%
1998 年	《国务院关于调整烟叶和卷烟价格及税收政策的紧急通知》	促进烟叶供求总量平衡	将烟叶征收的农业特产税税率降为 20%
2006 年	《中华人民共和国烟叶税暂行条例》	避免因废止《农业税条例》使得征收烟叶税失去法律依据	规定烟叶税实行比例税率，税率为 20%
2018 年	《中华人民共和国烟叶税法》	税收条例平移上升为法律	维持烟叶税税率 20%

二、税制要素

（一）纳税人

在中华人民共和国境内，依照《中华人民共和国烟草专卖法》（以下简称《烟草专卖法》）的规定收购烟叶的单位为烟叶税的纳税人。其中，收购烟叶的单位是指依照《烟草专卖法》的规定有权收购烟叶的烟草公司或者受其委托收购烟叶的单位。根据这一规定，种植烟叶的烟农并非烟叶税纳税人，烟叶税纳税人仅为烟叶收购单位。

（二）征税对象

烟叶税的征税对象为烟叶，具体范围包括晾晒烟叶和烤烟叶。

（三）计税依据

烟叶税的计税依据为纳税人收购烟叶实际支付的价款总额，包括纳税人支付给烟叶生产销售单位和个人的烟叶收购价款和价外补贴。其中，为增强税法可执行性和确定性，将各种形式存在的价外补贴规定统一按烟叶收购价款的

10%计算。因此，计算公式为：

纳税人收购烟叶实际支付的价款总额 = 收购价款 ×（1 + 10%）

（四）税率及应纳税额计算

1. 税率。

烟叶税税率为 20%。烟叶税实行全国统一的税率，主要是考虑烟叶属于特殊的专卖品，其税率不宜存在地区间的差异，否则会形成各地之间的不公平竞争，不利于烟叶种植的统一规划和烟叶市场、烟叶收购价格的统一。

2. 应纳税额计算。

烟叶税的应纳税额按照纳税人收购烟叶实际支付的价款总额乘以税率计算：

应纳税额 = 实际支付的价款总额 × 税率 = 收购价款 ×（1 + 10%）× 20%

【案例 11－1】烟叶税应纳税额的计算

2023 年 1 月，某烟草公司向烟农收购一批烟叶，支付给烟农 40000 元价款和价外补贴 5000 元。则该烟草公司收购该批烟叶要缴纳的烟叶税是多少？

【解析】实际支付的价款总额 = 40000 ×（1 + 10%）= 44000（元）

应纳烟叶税 = 44000 × 20% = 8800（元）

（五）纳税义务发生时间和纳税期限

烟叶税的纳税义务发生时间为纳税人收购烟叶的当日。收购烟叶的当日是指纳税人向烟叶销售者付讫收购烟叶款项或者开具收购烟叶凭据的当日。

烟叶税按月计征，纳税人应当于纳税义务发生月终了之日起 15 日内，申报缴纳烟叶税。

（六）纳税地点

烟叶税的纳税地点为烟叶收购地。

【案例 11－2】烟叶税纳税情况的分析

2023 年 2 月，A 市某烟草公司向 B 县某烟叶种植户收购了一批烟叶，收购价款 50 万元、价外补贴 10 万元。该笔交易中烟叶税的纳税人、纳税地点、纳税期限、应纳税额分别是什么？

【解析】烟草公司作为收购单位，是烟叶税的纳税人。纳税人应当向烟叶收购地（B 县）的主管税务机关申报缴纳烟叶税。烟叶税按月计征，纳税人应当于纳税义务发生月终了之日起 15 日内申报并缴纳税款。

该笔交易应纳烟叶税 = 50 ×（1 + 10%）× 20% = 11（万元）

（七）税收优惠

烟叶税是向烟叶收购单位征收的税种，对烟草公司征收，而非对烟农征收，烟草公司多收多征，少收少征，因此未设立自然灾害等税收优惠减免措施。

三、税收征管

（一）征管情况

烟叶税纳税人是有权收购烟叶的烟草公司或者受其委托收购烟叶的单位。烟草公司作为国有专卖管理企业，管理规范，内部审核和风险控制机制完善，税收遵从度高。因此，烟叶税征管成本低、效率高。

（二）部门合作和信息化情况

各省税务局与省烟草专卖局建立了协作机制，分年度交换实际收购数量、纳税人支付的烟叶收购价款等信息。主管税务机关跟踪当地烟叶情况，及时与烟草公司增值税农产品抵扣数据进行比对，确保烟叶税计税依据准确，保证了烟叶税征收质量。

第三节 未来展望

烟叶税是我国在烟叶收购过程中对烟叶收购者征收的一种税。对烟草生产至消费链条的前端环节征收烟叶税，一方面可以为烟叶生产地的地方政府提供税收收入，另一方面与增值税、烟草消费税相互配合，形成完整的烟草税体系，可以更好地起到“以税控烟”的作用。

在我国税收制度不断调整和优化的大背景下，应继续发挥烟叶税独特作用，保持烟叶税独立地位，烟叶税的未来发展可考虑从以下三个方面予以进一步完善。

一、细化烟叶税计税依据

2018 年，财政部、国家税务总局发布《关于明确烟叶税计税依据的通知》（财税〔2018〕75 号），规定烟叶税计税依据中的价外补贴统一按烟叶收购价款的 10% 计算。这一规定简化了烟叶税计算方法，对于简化烟叶税计征起到了积极作用。但以烟叶收购价款的10%统一确定价外补贴的做法，可考虑进一步细化。实务中，各地实际烟叶生产补贴不一致，有的省份高于10%，也有的省份低于10%，为解决这一差异，可考虑给予地方一定自主权，给予各地一定的浮动空间，允许各地根据实际情况在全国统一补贴计征标准基础上进行规定幅度的调整。

二、适当提高烟叶税税率

以税控烟是国际上通行做法，同时也符合国家以人为本、提高全民健康水平的方针策略。提高烟草制品税负，一方面有利于控烟，提高民众的健康水平，另一方面烟草制品相关的税收收入可以为带来相应的财政收入，改善政府收支状况。因此，在未来可考虑进一步提高烟叶税税率，更好地发挥其烟草税制源头税种的作用，更多惠及烟叶产地地方政府直接收入和助农促农种烟增收。

三、更好协调烟草税制各税种关系

我国烟草税主要包括烟叶税、增值税和消费税。烟叶税在烟叶收购环节征税，属于地方税。增值税对卷烟制品生产销售环节征税，是中央地方共享税。消费税则是对烟丝、卷烟和雪茄在生产、委托加工和进口环节征收，其中卷烟在批发环节加征一道消费税，目前都是中央税。烟叶税、增值税和烟草的消费税共同构成了我国的烟草税体系。而作为我国烟草税体系首个环节的烟叶税，在整个烟草税制中所占比重过低，目前仅占整个烟草税体系整体收入的1%左右。如何提高烟叶税所占比重，更好协调好烟草产业链中各税种关系，应在未来税制改革中予以关注。

本章思考题

概述烟叶税的特点。

参考文献

[1] 蔡昌，赵艳艳，李艳红．数字资产的国际税收治理研究 [J]．国际税收，2020 (11)：27－35.

[2] 冯静．加密资产国际税收治理：缘起、现状与展望 [J]．税务研究，2022 (9)：119－126.

[3] 王竞达，刘东，付家成．数据资产的课税难点与解决路径探讨 [J]．税务研究，2021 (11)：68－73.

[4] 杨志勇．数字资产税征收的国际实践与我国的政策建议 [J]．经济纵横，2020 (11)：102－110.

[5] 易剑虹，李彬．对规范行为税的几点认识 [J]．税务研究，1993 (1)：31－34.

[6]《税收学》编写组．税收学 [M]．北京：高等教育出版社，中国税务出版社，2021.

[7] 陈玉琢．中国税制 [M]．北京：中国税务出版社，2022.

[8] 刘佐．中国税制 [M]．北京：中国税务出版社，2021.

[9] 詹姆斯·托宾．我们为什么要在飞速转动的市场齿轮中塞沙子?：亚洲金融危机的经验教训 [J]．改革，1998 (2)：22－24.

[10] MUSGRAVE, RICHARD A. Fiscal systems [M]. City of New Haven, Yale University Press, 1969.

[11] PERRET S. Why were most wealth taxes abandoned and is this time different? [J]. Fiscal studies, 2021 (42): 539－563.

[12] 安体富，王海勇．我国房地产市场发展和房地产税收制度改革研究 [J]．经济研究参考，2005 (43)：19－27.

[13] 谭荣华，温磊，葛静．从重庆、上海房产税改革试点看我国房地产税制改革 [J]．税务研究，2013 (2)：44－47.

[14] 马海涛，任强．房产税的功用、要素设计及中长期改革策略 [J]．地

方财政研究，2015（2）：7－12.

［15］任强．房产税：美国实践及借鉴［J］．财政研究，2015（1）：53－57.

［16］刘尚希．房产税改革方法［J］．经济研究参考，2018（18）：17－18.

［17］马国强．财产课税税种设置的国家（地区）比较：以G20为样本［J］．国际税收，2019（11）：13－18.

［18］刘佐，段志清．中国房地产税制度发展的历程和展望（上）［J］．财政监督，2022（21）29－36.

［19］刘佐，段志清．中国房地产税制度发展的历程和展望（下）［J］．财政监督，2022（22）28－34.

［20］胡怡建，田志伟，李长生．房地产税国家（地区）比较［M］．北京：中国税务出版社，2017.

［21］阿尔弗雷德·马歇尔．经济学原理［M］．北京：商务印书馆，2019.

［22］保罗·萨缪尔森．经济学［M］．北京：商务印书馆，2013.

［23］陈多长．土地税收理论发展：从威廉·配第到费尔德斯坦［J］．哈尔滨工业大学学报，2002（9）：27－31.

［24］大卫·李嘉图．政治经济学及赋税原理［M］．北京：商务印书馆，2021.

［25］亨利·乔治．进步与贫困［M］．北京：商务印书馆，2010.

［26］卡尔·马克思．资本论［M］．北京：人民出版社，2018.

［27］雷利·巴洛维．土地资源经济学［M］．北京：北京农业大学出版社，1989.

［28］刘勇．涨价归公的理论依据与政策评析［J］．当代财经，2003（2）：25－28.

［29］马国强．中国税收［M］．大连：东北财经大学出版社，2020.

［30］让·巴蒂斯特·萨伊．政治经济学概论［M］．北京：商务印书馆，2017.

［31］托马斯·马尔萨斯．政治经济学原理［M］．北京：商务印书馆，1979.

［32］威廉·配第．赋税论［M］．北京：商务印书馆，2022.

［33］吴健．土地增值税实务与案例［M］．上海：立信会计出版社，2020.

［34］亚当·斯密．国富论［M］．北京：商务印书馆，2014.

[35] 约翰·穆勒. 政治经济学原理 [M]. 北京：商务印书馆，1991.

[36] 广东省社会科学院历史研究所，等. 孙中山全集 [M]. 北京：中华书局，2017.

[37] 刘建徽，罗琳. 智慧税务建设的基础条件、制约因素与现实路径 [J]. 税务研究，2022 (9)：139-143.

[38] 郝平，张文瀚. 杂税转正：民国时期山西契税的征稽 (1912—1937) [J]. 中国经济史研究，2021 (5)：107-116.

[39] 叶金育，郑乐生. 回归拟制性规范：《契税法》第2条第3款释义学省思 [J]. 江西财经大学学报，2022 (4)：136-148.

[40] 宋兴义. 关于契税法若干事项执行口径的解析 [J]. 中国税务，2021 (8)：61-63.

[41] 王玲. 城市维护建设税的功能定位与制度重构 [J]. 财政科学，2017 (12)：127-133.

[42] 李菁菁. 后营改增时代城市维护建设税的反思与重构 [J]. 经济体制改革，2018 (3)：54-58.

[43] 李升，王冬. 城市维护建设税改革探讨 [J]. 财政监督，2015 (10)：68-71.

[44] 杨苏琳，罗如飞. 关于我国城建税存在问题与改革建议的思考 [J]. 2014 (6)：202-203.

[45] 邹新凯. 地方附加税法何以正当：理论拓补与制度调适 [J]. 经济法学评论，2019，19 (2)：69-133.

[46] 饶立新. 中国印花税研究 [M]. 北京：中国税务出版社，2009.

[47] 祁红丽. 印花税改革探索 [J]. 中国财政，2018 (12)：38-39.

[48] 段志清，刘佐. 新中国印花税制度的发展 [J]. 中国税务，2022 (6)：74-76.

[49] 翟继光，项国，倪卫杰. 中华人民共和国印花税法释义与典型案例分析 [M]. 上海：立信会计出版社，2021.

[50] 李瑞云. 关于我国印花税税制改革的几点思考 [J]. 中国市场，2018 (30)：45-46.

[51] 刘平，望南海，任善涛. 对我国印花税改革的设想 [N]. 江苏法制报，2015-05-08 (3).

[52] 财政部税收制度国家（地区）比较课题组．韩国税制［M］．北京：中国财政经济出版社，2001：217－218.

[53] 财政部税收制度国家（地区）比较课题组．日本税制［M］．北京：中国财政经济出版社，2000：186－188.

[54] 财政部税收制度国家（地区）比较课题组．新加坡税制［M］．北京：中国财政经济出版社，2006：268－279.

[55] 席卫群．租、税、费内涵辨析下的资源税扩围改革［J］．地方财政研究，2016（10）：68－73，86.

[56] 崔景华．资源税费制度研究［M］．北京：中国财政经济出版社，2014.

[57] 周波，吕思锜．资源税改革仍有待解决的三个基本问题［J］．财经问题研究，2020（5）：74－81.

[58] 马蔡琛，赵笛．基于高质量发展的资源税改革研究［J］．税务研究，2022（5）：40－46.

[59] 国家税务总局政策法规司．持续完善绿色税收体系积极助力建设美丽中国［J］．中国税务，2022（6）：12－15.

[60] 张德勇．深化资源税改革中的租、税、费关系探讨［C］．中国财政学会2017年年会暨第21次全国财政理论研讨会论文集，2017：35－41.

[61] 刘军，郭睿淇，周鹏．我国水资源税改革试点制度完善建议［J］．税务研究，2022（9）：49－54.

[62] 赵海益．“双碳”目标下的资源税改革研究［J］．税务研究，2022（9）：64－68.

[63] 张小芳，詹先志，张旸．煤炭资源税改革的政策效应研究［J］．煤炭经济研究，2021（2）：35－40.

[64] 国家税务总局财产和行为税司．环境保护税政策和征管业务指南［M］．北京：中国税务出版社，2018.

[65] 楼继伟．40年重大财税改革的回顾［M］．北京：中国财政经济出版社，2019.

[66] 杨志勇．现代财政制度探索：国家治理视角下的我国财税改革［M］．广州：广东经济出版社，2015.

[67] 李雯静．环境税功能定位探析：以英国环境税为例［J］．时代金融，2020，769（15）：109－110，121.

[68] GREENSTONE M, HE G J, LI S J, et al. China's waron pollution: evidence from the first five years [J]. Review of environmental economics and policy, 2021, 15 (2): 281 -299.

[69] METCALF G E. Environmental taxation: what have we learned in this decade? tax policy lessons from the 2000s [M]. Washington, DC: AEI Press, 2009.

[70] WILLIAMS R C. A response to Gilbert, E Metcalf. tax policy lessons from the 2000s [M]. Washington, DC: AEI Press, 2009.

[71] 祁红丽. 立法先行服务并重车船税有效发挥职能作用 [J]. 中国财政, 2017 (23): 39 -40.

[72] 国家税务总局财产和行为税司. 车船税税收政策和征管实务 [M]. 北京: 中国税务出版社, 2013.

[73] 楼继伟. 40 年重大财税改革的回顾 [M]. 北京: 中国财政经济出版社, 2019.

[74] 杨志勇. 现代财政制度探索: 国家治理视角下的中国财税改革 [M]. 广州: 广东经济出版社, 2015.

[75] 聂淼. 耕地占用税的规范审查与实施评估 [J]. 南京工业大学学报 (社会科学版), 2018 (4): 33 -43.

[76] 郭佩霞. 耕地占用税适用税额考察与政策建议 [J]. 税收经济研究, 2019 (5): 13 -18.

[77] 藏波, 吕萍. 耕地占用税制度与耕地保护 [J]. 税务研究, 2015 (9): 92 -98.

[78] 迟淑青. 耕地占用税征收管理中的问题及措施探讨 [J]. 财经界, 2021 (10): 181 -182.

[79] 褚睿刚. 耕地"占用"课税: 从耕地占用税到资源税 [J]. 南京工业大学学报 (社会科学版), 2018 (4): 44 -53.

[80] 杨志勇. 耕地占用税: 未来可能融入房地产税 [EB/OL]. (2019 -02 -21) [2023 -10 -21] https: //www. thepaper. cn/newsDetail_forward_3006860.

[81] 祁红丽. 以立法推动烟叶税独特作用有效发挥 [J]. 中国财政, 2017 (21): 53 -54.

[82] 费茂清, 石坚. 烟叶税探析 [J]. 税务研究, 2017 (9): 47 -50.

[83] 毛正中，胡德伟．中国烟草控制需求与供给研究：政策分析和实践[M]．北京：经济科学出版社，2018.

[84] 马蔡琛，朱旭阳．“以税控烟”视角的烟草税制改革 [J]．税务研究，2017（9）：40－46.

[85] 郑榕．反对烟叶税立法，呼吁取消烟叶税 [N/OL]．第一财经，(2016－11－12) [2023－10－30]．https：//www. yicai. com/news/5156668. html.

[86] 安仲文．我国烟叶税存在的问题与对策 [J]．税务研究，2008（5）：88－89.

[87] 石坚，胡德伟，毛正中，陈文东．提高中国烟草税税负的经济影响分析 [J]．财贸经济，2010（2）：57－63.

[88] 郑榕，高松，胡德伟．烟草税与烟草控制：全球经验及在中国的应用 [J]．财贸经济，2013（3）：44－53，62.

[89] 经济合作与发展组织．消费税课税趋势：增值税、货物服务税和消费税的税率、趋势以及管理问题 [M]．财政部税政司，译．北京：中国财政经济出版社，2014.